SIEGFRIED ENGEL

Der Rückgriff des Scheinvaters wegen Unterhaltsleistungen

Schriften zum Bürgerlichen Recht

Band 14

Der Rückgriff des Scheinvaters wegen Unterhaltsleistungen

Zugleich ein Beitrag zur allgemeinen Regreßproblematik

Von

Dr. Siegfried Engel

DUNCKER & HUMBLOT / BERLIN

Gedruckt 1974 bei Buchdruckerei Bruno Luck, Berlin 65
Printed in Germany
ISBN 3 428 03151 2
D 21

Inhaltsverzeichnis

Zweiter Teil

Ansprüche gegen das Kind

Dritter Teil

Ansprüche gegen Dritte

Einleitung

I. Zum Thema

Gesetzgeberisches Bemühen schafft mit der Lösung überkommener Probleme zuweilen neue; oft eröffnen sich zumindest Problemlagen, die im alten Recht verborgen geblieben waren. Häufig tritt dies bereits während des Gesetzgebungsverfahrens zutage und bleibt somit korrigierbar. Soweit sich die neu auftauchenden Fragen jedoch als Folge einer — im Prinzip als richtig erkannten — veränderten Grundkonzeption darstellen, bleibt die Aufdeckung meist einer umfassenden Durchleuchtung der nunmehr entstandenen Rechtssituation vorbehalten. Diese Erkenntnis erweist die Notwendigkeit kritischer Untersuchung neugeschaffener gesetzlicher Regelungen auch und gerade dann, wenn durch sie scheinbar alle bisher relevanten Probleme beseitigt wurden.

Besonders deutlich zeigt sich dies im Rahmen der vorliegenden Untersuchung, die zum Gegenstand hat den Regreß des Scheinvaters wegen von ihm an das Kind gezahlter Unterhaltsleistungen und die damit ein Teilgebiet aus dem erheblich weiteren Bereich des Rückgriffs bei Zahlung einer Nichtschuld umfaßt: Sowohl die (allgemeine) Problematik des Regresses bei Zahlung einer Nichtschuld als auch die (speziellere) des Scheinvaterregresses wurden in Literatur und Rechtsprechung schon vor dem Erlaß des Nichtehelichengesetzes ausführlich diskutiert[1], doch beschränkte sich gerade beim Scheinvaterregreß die Diskussion im wesentlichen auf zwei Streitfragen, nämlich die der analogen Anwendung des § 1709 II a. F. und die damit zusammenhängende (weil andere Regreßmodi beeinflussende) Frage der Wirkungen des § 644 ZPO a. F. Beide Streitpunkte sind durch das Nichtehelichengesetz v. 19. 8. 1969 beseitigt worden: Die umstrittene Legalzession wird nunmehr in § 1615 b ausdrücklich angeordnet, und der (unglückliche) Dualismus zwischen Status- und Unterhaltsverfahren wurde aufgehoben.

Als sinnvoll erscheint eine erneute Darstellung der Regreßfragen bei Scheinvaterschaft dennoch, weil als Folge der neuen Konzeption des Unterhaltsrechts der nichtehelichen Kinder auch im Bereich der Regreßfragen neue Probleme aufgetaucht sind (z. B. durch die Regelung des § 1600 a). Ferner gewannen durch den Wegfall der früheren Haupt-

---

1 Vgl. dazu nur die eingehende und den bisherigen Meinungsstand in Lit. und Rspr. voll verwertende Darstellung von *Dieckmann*, JuS 1969, 101, 156.

probleme andere, bisher kaum behandelte Fragen an Transparenz (z. B. die Frage nach Bestehen und Umfang eines Kondiktionsanspruches gegen das Kind). Schließlich gibt es Probleme, die erst infolge ihrer ausdrücklichen gesetzlichen Regelung in voller Tragweite erfaßt wurden (z. B. die Frage der Schadensersatzansprüche gegen das Kind nach einstweiliger Unterhaltsregelung).

Diese Gesichtspunkte erhellen die Zielsetzung der vorliegenden Arbeit: Angestrebt wird detaillierende Ausformung eines nach dem Inkrafttreten des neuen Nichtehelichenrechts noch nicht monographisch bearbeiteten Problembereichs unter Berücksichtigung sämtlicher sich anbietender (nicht nur spezifisch familienrechtlicher) Regreßmodi.

Doch erscheint wegen des relativ engen (weil auf die speziell familienrechtliche Situation begrenzten) Problemkreises die Entwicklung grundlegend neuer Lehren zum Regreß als Mittel zur Lösung auftauchender Probleme als ebenso unangebracht wie umgekehrt allzu schnelle Flucht in Empfehlungen de lege ferenda, deren Befolgung durch den Gesetzgeber angesichts der erst kürzlich durchgeführten Neuregelung ohnehin kaum zu erwarten wäre, zumal dann, wenn befriedigende Abhilfe eine Änderung der Grundkonzeption des Unterhaltsrechts der nichtehelichen Kinder voraussetzte; infolgedessen werden Problemlösungen, soweit möglich, mit herkömmlichen und anerkannten dogmatischen Mitteln angestrebt, während grundlegende Abweichungen lediglich als ultima ratio verwendet werden sollen.

Trotz des damit eher deskriptiven Charakters der Untersuchung ermöglicht jedoch das für jeden familienrechtlichen Regreß nachgerade typische Wechselspiel zwischen spezifisch familienrechtlichen und allgemeinen zivilrechtlichen Normen einen vertiefenden Einblick in die dort bestehenden Regreßmechanismen und vermag daher auch zum Bürgerlichen Recht Aspekte eröffnen, die bisher gar nicht oder nur peripher beachtet wurden.

II. Darstellungsmethode

Die so umschriebene Zielsetzung der Arbeit im Bereich einer spezifisch familienrechtlichen Regreßsituation, die aber die allgemeinen Rückgriffsprobleme bei Zahlung einer Nichtschuld mitumfaßt, legt eine Darstellung nahe, bei der — in einem vorgezogenen „allgemeinen Teil“ — zunächst die allgemeine Regreßproblematik beleuchtet und im Anschluß daran die Auswirkung der einschlägigen familienrechtlichen Regelungen auf die dort gefundenen Ergebnisse untersucht wird. Ähnlich wäre daran zu denken, in diesem Rahmen die familienrechtlichen Normen „en bloc“ in ihrer Auswirkung auf die jeweiligen Regreßsituationen zu untersuchen.

Dieser Weg erweist sich jedoch als unpraktikabel. Einmal deswegen, weil die familienrechtlichen Normen modifizierende Wirkung nicht nur innerhalb der einzelnen Regreßmodi zeitigen, sondern auch die überhaupt in Frage kommenden Regreßmodi bestimmen (z. B. die Legalzession des § 1615 b). Notwendige Folge wäre, daß ein erheblicher Teil der allgemeinen Betrachtung für die hier interessierenden Fragen des familienrechtlichen Regresses überflüssig wäre und somit zu falscher Schwerpunktsetzung führte; auch müßten dann die auf der für das Familienrecht typischen Stufung der Verpflichteten beruhenden Regreßansprüche gegen nachrangig Verpflichtete zunächst außer acht bleiben.

Zum anderen wird sich herausstellen, daß bestimmte für den Rückgriff zentrale Normen des Familienrechts (etwa die §§ 1600 a, 1613, 1615 d, 1615 f) sich nicht nur bei den verschiedenen Regreßformen auswirken, sondern innerhalb dieser — entsprechend der anderen Natur der jeweils zu prüfenden Ansprüche — an systematisch unterschiedlicher Stelle, und daß Art und Umfang der Auswirkung auch variieren bei den jeweils in Frage kommenden Regreßgegnern; der Vorteil zusammengefaßter Darstellung von Auswirkungen familienrechtlicher Normen auf den Rückgriff wäre daher mit dem Nachteil inhaltlicher Unübersichtlichkeit und Zersplitterung der Einzeldarstellung verbunden.

Deswegen, aber auch wegen der für jede Untersuchung über Regreßfragen typischen Vielzahl der zu berücksichtigenden Rechtsbeziehungen (in Frage kommen speziell beim Familienrecht verschiedene Rückgriffsgegner und bei diesen wiederum jeweils mehrere Anspruchsgrundlagen) empfahl es sich gerade im Hinblick auf das Ziel übersichtlicher und gestraffter Darstellung, zunächst nach den in Frage kommenden *Anspruchsgegnern* und innerhalb dieser nach den möglichen *Anspruchsgrundlagen* aufzugliedern. Im Rahmen der — nach Art eines Gutachtens vorzunehmenden — Untersuchung und Abgrenzung der einzelnen Ansprüche werden dann an systematisch richtiger Stelle die jeweils auftauchenden Rechtsfragen sowohl familienrechtlicher Natur als auch aus dem Bereich allgemeiner Rückgriffsproblematik erörtert werden.

Erreicht wird dadurch, daß die auftauchenden Fragen nur im Rahmen ihrer tatsächlichen Relevanz für die hier interessierende Rückgriffsproblematik untersucht werden (was zur Straffung der Darstellung führt), andererseits wird so aber auch (und darin liegt ein wesentliches Anliegen der Arbeit) das für den Rückgriff kennzeichnende, fast filigranhafte Ineinandergreifen allgemeiner und speziell auf den Rückgriff abgestellter Rechtsgrundsätze und Normen des Schuldrechts und des Familienrechts verdeutlicht.

Im Folgenden sollen dementsprechend in einem ersten Teil die Ansprüche des Zahlenden gegen den wahren *Erzeuger*, im zweiten Teil alle möglichen Ansprüche gegen das *Kind*, im dritten Teil Ansprüche gegen *weitere Personen*, insbesondere die nachrangig verpflichteten Verwandten und die Sozialhilfe untersucht werden.

Erster Teil

Ansprüche gegen den Erzeuger

A. Die Legalzession des § 1615 b

Vorbemerkung

Während vor der Neuregelung des Unterhaltsrechts durch das NeG die cessio legis als Regreßmechanismus im Familienrecht vorgesehen war lediglich zugunsten nachrangig Verpflichteter, die ihrer subsidiären Verpflichtung zufolge zur Unterhaltsleistung herangezogen wurden[1] und Rückgriff eines Nicht-Verpflichteten (des Scheinvaters) im Wege der Legalzession nur über eine Analogie zu § 1709 II a. F. denkbar war[2], dient nach nunmehr geltendem Recht[3] die Legalzession der Unterhaltsforderung als genereller Rückgriffsmechanismus auch zugunsten des Scheinvaters. Der Streit um die Unterschiedlichkeit der Regreßmodi für den zu Unrecht als Erzeuger in Anspruch genommenen Ehemann der Kindesmutter und den „schlicht"[4] nichtehelichen Scheinvater, der vor der Gesetzesänderung einen weiten Bereich der Diskussion über den Scheinvaterregreß in Anspruch genommen hat[5], ist durch die ausdrückliche Gleichstellung beider Rückgriffssituationen[6] erledigt; diese Gleichstellung erlaubt zugleich eine einheitliche Darstellung des Rückgriffs des Ehemanns der Kindesmutter (§ 1615 b I) und des schlicht nichtehelichen Scheinvaters (§ 1615 b II). Auf auch heute noch bestehende Unterschiede kann bei der Erörterung der einzelnen Probleme eingegangen werden.

I. Eintritt der Legalzession

1. Der zedierbare Anspruch

a) Der Eintritt der Legalzession zu Rückgriffszwecken setzt die *Existenz einer zedierbaren Forderung* voraus. Gerade für die Frage

---

1 Vgl. § 1607 II für das eheliche sowie § 1709 II a. F. für das nichteheliche Kind.

2 Vgl. als Beispiel aus der Rspr. nur BGHZ 24, 9.

3 Vgl. § 1615 b.

4 Der Begriff wurde in Anlehnung an eine Formulierung *Dieckmanns* in JuS 69, 156 gebildet.

5 Er wurde geführt hauptsächlich im Anschluß an die Rspr. des BGH (vgl. BGHZ 24, 9; BGH NJW 64, 295; BGHZ 43, 1 mit Annahme einer Analogie zugunsten des Ehemanns der Kindesmutter und BGHZ 46, 319 mit deren Ablehnung zugunsten des schlicht nichtehelichen Scheinvaters). Ausf. Nachw. zum Meinungsstand in Lit. und Rspr. vor der Gesetzesänderung finden sich bei *Dieckmann*, JuS 69, 102 FN 11 sowie S. 159 FN 45.

6 Vgl. die amtl. Begr. des RegE bei *Jansen/Knöpfel*, S. 191.

nach Bestehen und Umfang dieser gegen den Erzeuger gerichteten Forderung hatte das NeG wesentliche Bedeutung: in Abkehr von der allein auf die Verhältnisse der Mutter abstellenden Regel des § 1708 a. F. wurden mit der Eingliederung des Unterhaltsanspruchs des nichtehelichen Kindes gegen seinen Erzeuger in das Recht des Verwandtenunterhalts die dort geltenden differenzierteren Kriterien zum Maßstab auch dieses Anspruchs[7]. Folge ist, daß ein zessionsfähiger Anspruch nicht besteht, soweit das Kind in der Lage ist, sich aus den Einkünften eigenen Vermögens oder eigenem Arbeitsentgelt selbst zu unterhalten (§ 1602 II i. V. m. § 1615 a), also nicht *bedürftig* ist. Folge ist weiter, daß die Höhe des zu fordernden Unterhalts nunmehr auch von in der Person des Erzeugers liegenden Gesichtspunkten abhängt: so ist nach § 1615 c bei der Bemessung des Unterhalts neben der Lebensstellung der Mutter auch die des Erzeugers zu berücksichtigen[8]; § 1603 stellt den Erzeuger von jeglicher Verpflichtung frei, soweit er nicht leistungsfähig[9] ist; nach § 1606 III schließlich kann der vom Erzeuger zu tragende Unterhaltsanteil durch die Einkommens*relation* beider Elternteile bestimmt werden[10].

Insbesondere der zweite Gesichtspunkt — die Abhängigkeit des Unterhaltsanspruchs von den Vermögensverhältnissen des Erzeugers — hat für den Zessionsregreß des Scheinvaters weitreichende Konsequenzen: Während sich bisher Diskrepanzen zwischen vermeintlicher eigener Unterhaltspflicht des Leistenden und der des tatsächlich Verpflichteten praktisch nur im Bereich scheinehelicher Vaterschaft[11] ergeben konnten, ist dieses Auseinanderklaffen und die damit verbundene Begrenzung des Rückgriffs auf einen möglicherweise unter den tatsächlich erbrachten Leistungen liegenden Betrag nunmehr auch bei schlicht nichtehelicher Scheinvaterschaft möglich. Für den scheinehelichen Vater bietet sich die Deckung der so entstehenden „Regreßlücke“ unter dem (allerdings umstritten, vgl. unten B IV) Gesichtspunkt deliktischen Eheschutzes an; dem schlicht nichtehelichen Scheinvater ist diese Möglichkeit nicht gegeben. Im Ergebnis ist damit die Brauchbarkeit des Zessionsregresses für den Scheinvater, der sich in besseren Vermögensverhältnissen befindet als der wahre Erzeuger, relativiert: voller Regreß wird ihm häufig nicht möglich sein. Doch handelt es sich hierbei um eine notwendige Folge differenzierter und auf die Erwerbsverhältnisse des Erzeugers abgestimmter Unterhaltsregelung.

---

[7] Vgl. dazu *Zweigert*, JuS 1967, 244 f.

[8] Vgl. dazu *Gernhuber*, § 59 III.

[9] Vgl. dazu im einzelnen *Soergel/Lange*, § 1603, 1 - 12.

[10] Einzelheiten zu dieser Frage bei *Gernhuber*, § 42 II, § 59 IV sowie in der neueren Kommentarliteratur zu § 1606. Im früheren Recht stellte sich diese Frage nicht, da der Erzeuger nach § 1709 I a. F. stets vorrangig haftete, während § 1606 III i. V. m. § 1615 a anteilsmäßige Haftung beider Elternteile auch beim nichtehelichen Kind bringt.

[11] Vgl. *Brüggemann*, ZBlJugR 1967, 112 f.; *Dieckmann*, JuS 1969, 107. Beide Autoren sprechen in diesem Zusammenhang auch die hier nicht berücksichtigte Frage der Erstattung der Kosten des Ehelichkeitsanfechtungsprozesses im Wege des Zessionsrückgriffs an. Vgl. auch *Soergel/Lade*, § 1615 b, 4.

b) Einschränkung und Korrektur erfährt diese Konsequenz jedoch (mittelbar) durch die Regelung des § 1615 f. Einerseits mit dem Ziel einer Verfahrensvereinfachung und Verfahrensbeschleunigung (weil sonst die Gefahr bestünde, daß die materiellrechtliche Verbesserung der Lage nichtehelich geborener Kinder durch die Realisierung verzögernde Einreden des Erzeugers und evtl. Beweiserhebungen im Unterhaltsprozeß wieder zunichte gemacht würde)[12], andererseits im Interesse einer durch die bisherige Gerichtspraxis nicht gewährleisteten Gleichbehandlung der nichtehelichen Kinder[13] wird durch die genannte Vorschrift in die an sich ungemein flexible Normierung des Unterhalts für nichteheliche Kinder ein pauschalierendes Element eingeführt: Bis zur Vollendung des achtzehnten Lebensjahres steht dem Kind jedenfalls in Höhe des *Regelunterhalts* ein Unterhaltsanspruch gegen seinen Erzeuger zu. Dieser in einem vereinfachten Verfahren[14] durchsetzbare Anspruch ist unabhängig von Bedürftigkeit[15], Leistungsfähigkeit des Erzeugers und Lastenverteilung zwischen den Elternteilen[16]. Begünstigt

---

[12] So die amtl. Begr. z. RegE in *Jansen/Knöpfel* S. 199 f.; *Soergel/Lade*, § 1615 f., 1; *Gernhuber*, § 59 II 1; *Beitzke*, § 24 II 2; *Richter*, FamRZ 70, 283.

[13] Amtl. Begr. z. RegE in *Jansen/Knöpfel*, S. 199 f.; *Gernhuber*, § 59 II 1; *Beitzke*, § 24 II 2; *Odersky*, § 1615 f., I 1.

[14] Vgl. insbes. die §§ 642 a, 643 ZPO.

[15] Die Unabhängigkeit vom Bedürfnis wird vereinzelt in Frage gestellt. So ist z. B. *Bursch* (ZBlJugR 71, 88 f.) der Ansicht, aus der in § 1615 a enthaltenen Verweisung auf § 1602 I auf Abhängigkeit auch der Regelunterhaltsforderung vom Vorliegen der Bedürftigkeit schließen zu können; wenn dem Kind hinreichende eigene Einkünfte nachgewiesen werden können, soll demnach das Verlangen nach Regelunterhalt abgewiesen werden. Dadurch würde jedoch § 1615 f. — soweit die Bedürftigkeit in Frage steht — zur reinen Beweisregel denaturiert; durch evtl. notwendige Beweiserhebungen würde die Durchsetzung erheblich erschwert und verzögert. Damit wäre — worauf *Müller*, ZBlJugR 71, 139 f. zu Recht hinweist — der angesichts der Einschränkungsmöglichkeit nach § 1615 h und der Anrechnung bestimmter Sozialleistungen nach § 1615 g bereits geminderte Pauschalcharakter des Regelunterhalts weitgehend verloren und die vom Gesetzgeber gewollte Vereinfachung und Beschleunigung des Verfahrens wäre illusorisch: eine (aus guten Gründen angeordnete) Pauschalregelung ist von jeglicher Individualisierung möglichst freizuhalten. Mit der h. L. (vgl. *Odersky*, § 1615 f. II; *Soergel/Lade*, § 1615 f., 1; wohl auch *Gernhuber*, § 59 II; *Beitzke*, § 24 II 2) ist deswegen i. S. einer Pauschalierung auch in diesem Zusammenhang zu entscheiden: Bei vermögendem Kind mag der Erzeuger nach § 1615 h vorgehen (so *Beitzke*, § 24 II 2; *Gernhuber*, § 59 II 4); zu einer Gefährdung des (unmittelbaren) Unterhalts darf der Streit darüber jedoch nicht führen.

[16] Unbestreitbar kann diese Pauschalierung insgesamt eine gewisse Bevorzugung gegenüber ehelichen Kindern bewirken. Doch wurde dies bewußt in Kauf genommen, da die nichtehelichen Kinder auch nach der Vereinheitlichung der Rechtsstellung schon deswegen, weil sie idR nicht in intakten Familienverhältnissen aufwachsen können, noch genügend benachteiligt sind; aus dem gleichen Grunde rechtfertigt sich auch die korrespondierende Benachteiligung nichtehelicher Väter gegenüber ehelichen. Vgl. dazu die amtl. Begründung z. RegE in *Jansen/Knöpfel*, S. 199 f.; *Odersky*, § 1615 b, II, § 1615 h, I; *Lange*, NJW 70, 301. Konsequent durchgeführt wurde dieser Gedanke jedoch nicht, wie § 1615 h zeigt.

wird durch diese Pauschalierung nicht nur das unterhaltsberechtigte Kind; die damit erfolgende teilweise Abstrahierung des Anspruchs (die insoweit eine gewisse Affinität zum früheren Rechtszustand mit sich bringt) sichert gleichermaßen in gewissen Grenzen den Regreß des zu Unrecht in Anspruch genommenen Scheinvaters: wenigstens in Höhe des Regelunterhalts tritt die Legalzession in jedem Falle ein.

Auch § 1615 h vermindert nicht diese Forderung: Die Norm führt nach nahezu einhelliger Ansicht nicht zu unmittelbarer Herabsetzung des Unterhaltsanspruchs (etwa im Sinne einer Einwendung), sondern begründet für den Erzeuger ein Recht zur *Gestaltung*, das er naturgemäß nicht geltend machen kann, solange er nicht selbst (und sei es im Regreßwege) in Anspruch genommen wird[17]. Die Frage, ob dieses Gestaltungsrecht auch für Unterhaltsrückstände und auch noch gegenüber dem Regreßgläubiger ausgeübt werden kann, ist demgemäß nicht hier, sondern systematisch richtig in anderem Zusammenhang (vgl. unten III 2 a) zu untersuchen.

Es zeigt sich jedoch bereits an dieser Stelle, daß auch die Vorschriften über den Regelunterhalt den Regreß jedenfalls nicht in vollem Umfang sichern können.

Im Rahmen einer Untersuchung, deren Schwerpunkt auf Fragen des *Regresses* liegt, mag dieser kurze Überblick über die Struktur des Unterhaltsanspruchs und deren unmittelbare Auswirkungen auf den Zessionsregreß genügen; für detailliertere Information sei auf die (zahlreiche) einschlägige Literatur verwiesen.

2. *Der Übergang*

a) Der *schlicht nichteheliche Scheinvater* muß zur Herbeiführung des Rechtsübergangs dem Kinde „als Vater" Unterhalt geleistet haben (§ 1615 b II). Wann eine Zahlung „als Vater" vorliegt, ist in der Literatur noch nicht endgültig geklärt. Unbestreitbar erfordert die Legalzession eine Zahlung mit gewissem Bezug zur (wenn auch nicht wirklichen) Vaterschaft des Zahlenden: Einem völlig unbeteiligten Dritten, der aus welchen Gründen auch immer den Unterhalt des Kindes bestreitet, kann der Vorzug der Legalzession sicher nicht zugute kommen; er ist auf die sich nach allgemeinem Regreßrecht anbietenden Modi angewiesen. Hinreichender Bezug zur Vaterschaft ist aber stets dann gegeben, wenn der Zahlende nach § 1600 a durch Anerkennung oder Urteil als Vater festgestellt war und während dieser (später wieder aufgehobenen) *Zuordnung zum Kind* auf Grund eines Unterhaltsurteils oder ohne Vorliegen eines Titels Unterhalt an das Kind geleistet hat[18]; er liegt auch

---

[17] Vgl. *Gernhuber*, § 59 II 4; *Brühl*, FamRZ 1966, 543; *Göppinger*, JR 1969, 405; *Firsching*, RPfl 1970, 44; a. A. nur *Odersky*, § 1615 h, III 1 (Einwendung).

[18] Allg. Ans., vgl. nur *Soergel/Lade*, § 1615 b 2.

dann vor, wenn der Scheinvater ohne Zuordnung zum Kind nach einstweiliger Unterhaltsregelung gem. § 1615 o oder § 641 d ZPO den Unterhalt zu erbringen hatte[19]: Nach (auch nur vorläufig) verpflichtendem Akt wird stets jedenfalls auch im Hinblick auf diese Verpflichtung gezahlt. Ob der Zahlende sich dabei selbst für den Erzeuger hält, ist irrelevant[20]. Fraglich ist allein, ob die Leistung als Vater auch ohne Zuordnung zum Kind bzw. einstweilige Unterhaltsregelung denkbar ist. So wird z. B. von *Gernhuber*[21] die Legalzession geleugnet, wenn der in Anspruch Genommene ohne Zuordnung zum Kind oder einstweilige Verpflichtung Unterhalt leistet lediglich in der irrigen Annahme, der Erzeuger zu sein. Die Einschränkung läßt sich zwar erklären durch Heranziehen der die Analogie zu § 1709 II a. F. tragenden Überlegungen (Leistung auf Grund tatsächlicher[22] oder vermeintlicher[23] vorläufiger Verpflichtung nach § 1593 und damit ähnlich den in § 1709 II a. F. genannten subsidiär Haftenden auf Grund gesetzlicher Unterhaltspflicht, während nach nunmehr geltendem Recht der nichteheliche Erzeuger vor Zuordnung bzw. einstweiliger Regelung wegen § 1600 a gar nicht in Anspruch genommen werden kann); bei der ausdrücklich auch den Nicht-Verpflichteten begünstigenden Neuregelung der Legalzession in § 1615 b II[24] bedarf es jedoch des Rekurses auf eine (auch nur vorläufige) Verpflichtung des Leistenden nicht mehr. Weder der Wortlaut der Norm noch deren Zweck erfordert die sich daraus ergebende Einschränkung, die dazuhin noch zu einer sachlich durch nichts zu rechtfertigenden Benachteiligung dessen führen würde, der im Glauben, der Erzeuger zu sein, schon vor vorläufiger oder endgültiger Zuordnung zum Kind freiwillig Unterhalt geleistet hat; der für die Anwendung des § 1615 b II vom Wortlaut der Norm allein geforderte Bezug zur Vaterschaft ist auch bei irrtümlicher Annahme, der Vater zu sein, in hinreichendem Umfang gegeben. Mit der Meinung der Gesetzesverfasser[25] und der überwiegenden Ansicht in der Literatur[26] ist daher davon auszugehen, daß „als Vater" auch Unterhalt leistet, wer lediglich irrtümlich annimmt, der Erzeuger zu sein, ohne durch Zuordnung zum Kind oder einstweilige Unterhaltsregelung zur Zahlung gezwungen zu sein.

---

19 auch dies entspr. allg. Auffassung, vgl. *Soergel/Lade,* § 1615 b, 2.

20 *Odersky,* § 1615 b, II 2.

21 § 59 VIII 2.

22 BGHZ 24, 9.

23 BGH FamRZ 64, 41 f.

24 Vgl. die amtl. Begr. z. RegE in *Jansen/Knöpfel,* S. 191.

25 Vgl. die amtl. Begr. z. RegE in *Jansen/Knöpfel,* S. 191.

26 *Odersky,* § 1615 b, II 2; *Palandt/Lauterbach,* § 1615 b, 2; *Brühl,* FamRZ 66, 544 f.; *Stolterfoht,* FamRZ 71, 342; nicht eindeutig in diesem Punkt *Soergel/Lade,* § 1615 b, 2; *Beitzke,* § 24 V 2.

b) Unproblematisch erscheint dagegen zunächst der Eintritt der Legalzession im Fall des § 1615 b I 1 2. Alt.: Die Norm[27] ordnet den Rechtsübergang an für alle durch den *Mann der Mutter* „anstelle des Vaters“ schlechthin erbrachten Leistungen. Damit geht der Wortlaut der Norm jedoch erheblich über die ursprüngliche Analogie hinaus; mangels einer die Motivation der Zahlung durch den Ehemann umschreibenden Formulierung (wie sie etwa in Abs. 2 — „als Vater“ — enthalten ist), werden von ihm auch Leistungen umfaßt, die ohne jeden Bezug zu gesetzlich unterstellter oder vermeintlicher Vaterschaft erbracht wurden[28]: Zu den Voraussetzungen des Übergangs gehören nach dem Wortlaut weder die Zuordnung zum Kind[29] noch der Glaube, selbst der Vater zu sein; berücksichtigt sind damit auch Zahlungen, die der Ehemann ohne jeden Bezug zu tatsächlicher oder vermeintlicher eigener Verpflichtung erbrachte[30], Zahlungen also, bei deren Erbringung er nicht als Scheinvater, sondern als völlig außenstehender Dritter erschien[31].

Der weite Umfang der Norm widerspricht aber sowohl der Entstehungsgeschichte[32] und damit der Intention des Gesetzgebers[33] als auch dem systematischen Zusammenhang: die Analogie erfolgte stets unter dem Gesichtspunkt tatsächlicher oder vermeintlicher Verpflichtung des Zahlenden[34], die Voraussetzung für den gefundenen Analogieschluß war; ebenso wird in den anderen Fällen des § 1615 b entweder eine wenigstens subsidiäre (Abs. 1 Satz 1, 1. Alt.) oder vom Gesetz zu-

---

27 Sie entstand in Anlehnung an die durch die Rspr. zu § 1709 II a. F. entwickelten Grundsätze, vgl. amtl. Begr. z. RegE in *Jansen/Knöpfel*, S. 191; ferner *Soergel/Lade*, § 1615 b, 1; *Stoltenfoht*, FamRZ 1971, 342.

28 Die Formulierung „anstelle des Vaters“ begrenzt nur den Umfang der Legalzession: der Anspruch soll nur übergehen, soweit der Erzeuger vorrangig haftet, vgl. amtl. Begr. z. RegE in *Jansen/Knöpfel*, S. 191; nicht jedoch wird dadurch irgendein Bezug zur angeblichen Vaterschaft des Zahlenden postuliert.

29 Beim nachehelich geborenen Kind etwa durch § 1593 sowie beim vorehelichen Kind durch Legitimation nach Anerkennung bzw. Feststellung der Vaterschaft (§ 1600 a).

30 Zahlungen etwa, die in voller Kenntnis der Erzeugerschaft eines anderen dem vorehelich geborenen Kind ohne daß Legitimation bzw. Anerkennung oder Feststellung erfolgte erbracht wurden oder solche, die nach Beseitigung der Zuordnung (durch Anfechtung der Ehelichkeit oder des Vaterschaftsanerkenntnisses bzw. der Vaterschaftsfeststellung) erfolgten. *Stolterfoht*, S. 343 geht in der Tat davon aus, daß Legalzession auch in diesen Fällen erfolge.

31 Die in diesen Fällen idR vorliegende *faktische* Eingliederung in den Familienverband berechtigt m. E. zu keiner anderen Beurteilung.

32 Mit der bereits angesprochenen Übernahme der von der Rspr. gezogenen Analogie.

33 Der den Ehemann ebenfalls nur als vermeintlichen Vater im Auge hatte, vgl. amtl. Begr. z. RegE in *Jansen/Knöpfel*, S. 191.

34 Vgl. nur BGHZ 24, 9; BGH FamRZ 1964, 41 f.

nächst unterstellte oder vermeintliche (Abs. 2) Unterhaltspflicht vorausgesetzt. Daß die nunmehr erfolgte gesetzliche Regelung des Rückgriffs des Ehemanns nicht ausdrücklich Bezug der Zahlung zu eigener Verpflichtung fordert, ist eine Folge der systematisch unrichtigen Einordnung dieses Regreßfalls in den Rückgriff subsidiär Verpflichteter anstatt in den Rückgriff Nicht-Verpflichteter, wo er an sich hingehört[35]: beim subsidiär Verpflichteten folgt der Bezug zu eigener Pflicht zwangsläufig aus der *Person* des Leistenden, beim Nicht-Verpflichteten genügt das hingegen nicht, da hier eine derartige Beziehung erst durch (vom Gesetz unterstellte oder durch Hoheitsakt verfügte) vorläufige Verpflichtung oder auch nur irrtümliche Annahme eigener Verpflichtung erzeugt werden kann, was in § 1615 b II (wie bereits dargestellt) dadurch erfolgt, daß der Leistende „als Vater" bezahlt haben muß.

Dies rechtfertigt die Korrektur der mißglückten Gesetzesfassung durch restriktive Interpretation der Norm[36], die orientiert ist am Willen des Gesetzgebers[37] und an der Gesetzessystematik[38]: auch für die Legalzession zugunsten des Ehemanns der Mutter ist mithin zu fordern, daß dessen Zahlung im Hinblick auf eigene Verpflichtung erfolgte. Wie im Falle des § 1615 b Abs. 2 wird der erforderliche Bezug zur Vaterschaft hergestellt entweder durch (wenn auch nur vorläufige) Zuordnung zum Kind[39] oder durch die irrige Annahme, der Erzeuger zu sein, durch Zahlung „als Vater"[40] im Sinne der oben a) gegebenen Definition also; in allen anderen Fällen tritt eine Legalzession nicht ein[41].

c) *Zusammenfassend* läßt sich demnach feststellen: die Bereiche, in denen Legalzession zugunsten des Ehemanns und zugunsten des schlicht nichtehelichen Scheinvaters eintritt, decken sich inhaltlich weitgehend.

---

[35] Diese systematisch falsche Einordnung erklärt sich aus der früheren Analogie zu § 1709 II a. F. und der in der Rspr. stets behaupteten Verschiedenheit der Situation beim schlicht nichtehelichen Scheinvater (vgl. BGHZ 46, 319). Nach der Neuregelung durch das NeG — insbesondere mit der Anerkennung verwandtschaftlicher Beziehungen zwischen nichtehelichem Kind und Erzeuger — muß die hier erfolgte Trennung von schlicht nichtehelichem Erzeuger und Mann der Mutter als willkürlich empfunden werden.
Bezeichnenderweise wird auch in der amtl. Begr. z. RegE die Legalzession zugunsten des Ehemanns ausschließlich zusammen mit der zugunsten Dritter bei der Begründung des *Abs. 2* behandelt.

[36] Vgl. dazu *Larenz*, Methodenlehre, S. 327 ff.

[37] Daß der Wille des Gesetzgebers bei der Normauslegung jedenfalls *auch* ein Kriterium darstellt, dürfte heute unstreitig sein, vgl. *Larenz*, Methodenlehre, S. 296 ff. (dort auch zum Streit zwischen „subjektiver" und „objektiver" Theorie), und zwar verstärkt bei erst kürzlich erlassenen Normen (S. 321 f.).

[38] Vgl. *Larenz*, Methodenlehre, S. 305 ff., 321.

[39] Gem. §§ 1593, 1600 a.

[40] Daß der Ehemann „als Vater" gezahlt habe, wird auch von der amtl. Begr. vorausgesetzt.

[41] So offenbar auch *Gernhuber*, § 59 VIII 2.

Die Unterhaltsforderung wird stets zediert, wenn das Kind zum Zeitpunkt der Zahlung dem Leistenden *zugeordnet* war.

Zuordnung liegt vor, wenn der Zahlende die Vaterschaft anerkannt hatte oder als Erzeuger festgestellt war (§ 1600 a); entsprechend zu behandeln ist der Fall, daß der Zahlende durch einstweilige Unterhaltsregelung (§§ 1615 o, 641 d ZPO) zur Zahlung verpflichtet wurde. Zuordnung zum Ehemann der Mutter ist denkbar für das vorehelich geborene Kind durch Legitimation (die allerdings Anerkennung oder Feststellung der Vaterschaft voraussetzt[42]) und für das nach Eheschluß geborene Kind durch § 1593. Ob sich der Zahlende dabei für den Erzeuger hielt, ist irrelevant.

Sofern eine derartige Zuordnung nicht vorliegt, tritt Legalzession ein, wenn der Zahlende *irrtümlich annahm,* er sei der Erzeuger des Kindes.

Keine Legalzession tritt dagegen bei Zahlungen ein, die der Leistende erbracht hat in der Überzeugung, nicht der Vater des Kindes zu sein und ohne daß eine der oben beschriebenen Zuordnungsformen bzw. einstweilige Unterhaltsregelung vorlag; die Zahlung erfolgte dann ohne jeden Bezug zur Vaterschaft des Leistenden und unterscheidet sich in nichts von der Zahlung eines beliebigen Dritten. Demgemäß ist der Leistende dann auf die sich unbeteiligten Dritten anbietenden Regreßmodi angewiesen.

II. Die Durchsetzung des übergangenen Unterhaltsanspruchs

Mit der Feststellung der Legalzession allein ist jedoch in aller Regel dem Scheinvater noch nicht gedient, da vor Geltendmachung des übergegangenen Anspruchs noch zwei *Rückgriffssperren* zu überwinden sind.

1. Rückgriffssperre: § 1600 a Satz 1

Die erste Rückgriffssperre greift ein, wenn das Kind durch Gesetz (§ 1593 für das „scheineheliche" Kind) oder durch gestaltenden Akt (Anerkennung der Vaterschaft oder Feststellung gem. § 1600 a) dem Scheinvater *zugeordnet* ist. Durch die Zuordnung entsteht ein „Rechtsschein der Vaterschaft"[43], der den Zahlenden hindert, seine eigene Vaterschaft zu leugnen. Er muß daher zunächst den Rechtsschein der eigenen Vaterschaft beseitigen, indem er die gesetzliche Zuordnung nach

---

[42] Vgl. *Soergel/Lade,* § 1719, 7. Legitimation setzt mithin Zuordnung bereits voraus.

[43] Vgl. *Odersky,* § 1600 a, I, II 2 a, V. Der Begriff „Rechtsschein" hat in diesem Zusammenhang selbstverständlich eine andere Bedeutung als etwa bei den Gutglaubensvorschriften. Die (mißverständliche) Verwendung des Begriffs auch hier ist aber üblich geworden.

§§ 1594 ff. oder sein Vaterschaftsanerkenntnis nach §§ 1600 g ff. anficht oder die Wiederaufnahme des Verfahrens nach § 641 i ZPO betreibt[44].

Doch liegt diese Rückgriffssperre einmal nicht in jedem Fall vor[45], zum anderen ist sie auch relativ einfach zu beseitigen. Schließlich wird die Frage heute weitgehend überlagert durch die Problematik des § 1600 a Satz 2.

2. *Rückgriffssperre: § 1600 a Satz 2*

Durch die Sperre des § 1600 a Satz 2 wird der Rückgriff des Scheinvaters ganz erheblich erschwert. Die Norm verbietet die Rechtsausübung[46] gegen den wahren Erzeuger, bevor dieser entweder durch Anerkennung oder durch gerichtliche Vaterschaftsfeststellung dem Kind *positiv zugeordnet* ist; weder das Kind noch Dritte können vorher die Rechtswirkungen der Vaterschaft geltend machen, da die Vorschrift auch gegenüber Dritten wirkt[47].

Anerkennt jedoch der Erzeuger die Vaterschaft nicht und sehen sowohl Vater als auch (was selten vorkommen wird[48]) Kind von einer Feststellungsklage ab, dann kann der Scheinvater die Vaterschaftsfeststellung nicht erzwingen: § 1600 n gibt allein dem Vater und dem Kind (bzw. nach dessen Tod der Mutter, Abs. 2) die Befugnis, gerichtliche Feststellung der Vaterschaft zu initiieren. Diese Regelung, die den Eingriff Dritter in den Status nichtehelicher Kinder verhindern soll, führt zu dem absurden Ergebnis, daß Erzeuger und Kind durch Nichtherbeiführen positiver Zuordnung den Rückgriff des Scheinvaters verhindern können.

Daran ändert auch der Umstand nichts, daß das Kind für die Feststellungsklage idR durch einen Pfleger vertreten wird, §§ 1706 Nr. 1, 1709. Denn die elterliche Gewalt *kann* auch hierfür auf die Mutter übertragen werden (§ 1707); zudem hat der Pfleger ausschließlich das Interesse des Kindes wahrzunehmen (§§ 1915 I, 1793), und unter Umständen kann die Nicht-

---

44 Statt aller *Soergel/Lade*, § 1593, 5; *Stolterfoht*, S. 342.

45 Auch die Legitimation eines vorehelich geborenen Kindes ist heute seltener geworden, da sie Zuordnung nach § 1600 a Satz 1 voraussetzt.

46 Auf den Bestand des Anspruchs oder den Eintritt der Legalzession hat § 1600 a Satz 2 keine Auswirkung, vgl. *Odersky*, § 1600 a, VI 1, § 1615 b, II 2; *Soergel/Lade*, § 1600 a, 2; *Lange*, NJW 1970, 299; *Knöpfel*, FamRZ 1966, 278; *Brühl*, FamRZ 1966, 545; *Gernhuber*, § 57 I 2, 7: lediglich die Rechtsausübung wird gehindert.

47 *Soergel/Lade*, § 1600 a, 2; *Odersky*, § 1600 a, VI 3 a; *Dieckmann*, JuS 1969, 160; *Stolterfoht*, S. 342; *Gernhuber*, § 57 I 7; die amtl. Begr. z. RegE in *Jansen/Knöpfel*, S. 192 ist noch anderer Ansicht: dort wird ausgeführt, wer zu Unrecht Unterhalt geleistet habe, könne sich „ohne weiteres“ an den Erzeuger halten. Ebenso *Brüggemann*, FamRZ 1966, 530 und *Zarbock*, ZBl JugR 1966, 292.

48 Darauf weist *Dieckmann*, JuS 69, 160 hin, doch sind Ausnahmen denkbar.

zuordnung des Kindes zu einem bestimmten Vater durchaus im Interesse des Kindes liegen[49], während das Wohl des Kindes für den Scheinvater stets irrelevant sein wird.

Da dem Scheinvater auch ein Betreiben der Zuordnung etwa als Prozeßstandschafter für das Kind nicht möglich ist[50] (in Frage käme nur eine gesetzliche Prozeßstandschaft), sind mehrere Wege denkbar, um diese (vom Gesetzgeber nicht voll überblickte[51]) unbillige Konsequenz zu vermeiden oder doch wenigstens einzuschränken:

a) Einmal könnte man daran denken, über § 412 in Analogie zu §§ 402, 403 eine schuldrechtliche Verpflichtung des Kindes dem Scheinvater gegenüber anzunehmen, den wahren Erzeuger als Vater feststellen zu lassen; doch widerspricht dies eben der Gesetzeskonzeption, Eingriffe Dritter in den Status des nichtehelichen Kindes zu vermeiden[52]. Es wäre ein Unding, dem Scheinvater wegen u. U. geringer Unterhaltsbeiträge Einfluß auf so weitreichende Vorgänge wie Statusbegründung zu einem bestimmten Mann zu geben.

Die weiteren Lösungsansätze versuchen daher, *ohne* positive Zuordnung des Kindes den Rückgriff auf den Erzeuger zu ermöglichen.

b) *Odersky*[53] läßt in einigen Fällen Ausnahmen von der Regel des § 1600 a Satz 2 zu. So soll die Berufung Dritter auf die Vaterschaft des Erzeugers dann trotz fehlender Zuordnung zulässig sein, wenn der Rechtsschein der Vaterschaft gem. § 1600 a gar nicht mehr geschaffen werden kann, etwa weil Mutter und Kind gestorben sind und damit weder Anerkennung (§ 1600 c!) noch Feststellungsklage bzw. Antrag auf Vaterschaftsfeststellung (§ 1600 n) erfolgen kann: es könne nicht unterstellt werden, daß es im Sinne des Gesetzgebers liege, in solchen Fällen Ansprüche zuzusprechen, die gerichtlich nicht durchgesetzt werden können. Der Vaterschaftsnachweis soll dann nach allgemeinen Regeln (einschl. § 1600 o) im Prozeß geführt werden[54].

Diese Einschränkung des § 1600 a Satz 2 ist durchaus interessengerecht und läßt sich durch eine am Normzweck orientierte restriktive Interpretation rechtfertigen: das Privileg, die positive Zuordnung allein herbeizuführen und dadurch erst die Möglichkeit der Berufung auf die Verwandtschaftsbeziehung zu eröffnen, läßt sich nur so lange halten, wie überhaupt Personen vorhanden sind, die die Zuordnung betreiben können; § 1600 a Satz 2 setzt

---

49 *Stolterfoht*, S. 343; amtl. Begr. z. RegE in *Jansen/Knöpfle*, S. 111.

50 *Dieckmann*, JuS 1969, 160.

51 Das ergibt sich aus der in FN 47 zitierten Äußerung, vgl. *Stolterfoht*, S. 342 FN 14.

52 So *Stolterfoht*, S. 343.

53 § 1600 a, VI 7; ähnlich für den Fall der Fehlgeburt *Palandt/Lauterbach*, § 1615 n, 2.

54 Daß dabei allerdings Beweisschwierigkeiten auftreten können, liegt auf der Hand. Vgl. *Odersky*, § 1600 a, VI 7.

seiner systematischen Stellung nach die Zuordnungsmöglichkeit des Satzes 1 voraus. Doch wird man in diesen Fällen verlangen müssen, daß vorher bereits die Absicht, die Vaterschaftsfeststellung herbeizuführen, erkennbar war[55]: eine (aus guten Gründen erfolgte) Entscheidung gegen die Zuordnung zu einem bestimmten Mann muß insoweit auch postmortale Wirkung haben. Positive Zuordnung mit inter-omnes-Wirkung nach § 1600 a Satz 1 läßt sich damit selbstverständlich nicht erreichen: lediglich in einzelnen Rechtsbeziehungen tritt die Wirkung des Satzes 2 nicht ein.

Nach *Odersky*[56] soll diese Begrenzung des § 1600 a Satz 2 auch dann gelten, wenn zwar die Möglichkeit der Zuordnung noch besteht, aber die Personen, die kraft Gesetzes allein befugt sind, die Zuordnung herbeizuführen, diese *böswillig* und *arglistig* unterlassen: § 1600 a Satz 2 soll dann einer Klage des Scheinvaters gegen den Erzeuger nicht entgegenstehen.

Die für den Fall des Fehlens zuordnungsberechtigter Personen tragfähige Begründung vermag jedoch bei böswilligem und arglistigem Unterlassen der Zuordnung nicht zu überzeugen: Mag die Existenz von zuordnungsberechtigten Personen in § 1600 a Satz 2 vorausgesetzt sein und damit die oben durchgeführte Einschränkung der Norm noch innerhalb des möglichen Wortsinns als Grenze der Auslegung[57] liegen — eine Einschränkung der allein auf den objektiven Gesichtspunkt der Zuordnung abgestellten Vorschrift unter Berücksichtigung der *Motivation* eines der Beteiligten läßt sich m. E. mit dem eindeutigen Wortsinn nicht mehr vereinbaren und ist damit unzulässig[58], selbst wenn der Gesetzgeber diese Konsequenz nicht bedacht hat[59] und möglicherweise bei Kenntnis der Problematik eine andere Regelung vorgezogen hätte.

Ebenso scheidet eine Einschränkung der Norm im Wege einer (bereits im Bereich der Rechtsfortbildung anzusiedelnden)[60] *teleologischen Re-*

---

[55] Vgl. *Odersky*, § 1600 a, VI 7. Ganz sicher jedoch darf keine gegenteilige Absicht aller Beteiligten bekannt geworden sein. Vgl. in diesem Zusammenhang auch § 1934 c, wo hins. des Erbersatzanspruchs sogar verlangt wird, daß ein Feststellungsverfahren bereits anhängig war; die engeren Voraussetzungen der Norm berechtigen jedoch nicht zu einem obige Einschränkung verhindernden Umkehrschluß: einmal handelt es sich um die Berechtigung des Kindes, nicht eines Dritten, und zum anderen soll der Erblasser mit dem Auftauchen nichtehelicher Abkömmlinge rechnen können, damit er entsprechende Verfügungen treffen kann (also Schutz der Testierfreiheit, vgl. *Lange*, NJW 1970, 305).

[56] § 1600 a, VI 7.

[57] Vgl. *Larenz*, Methodenlehre, S. 304.

[58] Zur Bedeutung des Wortlauts der Normen als Grenze der Auslegung vgl. neuerdings BGH NJW 1972, 715 m. zust. Anm. *Löwe* (zur Frage der Formbedürftigkeit nach § 313 bei Ankaufsverträgen).

[59] Das ergibt sich aus der bereits zitierten Bemerkung in der amtl. Begr. z. RegE in *Jansen/Knöpfel*, S. 192, wonach sich der Scheinvater „ohne weiteres“ an den Erzeuger halten könne.

[60] *Larenz*, Methodenlehre, S. 341, 370 ff.

duktion aus, da das von der Norm geforderte Ergebnis zwingende Folge zweier im Gesetz zum Ausdruck gekommener Prinzipien ist, nämlich *a)* Ausschluß der Geltendmachung einer Verwandtschaftsbeziehung auch durch Dritte vor positiver Zuordnung und *b)* Begrenzung des Personenkreises, der die Zuordnung herbeiführen kann.

Der Ausschluß der Geltendmachung von Ansprüchen bei Unterlassen der Zuordnung entspricht damit durchaus der Gesetzessystematik und dem Zweck der Regelung und läßt sich nicht durch eine an eben diesem Normzweck orientierte Korrektur beseitigen.

c) Eine auf der Motivation der Beteiligten beruhende Korrektur wäre allein vorstellbar unter dem Gesichtspunkt des Verbots *mißbräuchlicher Rechtsausübung*. Sedes materiae ist *§ 242 BGB*. Eine Berufung auf Treu und Glauben stellte jedoch hier nicht eine Einwendung gegen die Ausübung eines subjektiven Rechts, sondern Ausschluß einer gegen ein subjektives Recht gerichteten Einwendung (nämlich der des § 1600 a) dar; Voraussetzung für die Anwendbarkeit der Norm ist mithin, daß § 242 neben dem Verbot rechtsmißbräuchlicher Ausübung subjektiver Rechte auch die Ausnutzung sonstiger Rechtslagen oder Rechtspositionen (wie sie etwa Einwendungen darstellen) verbietet, m. a. W., daß § 242 auch Instrument allgemeiner *Normenkontrolle* ist. Eine solche „korrektorische Funktion des § 242“[61], die voraussetzt, daß man auch die Einschränkung formal unbegrenzter Normwirkungen generell als Ausdruck einer Grundfunktion des § 242 ansieht[62], wurde von der Rechtsprechung des RG und des BGH in einer langen Reihe von Entscheidungen stets anerkannt[63]; das ganz überwiegende Schrifttum billigte diese Rechtsprechung grundsätzlich[64]. Die Gegenmeinung[65] hat demgegenüber

---

61 *Larenz,* Schuldrecht I, § 10 II.

62 *Soergel/Siebert/Knopp,* § 242, 170.

63 Grundlegend RGZ 85, 108, 117 (zu § 394); RGZ 107, 108 u. 357; 153, 59; 157, 207; JW 36, 97 u. 1826; 38, 1923, 2416 u. 2579; RGZ 169, 73; 170, 203; BGHZ 12, 304; 16, 337; 23, 254; 48, 396 (zur Frage von Formnichtigkeit und Treu und Glauben); RGZ 115, 135, 137; 144, 378, 381; 153, 101, 111; BGHZ 9, 1; VersR 65, 1000 (Arglisteinwand gegen Einrede der Verjährung); vgl. ferner BGHZ 3, 94 ff.; ähnlich BGHZ 43, 258, 260 (Versagung d. Berufung auf Art. 17 WG).

64 Vgl. vor allem *Stammler,* Die Lehre vom richtigen Rechte, 2. A. 1926, 222 ff.; *Hamburger,* Treu und Glauben im Verkehr, 1930, 11; *Staudinger/Weber,* § 242, D 20, D 41; *RGRK/Nastelski,* § 242, 119; *Erman/Sirp,* § 242, I 4 e; *Soergel/Siebert/Knopp,* § 242, 168 ff.; 362 ff.; *Larenz,* Schuldrecht I, § 10 II; *Esser,* Schuldrecht I, § 6; *Lorenz,* AcP 156, 381 und JuS 1966, 429; *Wieacker,* FamRZ 57, 287, 289; zur rechtstheoretischen Präzisierung des § 242 BGB (1956), 26 ff.

65 Insbes. vertreten von *Planck/Siber,* § 242, 3; *Leonhard,* Schuldrecht AT Bd. 1, S. 68 ff.;*Oertmann,* § 242, 1; *Gernhuber,* Festschr. Schmidt/Rimpler, S. 151 ff. (speziell zur Problematik bei der Formnichtigkeit, wo der Streit im wesentlichen geführt wurde und wird, mit ausf. Nachw.); aus der Rspr. vgl. OLG Koblenz, HEZ 2, 1 ff.

immer wieder zu Recht darauf hingewiesen, daß sich, nachdem die exceptio doli generalis des gemeinen Rechts im BGB keinen Niederschlag gefunden hat, § 242 nicht als Vehikel zum Ausgleich zwischen ius strictum und bona fides[66] bzw. ius aequum[67] darstellen kann, sondern korrigierend nur bei *Lücken* im Gesetz im Wege der Auslegung bzw. Ergänzung zu verwenden ist[68]; andernfalls stünde zwingendes Recht zur Disposition des Richters und zügelloser Billigkeitsrechtsprechung wäre Tür und Tor geöffnet. Der im BGB dem § 242 übertragenen Funktion nach verlangt ein Verstoß gegen Treu und Glauben im Sinne der Norm weiter eine Rechts*ausübung* bzw. *Geltendmachung* einer sonstigen Rechtsposition. Dies ist jedoch bei einer von Amts wegen zu berücksichtigenden *Einwendung* (wie z. B. der des Formmangels oder auch des § 1600 a Satz 2) gar nicht möglich[69]. Denkbar ist Geltendmachung einer sonstigen Rechtsposition allenfalls bei Einreden oder Ausübung von Gestaltungsrechten[70] wie beispielsweise Verjährung und Rücktritt oder Kündigung, niemals jedoch bei Einwendungen.

Vor allem dem Vorwurf der uferlosen Ausdehnung reiner Billigkeitsrechtsprechung contra legem wird von der h. M. begegnet mit dem Hinweis, die korrektorische Funktion des § 242 sei beschränkt auf ganz krasse Ausnahmefälle, etwa wenn die Normanwendung „zu schlechthin untragbaren Ergebnissen führen würde“[71], zum Teil wird versucht, der Gefahr allmählicher Aushöhlung des ius strictum durch Begrenzung des Gedankens auf wenige Fallgruppen zu begegnen[72]; wieder andere versuchen, die Durchbrechung des Gesetzes unter dem Gesichtspunkt einer — durch § 242 geforderten — restriktiven Interpretation unter Wahrung des Normzwecks[73] zu rechtfertigen.

---

[66] So aber *Larenz*, Schuldrecht I, § 10 II h und alle, die die exceptio doli generalis auch heute noch anerkennen.

[67] *Lorenz*, JuS 1966, 431.

[68] Vgl. *Oertmann*, § 241, 1; *Leonhard*, S. 71; *Planck/Siber*, § 242, 3.

[69] *Leonhard*, S. 71; *Gernhuber*, Festschr. Schmidt/Rimpler, S. 154 f.; das wird anerkannt auch von Vertretern der Gegenmeinung, etwa *Larenz*, Schuldrecht 1, § 10 II h und BGHZ 12, 304; LM Nr. 1 zu § 242 (Ca), doch gerechtfertigt unter Berufung auf die durch § 242 angeblich allgemein zugelassene Einrede der allg. Arglist.

[70] So *Leonhard*, S. 71; *Gernhuber*, Festschr. Schmidt/Rimpler, S. 154 f.

[71] Vgl. aus der Rspr. BGHZ 23, 254; 48, 396 (zu § 125); ferner *Soergel/Siebert/Knopp*, § 242, 362 ff.; *Erman/Sirp*, § 242, III 3 e aa.

[72] *Larenz*, Schuldrecht I, § 10 III mit Begrenzung auf widersprüchliches Verhalten. Ebenso BAG 2, 58; AP Nr. 2 zu § 74 HGB; *Lorenz*, JuS 1966, 429, 436 (alle zur Formnichtigkeit); dagegen ausdrücklich *Soergel/Siebert/Knopp*, § 242, 345.

[73] *Esser*, Schuldrecht I, § 6 III („individueller Rechtsmißbrauch“); doch setzt auch diese Lösung — wie der Hinweis auf die Bestimmung durch den Grundsatz von Treu und Glauben zeigt — die Zulässigkeit der allgemeinen Arglisteinrede voraus.

In Wahrheit handelt es sich jedoch hier nicht um eine Ausprägung des *allgemeinen* Prinzips von Treu und Glauben — das zeigt schon die Tatsache, daß die Durchbrechung des ius strictum bisher nur in den genannten Einzelfällen durchgeführt wurde, nicht aber bei anderen (ähnlichen) Situationen, etwa dann, wenn es um den Schutz Minderjähriger, die Anwendung des § 138, die Frage der Formbedürftigkeit von Verfügungen von Todes wegen ging[74]. Gerade der stets betonte Ausnahmecharakter und die Beschränkung auf wenige besonders krasse Fälle deutet vielmehr darauf hin, daß hier scheinpositivistisch begründete[75] (richterliche) Rechtsfortbildung[76] contra legem in wenigen Einzelfällen und allein unter *Billigkeitsgesichtspunkten* vorliegt; die Berufung auf § 242 stellt damit einen funktionellen Mißbrauch der Norm dar und kann daher auch eine Durchbrechung des § 1600 a Satz 2 nicht tragen. Ebenso scheidet jedoch eine Ausdehnung dieser durch richterliche Rechtsfortbildung[77] eröffneten Möglichkeit der Normkorrektur auf die hier behandelte Problematik des § 1600 a Satz 2 aus: Sie wurde bisher weder zu einem allgemeinen Rechtsinstitut der Gesetzeskorrektur unter Billigkeitsgesichtspunkten erweitert noch ist sie gar zu einem allgemeinen gewohnheitsrechtlichen Prinzip[78] erstarkt, wie sich aus dem stets wiederkehrenden Betonen des Ausnahmecharakters der Gesetzesdurchbrechung und der bisher immer auf einen engen Bereich begrenzten Anwendung ergibt[79].

Als Ergebnis ist daher zunächst festzuhalten, daß eine allein auf Treu und Glauben oder bloße Billigkeitsgesichtspunkte gestützte „Korrektur" des § 1600 a Satz 2 unzulässig ist. Nicht ausgeschlossen ist allerdings ein (unter tatbestandlich viel engeren Voraussetzungen denkbarer) Schadensersatzanspruch des Scheinvaters gegen den Erzeuger nach *§ 826*[80].

Die Frage, ob die damit feststehende Benachteiligung des Scheinvaters hingenommen werden soll als notwendige Folge der oben bereits erwähnten

[74] Vgl. *Gernhuber*, S. 156 ff. m. w. N.

[75] *Gernhuber*, S. 161; *F. v. Hippel*, Formalismus und Rechtsdogmatik, 1935, S. 144.

[76] Auch *Larenz*, Methodenlehre, S. 373 sieht jedenfalls die Einschränkung des § 125 als — allerdings durch § 242 legitimierten — Akt der Rechtsfortbildung an.

[77] Unabhängig von der Frage, ob sie legitim oder illegitim war; zur Frage der Legitimität vgl. *Larenz*, Methodenlehre, S. 399 ff.

[78] Vgl. dazu *Larenz*, S. 408.

[79] Damit ist noch nicht gesagt, daß innerhalb eines engen Bereichs (etwa im Rahmen des § 125) keine gewohnheitsrechtliche Verfestigung erfolgt ist (dagegen noch *Gernhuber*, S. 163); lediglich die Erweiterung zu einem allgemeinen Prinzip hat sicher nicht stattgefunden.

[80] Der Anspruch gehört im Rahmen dieser Arbeit systematisch an eine andere Stelle: es handelt sich nicht mehr darum, ob der legalzedierte Anspruch trotz § 1600 a Satz 2 geltend gemacht werden kann, sondern um einen *anderen* Anspruch gegen den Erzeuger. Vgl. daher unten B IV 4.

beiden Prinzipien der Beschränkung des zuordnungsberechtigten Personenkreises einerseits und des § 1600 a Satz 2 andererseits, verlagert sich damit in den Bereich künftiger Gesetzgebung. De lege ferenda wird zu berücksichtigen sein, wie häufig derartige Fälle überhaupt auftreten, ob also überhaupt ein ernsthaftes Regelungsbedürfnis besteht, ferner, inwieweit eine Korrektur nach § 826 Abhilfe schaffen kann und schließlich, inwiefern der Scheinvater bei Anwendbarkeit des § 1600 a Satz 2 bei *anderen* Personen Rückgriff nehmen kann (vgl. dazu insgesamt Teil 2 und 3!).

III. Die nähere Ausgestaltung des übergangenen Anspruchs

Wenn die eben behandelten Ausübungssperren überwunden sind, erhebt sich die Frage nach der näheren Ausgestaltung des nunmehr dem Scheinvater zustehenden Anspruchs.

1. Anwendbarkeit der Subrogationsklausel, § 1615 I b

Die Bestimmung, daß der Legalzessionar den Anspruch nicht zum Nachteil des Kindes geltend machen darf, führt zur Abweisung der Klage als z. Z. unbegründet, wenn die Durchsetzung seines Anspruchs die (auch künftigen)[81] Ansprüche des Kindes gegen seinen Erzeuger beeinträchtigen würde. Ebensowenig kann der gegen den Erzeuger gerichtete Anspruch ein Herabsetzen des Unterhaltsanspruchs des Kindes etwa unter dem Gesichtspunkt fehlender Leistungsfähigkeit nach § 1603 I rechtfertigen[82].

Diese Regelung, die in erster Linie den Unterhalt des Kindes sichern soll, ist — wie in der Literatur bereits mehrfach betont wurde[83] — sachlich verfehlt: begünstigt wird nicht das Kind, dessen Unterhalt heute immer gesichert ist (sei es durch Ansprüche gegen nachrangig Haftende, sei es letztlich durch die Sozialhilfe); begünstigt sind vielmehr in erster Linie die sonst in Anspruch zu nehmenden nachrangig Haftenden oder der Staat; benachteiligt ist allein der Zahlende, dessen Rückgriff durch die Vorrangklausel zumindest erschwert wird. Das Erschwernis mag sachgerecht sein in den sonstigen Fällen der Vorrangklausel, in denen der Rückgriffsberechtigte stets seinerseits selbst haftete (wenn auch nachrangig oder subsidiär), wie dies bei den sonstigen Verwandten des Kindes der Fall ist, aber auch z. B. bei der Bürgschaft, wo mindestens intern (bei selbstschuldnerischer Bürgschaft) der Bürge an letzter Stelle haftet: weder soll der Bürge das Sicherungsziel dadurch beeinträchtigen, daß er zu dem Gläubiger mit seiner Rückgriffsforderung im Hinblick auf das Vermögen des Hauptschuldners in Konkurrenz tritt (§ 774 I 2) noch soll der nachrangig Haftende den Alimentationszweck (dessen Sicherung Ziel der gestufen Verpflichtung ist) beeinträchtigen, „indem er konkurrierend mit dem Alimentierten Forderun-

[81] So die h. M., vgl. *Gernhuber*, § 41 IV 4; *Soergel/Lade*, § 1615 b, 3; *Stolterfoht*, FamRZ 1971, 349 (m. w. N. FN 85).

[82] So richtig *Gernhuber*, § 41 IV 4 für den vergleichbaren Fall des § 1607 II 3.

[83] *Dieckmann*, JuS 1969, 103, 160; *Gernhuber*, § 45 VIII 4; 59 VIII 4; *Stolterfoht*, S. 349.

gen gegen den primär Unterhaltspflichtigen geltend macht oder dessen zukünftige Leistungsfähigkeit zerstört"[84]. Nicht gerechtfertigt ist die Benachteiligung aber zu Lasten des völlig außenstehenden Scheinvaters. *Dieckmann* hat daher zum früheren Recht angeregt, bei der Analogie zu § 1709 II a. F. die (dort lediglich auf nachrangig Haftende bezogene) Subrogationsklausel aus der Analogie auszunehmen[85]. Angesichts der eindeutigen Erstreckung der Klausel auf den Regreß auch des Scheinvaters in § 1615 b I Satz 2 ist jedoch an der Anwendbarkeit der Klausel für das geltende Recht nicht mehr zu zweifeln[86]. Dennoch versucht *Stolterfoht*[87] im Anschluß an die Überlegungen *Dieckmanns* § 1615 b I 2 insoweit einschränkend zu interpretieren, als die Subrogationsklausel auch nach neuem Recht beim Regreß des Scheinvaters nicht angewendet werden soll (auch die Verweisung in § 1615 b II soll sich demgemäß nur auf § 1615 b I 1 beziehen); doch widerspricht eine derartig weitgehende Restriktion der ausdrücklichen Regelung im Gesetz. De lege lata ist daher mit der h. M.[88] vom Eingreifen der Subrogationsklausel auch in diesem Fall auszugehen.

2. Der Unterhaltsforderung anhaftende Eigenarten

Während die Subrogationsklausel eine den Rechtswirkungen des § 1600 a ähnliche Rechtsausübungssperre beinhaltet (die allerdings im Gegensatz zu diesen nur für die bereits *übergangene* Forderung gilt und deswegen der näheren Ausgestaltung der Regreßforderung zuzurechnen ist), bedarf nunmehr die Frage näherer Untersuchung, inwieweit spezielle der Unterhaltsforderung anhaftende Eigenarten auch nach der Legalzession erhalten bleiben. An sich scheint sich volle Identität des Anspruchs nach der Zession aus den §§ 399 ff., 412, insbesondere (hinsichtlich der Einwendungen) aus § 404 zu ergeben. Doch ist zu beachten, daß gerade § 404 aus dem Schuldnerschutzgedanken folgt[89], während bestimmte Spezifika des Unterhaltsanspruchs allein aus dem Alimentationszweck des Anspruchs zu erklären sind. Da der Unterhaltsanspruch jedoch die ursprünglich auf Alimentation gerichtete Zweckbestimmung mit dem (lediglich Regreßzwecken dienenden) Übergang auf den Scheinvater verliert[90], entfallen mit diesem Zeitpunkt auch

---

[84] *Stolterfoht*, S. 350; vgl. auch *Dieckmann*, S. 103, 160.

[85] *Dieckmann*, S. 103.

[86] Darauf weist *Dieckmann*, S. 103, FN 18 und S. 160 hin.

[87] S. 350.

[88] *Soergel/Lade*, § 1615 b, 3; *Palandt/Lauterbach*, § 1615 b, 3; *Gernhuber*, § 59 VIII 4; *Dieckmann*, S. 103, 160; für das frühere Recht ebenso BGHZ 48, 361 (366) (zu § 1709 II a. F.).

[89] Vgl. statt aller *Erman/Westermann*, § 404, 1.

[90] So die h. M., vgl. *Soergel/Lade*, § 1615 b, 5; für die identische Problematik bei § 1607 II vgl. *Soergel/Lange*, § 1607, 3; *Staudinger/Gotthard*, § 1607, 25; RGRK/*Scheffler*, § 1607, 4; *Odersky*, § 1607, IV 1 a; *Gernhuber*, § 41 IV 4; *Dölle*, § 103 IV 2; § 86 V 4; *Brühl*, Unterhaltsrecht, S. 279; *v. Caemmerer*, NJW 1963, 1403; Marienwerder, OLG 30, 58; Hamburg, LZ 1921, 660; Köln, JW 1931, 660. And. Ans. *Kropholler*, FamRZ 1966, 416; *Beitzke*, § 24 V 2 b.

alle nur aus dem Alimentationszweck folgenden Eigenarten des Anspruchs. Die Frage, ob eine Norm schuldnerschützende Funktion hat oder ob sie Ausdruck des Alimentationszwecks ist, wird mithin entscheidend für ihre Weitergeltung nach der Legalzession.

a) Geltung des *§ 1613*

Trotz Wegfall des § 1711 a. F. infolge der Einordnung des Nichtehelichen-Unterhalts in das Recht des Verwandtenunterhalts ist der mögliche Anwendungsbereich des § 1613 als rechtsvernichtender Einwendung hier minimal, da § 1615 d vom Grundsatz, daß Unterhalt für die Vergangenheit nicht verlangt werden darf, eine Ausnahme macht für alle vor Anerkennung oder rechtskräftiger Feststellung der Vaterschaft fällig gewordenen Ansprüche[91].

Voraussetzung für das Eingreifen der Norm im Bereich des Zessionsregresses des *Scheinvaters* ist, daß Unterhaltsleistungen, die *nach* Feststellung der Vaterschaft erfolgten, vom Zahlenden „als Vater" geleistet wurden, da sonst (vgl. oben I 2) ein Rechtsübergang nicht eintritt. Undenkbar ist dies in allen Fällen, in denen zunächst (sei es nach § 1593 oder nach § 1600 a) Zuordnung zum Kind vorlag: sowohl Anerkennung (vgl. § 1600 b III) als auch Feststellung durch Urteil (vgl. § 1600 n I) setzen Aufhebung einer etwa früher eingetretenen Zuordnung zu einem anderen Mann voraus; von dieser Aufhebung wird der Scheinvater aber stets Kenntnis haben — leistet er trotzdem weiteren Unterhalt, so fehlt diesen Zahlungen der Bezug zur Vaterschaft und eine Legalzession kann nicht eintreten[92].

Es bleiben somit als denkbarer Anwendungsbereich der Norm nur die Fälle übrig, in denen der Scheinvater freiwillig geleistet hat, ohne dem Kind zugeordnet zu sein; dann ist denkbar, daß er von einer Zuordnung zum richtigen Erzeuger nichts erfahren hat und weiter Unterhaltsleistungen erbrachte in der irrigen Annahme, Erzeuger zu sein. Es handelt sich hierbei jedoch um seltene Ausnahmefälle.

Für die Beantwortung der Frage nach der Weitergeltung der Norm nach Zession ist vorauszusetzen, daß sie Ausdruck des (allein auf den Alimentationszweck abstellenden) gemeinrechtlichen Grundsatzes „in praeteritum non vivitur" ist[93]. Sicher ist jedoch, daß der Vorschrift

---

[91] Die Ausnahme ist Folge der Ausübungssperre des § 1600 a: das Kind kann vor diesem Zeitpunkt die die Wirkung des § 1613 ausschließenden Gläubigerakte der Mahnung bzw. Klagerhebung nicht vornehmen; der Erzeuger soll dadurch keinen Vorteil haben. Vgl. *Soergel/Lade*, § 1615 d, 2; *Gernhuber*, § 59 V 1; amtl. Begr. z. RegE in *Jansen/Knöpfel*, S. 195; *Lange*, NJW 1970, 301.

[92] Anders allerdings, wenn man entgegen der oben I 2 b vertretenen Ansicht bei Zahlungen des Ehemanns der Mutter für den Eintritt der Legalzession nicht verlangt, daß „als Vater" geleistet wurde!

[93] Vgl. nur *Staudinger/Gotthardt*, § 1613, 2 m. w. N.

daneben *auch* schuldnerschützende Funktion zukommt[94]: Der Schuldner soll vor dem Auflaufen rückständiger Unterhaltsleistungen zu einer umfangreichen Forderung geschützt werden, auf die er sich nicht einrichten konnte[95]. Angesichts der Einschränkungen der Norm bei Verzug und Rechtshängigkeit ist heute sogar von einem Vorrang der schuldnerschützenden Funktion der Norm auszugehen[96]. Dementsprechend muß der Ausschluß des Unterhalts für die Vergangenheit auch für die bereits zedierte Forderung gelten[97]; der von der Gegenmeinung[98] meist als Begründung gebrachte Hinweis, der Charakter als Unterhaltsanspruch gehe mit der Zession verloren, rechtfertigt nicht ein Ignorieren der schuldnerschützenden Funktion. Ebenso ist auch eine (nur aus dem Alimentationscharakter herzuleitende) „Relativierung" der Rechtswirkungen des § 1613 auf das Verhältnis Unterhaltsberechtigter-Verpflichteter[99] nicht möglich. Verfehlt ist auch der gelegentlich[100] erfolgende Hinweis, der Gedanke des Schuldnerschutzes müsse zurücktreten, weil der Übergang sonst „für den Berechtigten in den meisten Fällen bedeutungslos" sei. Trotz grundsätzlicher Anwendbarkeit der Norm ist der Rückgriff vielmehr durchaus in vielen Fällen denkbar.

Dies gilt zumal dann, wenn man entsprechend dem in § 1613 zum Ausdruck gekommenen Vertrauensschutzgedanken (und in Anlehnung an die von der Rspr. bereits für vertragliche Unterhaltsregelungen gemachte Ausnahme) die Anwendung der Vorschrift in teleologischer Reduktion ausschließt, wenn der Schuldner von seiner Verbindlichkeit *weiß*[101]; die Einschränkung ent-

---

[94] Vgl. statt aller *Staudinger/Gotthardt*, § 1613, 2; *Enneccerus/Kipp/Wolff*, § 27 IX.

[95] Im Vordergrund steht damit der Schutz des Vertrauens auf die eigene wirtschaftliche Dispositionsfreiheit, vgl. *Kropholler*, FamRZ 1965, 414; *Gernhuber*, § 41 VIII 1; *Enneccerus/Kipp/Wolff*, § 27 IX; *Staudinger/Gotthardt*, § 1613, 2 und 22.

[96] *Kropholler*, FamRZ 65, 414; *Gernhuber*, § 41 VIII 1. Dies zeigt sich auch an der inzwischen von der Rspr. in extensiver Interpretation zugelassenen weiteren Ausnahme bei vertraglicher Regelung des Unterhalts (RGZ 164, 69; OLG Celle, NJW 1956, 795; AG Neu-Ulm, MDR 1960, 228), die sich nur aus dem Gedanken rechtfertigen läßt, daß dann ein Schuldnerschutz nicht erforderlich ist.

[97] *Gernhuber*, § 41 IV 4; *Enneccerus/Kipp/Wolff*, § 27 IX; *Beitzke*, § 24 I 4 b (and. § 24 V 2 b!); *Hoffmann/Stephan*, § 63 EheG, 18; *Staudinger/Gotthardt*, § 1607, 33; *Kropholler*, FamRZ 1965, 417 f. Ebenso schon *Mugdan*, Mat. IV, S. 953.

[98] *Palandt/Lauterbach*, § 1607, 3; RGRK/*Wüstenberg*, § 63 EheG, 31; *Soergel/Lange*, § 1607, 3; *Soergel/Lade*, § 1615 b, 5; RGRK/*Scheffler*, § 1607, 4; *Köhler*, S. 38; *Dölle*, § 86 V 4 (anders aber § 41 III 4 c); Marienwerder OLG 30, 58; Hamburg, LZ 1921, 660; JW 37, 51. BGHZ 43, 168 läßt die Frage ausdrücklich dahingestellt, neigt aber offenbar zur Anwendung des § 1613.

[99] So *Schlechtriem*, NJW 1966, 1795 f.; ebenso (jedenfalls für den Regreß des Scheinvaters) *Stolterfoht*, FamRZ 1971, 351.

[100] *Soergel/Lange*, § 1607, 3.

[101] *Kropholler*, S. 417 f.

spricht durchaus dem Zweck der Norm: ein Vertrauensschutz ist nicht mehr erforderlich, wenn der Verpflichtete seine Pflicht kennt[102]. Folge ist, daß für den Regreß des Scheinvaters im Ergebnis niemals ein Ausschluß nach § 1613 in Frage kommt, da durch den Akt der Zuordnung zum Kind jedem Vater seine Pflicht unmißverständlich angezeigt wird[103]. Wissen um die eigene Verpflichtung ist dann stets gegeben. Aber auch bei der Legalzession des § 1607 II (wo die Norm bedeutsamer ist und in deren Bereich der Streit um die Anwendbarkeit im allgemeinen geführt wird) verhindert die Entscheidung für grundsätzliche Anwendbarkeit der Norm nicht jeden Regreß: einmal, weil sie ja bei Kenntnis des Unterhaltspflichtigen nicht angewandt wird (Kenntnis muß aber mangels positiv zuordnenden Akts nicht stets vorliegen). Sonst ist Mahnung des im Fall des § 1607 II i. Ggs. zur Situation beim nichtehelichen Kind immer bekannten Pflichtigen möglich (wobei einmalige Mahnung genügt)[104] oder Klageerhebung, da beides nicht durch eine § 1600 a entsprechende Vorschrift gehindert wird; ist der Schuldner unbekannten Aufenthalts, so kann die Wirkung des § 1613 notfalls durch Klage mit öffentlicher Zustellung (§§ 203 ff. ZPO) ausgeschlossen werden.

Als Ergebnis ist daher festzuhalten: § 1613 ist zwar auf den legalzedierten Anspruch grundsätzlich anwendbar, doch wird entsprechend der oben dargelegten Einschränkung der Norm dadurch niemals der Anspruch entfallen[105]. Für den Zessionsregreß des Scheinvaters bleibt die Norm damit ohne Bedeutung.

b) § 1615 h

Ausschließlich schuldnerschützende Funktion kommt dagegen § 1615 h zu, wonach der Erzeuger Herabsetzung des Regelunterhalts dann verlangen kann, wenn dieser wesentlich den Betrag übersteigt, den er dem Kind ohne die Vorschriften über den Regelunterhalt leisten müßte. Es handelt sich um ein Recht auf einen die Verbindlichkeit herabsetzenden

---

[102] *Kropholler*, S. 417 FN 50 weist zu Recht darauf hin, daß damit nicht etwa § 404 eingeschränkt wird, sondern daß lediglich die Schuldnerschutzbestimmung des § 1613 auf ihre eigentliche ratio, den Vertrauensschutz, zurückgeführt wird. Vgl. auch *Gernhuber*, § 59 V 1.

[103] *Gernhuber*, § 59 V 1; zum selben Ergebnis kommt *Odersky*, § 1615 d, II 5 unter Berufung auf § 284 II; ebenso *Hoffmann/Stephan*, § 64 EheG, 14; and. Ans. allerdings die amtl. Begr. z. RegE in *Jansen/Knöpfel*, S. 195, wo Mahnung und Klagerhebung für erforderlich gehalten wird, ebenso wohl *Palandt/Lauterbach*, § 1615 d, 2; *Soergel/Lade*, § 1615 d, 5.

[104] Auch das folgt auch obigem Gedanken. Vgl. *Gernhuber*, § 41 VIII; *Brühl*, S. 225; *Hoffmann/Stephan*, § 64 EheG, 13; RGRK/*Wüstenberg*, § 64 EheG, 6; *Staudinger/Gotthardt*, § 1607, 33; OLG Breslau, OLG 26, 239; and. Ans. *Furler*, S. 36.

[105] Folgt man dagegen der Einschränkung nicht und nimmt auch nicht Verzug nach § 28 II an, so wird in aller Regel der Anspruch entfallen: da, wie dargelegt, die Legalzession für Zahlungen nach Zuordnung des richtigen Erzeugers zum Kind nur eintritt, wenn der Zahlende sich irrtümlich für den Erzeuger hält, weil er von der Zuordnung nichts erfahren hat, kommt für ihn Mahnung und Klagerhebung nicht in Betracht.

richterlichen Gestaltungsakt[106], das im Ergebnis die durch Einführung des Regelunterhalt erfolgte Pauschalierung relativiert und deswegen nur in engen Grenzen zulässig ist[107].

Ein „Überleiten" des Gestaltungsrechts auf die Regreßsituation ist aber nur denkbar, wenn die Herabsetzung auch für *Unterhaltsrückstände* möglich ist und nicht nur (wie etwa im Fall des § 323 ZPO) für zukünftig fällig werdende Unterhaltsleistungen. Bedenken bestehen deswegen, weil in der ZPO (§§ 643 a II, 642 b i. V. m. § 323 II, III) eine Herabsetzung der (allerdings bereits titulierten) Regelunterhaltsforderung nur für die Zukunft vorgesehen ist; doch wird man dies als Folge rechtskräftiger Entscheidung ansehen müssen, die im Regreßfall niemals vorliegen kann. Bedenken bestehen weiterhin, weil § 1615 h III RegE, der die Herabsetzung für die Vergangenheit ausdrücklich vorgesehen hatte, nicht Gesetz geworden ist. Andererseits setzt § 1615 i II 2 die Herabsetzungsmöglichkeit auch für die Vergangenheit voraus[108]; aus der (auch § 1615 II 2 umfassenden) Verweisung des § 1615 i III ergibt sich zudem, daß sich Unterhaltsschuldner auch noch gegenüber dem Regreßgläubiger auf die Möglichkeit des § 1615 h berufen können muß[109].

Diese Befugnis des Erzeugers mindert den Wert der durch den Regelunterhalt erfolgten Pauschalierung der Unterhaltsforderung als Mittel zur (wenigstens in gewissen Grenzen gewährleisteten) Sicherung auch des Regresses des Scheinvaters (vgl. dazu schon oben I b): Gerade in den Fällen, in denen voller Regreß des Scheinvaters im Wege der Legalzession an mangelnder Leistungsfähigkeit des Erzeugers scheitert, kommt eine Herabsetzung der Regreßforderung noch unter den Regelunterhalt in Frage; die Norm kann damit im Ergebnis die dann i. d. R. ohnehin bestehende Regreßlücke (vgl. dazu oben I a) noch erweitern, doch handelt es sich auch hier um eine notwendige Folge differenzierender und auf die Verhältnisse des Erzeugers abstellender Ausgestaltung des Unterhaltsanspruchs nichtehelicher Kinder.

c) § 1615 i

In gleicher Weise schuldnerschützende Funktion haben die *Billigkeitsschranken* des § 1615 i I, II, wonach dem Vater rückständige Beträge gestundet oder (subsidiär zur Herabsetzung nach § 1615 h oder zur Stundung) gar erlassen werden können; § 1615 i III unterwirft demgemäß auch den Rückgriff nehmenden Dritten diesen Schranken.

---

106 Die nähere Ausgestaltung dieses Rechts ist in der Literatur noch nicht eindeutig präzisiert. Vgl. *Gernhuber*, § 59 II 4 (Recht auf Abänderungsvertrag); *Brühl*, FamRZ 1966, 543 (Einrede); *Göppinger*, JR 1969, 405 (Einrede nach rechtsgestaltender Erklärung); *Firsching*, RPfl 1970, 44 (proz. Anspruch auf richterl. Gestaltung); a. Ans. nur *Odersky*, § 1615 h, III 1 (Einwendung). Doch kann dies hier dahingestellt bleiben.

107 Vgl. dazu i. E. *Gernhuber*, § 59 II 4 m. weit. Nachw.

108 So offenbar auch *Soergel/Lade*, § 1615 h, 3.

109 So auch *Dieckmann*, S. 160; *Beitzke*, § 24 V 2 b.

Die Erstreckung auf Dritte ist zwar Folge der schuldnerschützenden Funktion der Norm, doch ist sie aus sachlichen Gründen im Schrifttum[110] auf erhebliche Bedenken gestoßen: Die zwischen Vater und Kind durch die Billigkeitsschranken erzwungene Rücksichtnahme mag gerechtfertigt sein durch das Verwandtschaftsverhältnis; ebenso zwischen Vater und nachrangig haftenden sonstigen Verpflichteten, die immerhin auch innerhalb des für den Unterhalt haftenden Verbandes stehen. Nicht sachgerecht ist jedoch die Benachteiligung völlig außenstehender Dritter, die irrtümlich leisteten oder durch Richterakt zur Leistung gezwungen wurden[111]. Zu einer anderen Beurteilung kann weder der Hinweis darauf führen, daß völliger Ausschluß jeden Regresses für Männer, die mit der Mutter während der Empfängniszeit verkehrten, denkbar gewesen sei[112], solange das Gesetz in seiner Grundkonzeption von ausschließlicher Verpflichtung des wirklichen Erzeugers ausgeht[113], noch vermag auch das in der amtl. Begründung zum RegE[114] gebrachte weitere Argument, durch die Pflicht zur Zahlung erheblicher Unterhaltsrückstände könnte der Unterhalt anderer Kinder des Vaters und sogar der des nichtehelichen Kindes selbst gefährdet werden, die Problematik zu beseitigen: Eine Gefährdung des Unterhalts des nichtehelichen Kindes durch den Regreß wird über die Subrogationsklausel des § 1615 b I 2 verhindert[115]. Die Gefährdung des Familienunterhalts im übrigen durch Forderungen gegen einen Unterhaltspflichtigen wird sonst im Zivilrecht niemals durch eine auf Billigkeitsgründe gestützte Stundung oder gar durch Erlaß der Forderung verhindert, sondern allenfalls durch Berücksichtigung in der Zwangsvollstreckung (vgl. §§ 811 ff., 850 ff. ZPO; 58 Ziff. 3 KO)[116] gemildert.

Gernhuber[117] schlägt zur Überwindung dieser Systemwidrigkeit restriktive Interpretation der Norm mit Ausschluß der Billigkeitsschranken im Verhältnis zu außenstehenden Dritten (die nicht im Haftungsverband stehen) vor. Ihre Zulässigkeit ist jedoch angesichts des eindeutigen Gesetzeswortlauts und des ausdrücklichen Wunsches des Gesetzgebers, auch Dritte in die Verweisung des § 1615 i II einzubeziehen[118] zumindest fraglich; die Einschränkung ist indessen auch nicht erforderlich, weil (vgl. § 1615 i III Satz 2) bei der Abwägung der Billigkeitsgesichtspunkte nicht nur die Verhältnisse des Vaters, sondern auch die des Zahlenden und damit auch die Beziehungen zwischen beiden zu berücksichtigen sind: Im Rahmen dieser Billigkeits-

---

110 *Gernhuber*, § 45 VIII 4; 59 VIII 4; *Dieckmann*, S. 160.

111 *Gernhuber*, § 45 VIII 4; 59 VIII 4; *Dieckmann*, S. 160. Die Problematik ähnelt der bei der Anwendung der Subrogationsklausel.

112 Vgl. *Jansen/Knöpfel*, S. 190 im Anschluß an eine Äußerung *Boschs* in FamRZ 1967, 147; Folge wäre eine Art „Gefährdungshaftung der Konkumbenten" für den Unterhalt des Kindes.

113 Richtig *Gernhuber*, § 45 VIII 4.

114 In *Jansen/Knöpfel*, S. 218 ff.

115 Vgl. oben 1.

116 Ausnahmen (etwa § 1382 I BGB, § 16 GrdstVG) erklären sich aus einem Gläubiger und Schuldner verbindenden und zu Rücksichtnahme verpflichtenden Gemeinschaftsverhältnis oder als Nachwirkungen familienrechtlicher Verbindung. Für das Verhältnis des Erzeugers zum Kind und zu nachrangig Haftenden mag man eine derartige Beziehung annehmen; zum Scheinvater besteht sie nicht.

117 § 59 VIII 4.

118 Vgl. die amtl. Begr. z. RegE in *Jansen/Knöpfel*, S. 218 ff.

abwägung kann durchaus berücksichtigt werden, daß zwischen Scheinvater und Erzeuger Rücksichtspflichten kaum denkbar sind und daß deswegen nur unter wesentlich engeren Voraussetzungen als etwa im Verhältnis zum Kind oder beim Rückgriff nachrangig Haftender (wo ebenfalls größte Zurückhaltung angebracht ist) Billigkeitsgesichtspunkte für Stundung oder gar Erlaß der rückständigen Forderung sprechen können.

In praxi können damit die Auswirkungen der Norm durchaus in so engen Grenzen gehalten werden, daß die Befürchtungen ihrer Kritiker[119] nicht bestätigt werden; Bedenken erweckt aber nach wie vor die dennoch erfolgende Belastung des Rückgriffs mit dem letztlich unkalkulierbaren Risiko einer Billigkeitsentscheidung.

d) *Abtretbarkeit, Pfändbarkeit* des Anspruchs (§ 850 b ZPO)

Aus dem Verlust des Charakters als Unterhaltsanspruch folgt auch zwingend, daß § 850 ZPO nach der Legalzession nicht mehr Anwendung finden kann: für den zedierten Anspruch hat das Pfändungsverbot seinen sozialen Schutzzweck verloren, schuldnerschützende Funktion kommt der Norm nicht zu; der Anspruch ist damit pfändbar und kann infolgedessen abgetreten und verpfändet sowie zum Gegenstand eines Nießbrauches gemacht werden, ebenso ist die Aufrechnung gegen ihn zulässig[120].

e) § 850 d ZPO

Stark umstritten ist dagegen die Frage, ob der Anspruch noch das *Pfändungsprivileg des § 850 d ZPO* genießt. Sicher unrichtig ist nach den bisherigen Ausführungen der vor allem im prozeßrechtlichen Schrifttum[121] häufig vorgebrachte Hinweis, die Norm müsse weitergelten, weil es sich nach wie vor um einen gesetzlichen Unterhaltsanspruch handele. Problematisch ist die Frage der Weitergeltung vielmehr deswegen, weil § 401 II BGB ausdrücklich den Übergang auch von Pfändungsprivilegien anordnet. Dementsprechend wird teilweise die Ansicht vertreten, aus § 401 II folge zwingend die Weitergeltung; andernfalls sei der arglistig nicht leistende Schuldner zu Unrecht bevorzugt[122].

---

119 Vgl. insbes. die bereits zitierten Äußerungen von *Gernhuber* und *Dieckmann*. Zu einer weiteren Funktion der Norm vgl. aber unten 3 a. E.!

120 Allg. Ans., vgl. nur *Gernhuber*, § 41 IV 4; *Odersky*, § 1615 b, II 6; § 1607 IV 2; *Soergel/Lade*, § 1615 b, 5; *Soergel/Lange*, § 1607, 3; *Kropholler*, FamRZ 1965, 416 m. w. N.; *Hoffmann/Stephan*, § 63 EheG, 19.

121 *Baumbach/Lauterbach*, § 850 d, 1 A; *Schönke/Baur*, § 19 IV 1 b; *Stein/Jonas/Pohle*, § 850 d, I B 3.

122 *Odersky*, § 1607, IV 2; *Palandt/Lauterbach*, § 1607, 3; *Palandt/Heinrichs*, § 401, 2; RGRK/*Löscher*, § 401, 6; *Kropholler*, FamRZ 1965, 416; ebenso bei Überleitung nach §§ 90, 91 BSHG OLG Celle RPfleger 68, 320; BAG Betr. 1971, 1165.

Richtigerweise muß jedoch die Frage ihre Antwort unter Berücksichtigung des nach der Zession verlorenen Unterhaltscharakters finden: Das Pfändungsprivileg sichert die Durchsetzung von Unterhaltsansprüchen über die durch § 850 c ZPO gezogenen Grenzen hinaus lediglich unter dem Gesichtspunkt erhöhter Einstandspflicht der Unterhaltspflichtigen füreinander[123]. Mit dem Verlust des Alimentationszwecks entfällt aber die ratio der erhöhten Einstandspflicht; für die Anwendung der Norm bleibt somit kein Raum mehr[124]: wegen der ausschließlichen Bezogenheit auf die Situation des Unterhaltsgläubigers stellt die Norm ein dem ursprünglichen Gläubiger höchstpersönlich zustehendes Vorzugsrecht dar, auf das § 401 II BGB nicht angewendet werden kann[125]. Das Pfändungsprivileg des § 850 d ZPO kann daher dem Rückgriff nehmenden Scheinvater nicht zugute kommen.

3. *Verjährung des übergegangenen Anspruchs*

Die Verjährungsfrist *beginnt* nach nahezu einhelliger Ansicht erst nach Zuordnung zum richtigen Erzeuger, da erst mit diesem Zeitpunkt der Anspruch geltend gemacht werden kann (§ 1600 a): Zwar entstehen die Unterhaltsansprüche bereits ab dem Zeitpunkt der Geburt, doch wäre die Vorstellung von Ansprüchen, die bereits verjährt sind, bevor sie geltend gemacht werden können, absurd[126].

Hergeleitet wird dieses Ergebnis i. d. R. aus § 202 I BGB, weil der Geltendmachung ein rechtliches Hindernis entgegensteht, das zur Klageabweisung führen müßte, wenn es nicht bis zum Schluß der letzten mündlichen Verhandlung behoben wird[127], zum Teil[128] wird es begründet durch Interpretation des § 198 BGB, wonach „entstanden" ein Anspruch im Sinne des § 198 erst dann sein kann, wenn er ausgeübt werden kann.

---

[123] Vgl. LG Hanau, NJW 1965, 767.

[124] So die wohl h. L., vgl. *Gernhuber*, § 41 IV 4; *Soergel/Lange*, § 1607, 3; *Brühl*, Unterhaltsrecht, S. 279; *Dölle*, § 41 III 4 c; *Beitzke*, § 24 I 4 c; *Hoffmann/Stephan*, § 63 EheG, 19; RGRK/*Wüstenberg*, § 63 EheG, 33; RGRK/*Scheffler*, § 1607, 4. Aus der Rspr. vgl. OLG Köln, NJW 1937, 51; LG Hanau, NJW 1965, 767.

[125] *Stepp*, LZ 1914, 1183 ff.; OLG Breslau, OLG 17, 340; OLG Köln, JW 1937, 51; OLG Hanau, NJW 1965, 767; die Existenz von an die Person des Gläubigers gebundenen Vorzugsrechten im geltenden Recht wird bestritten von *Palandt/Heinrichs*, § 401, 2; RGRK/*Löscher*, § 401, 6; grds. anerkannt werden sie dagegen von *Erman/Westermann*, § 401, 4.

[126] Vgl. *Gernhuber*, § 45 VIII 3; *Dieckmann*, JuS 1969, 161; BGHZ 48, 361; a. Ans. (mit Verjährungsbeginn bereits mit Entstehung des Anspruchs) noch *Brüggemann*, FamRZ 1966, 530 (532); *Zarbock*, ZBlJugR 1966, 291. Doch läßt sich das Ergebnis angesichts des § 1600 a nicht leugnen.

[127] *Odersky*, § 1600 a, IV 3, 5; § 1615 b, II 5; *Jansen/Knöpfel*, S. 108; wohl auch *Dieckmann*, S. 161; *Palandt/Lauterbach*, § 1615 b, 2.

[128] *Gernhuber*, § 45 VIII 3.

Verfehlt ist dagegen die noch auf dem früheren Rechtszustand basierende Meinung, die Verjährung beginne mit Erhebung der Anfechtungsklage des Ehemanns beim scheinehelichen Kind bzw. mit Rechtskraft des Anfechtungsurteils[129]: damit wird die Ausschlußwirkung des § 1600 a verkannt. Richtig ist vielmehr, daß der Anfechtungsakt, der sich gegen eine vorherige Zuordnung des Kindes zum Scheinvater (sei es nun nach § 1593 oder nach § 1600 a) wendet, für den Verjährungsbeginn heute keinerlei Bedeutung mehr hat; maßgeblich ist allein der Zeitpunkt positiver Zuordnung zum richtigen Erzeuger.

Ebensowenig kann der Verjährungsbeginn etwa dadurch hinausgeschoben werden, daß der Scheinvater erst zu einem späteren Zeitpunkt von der Person des wirklichen Erzeugers Kenntnis erlangt[130]. Einmal ist die Verjährung von Ansprüchen in aller Regel unabhängig davon, ob der Anspruchsgegner bekannt ist[131], zum anderen ist die Beziehung des Anspruchs zu einem bestimmten Verpflichteten[132] spätestens mit positiver Zuordnung zum Erzeuger gegeben, ohne daß es der (dann idR ohnehin gegebenen) Kenntnis des Scheinvaters noch bedarf.

Weitgehende Übereinstimmung besteht auch darüber, daß wegen deren schuldnerschützender Funktion die Vorschrift des § 197 und damit die vierjährige Verjährungsfrist auch für den legalzedierten Anspruch gilt[133].

Zu beachten ist dabei aber Folgendes: während die kurze Verjährungsfrist nach früherem Recht durchaus geeignet war, eine Anhäufung größerer Unterhaltsrückstände und damit eine „Kapitalisierung" des Rückgriffsanspruchs zu verhindern[134], ist diese Funktion der Norm wegen des durch § 1600 a verzögerten Beginns der Verjährung erst mit Zuordnung heute praktisch entfallen; ein Schutz vor Auflaufen erheblicher Unterhaltsrückstände und damit vor übermäßiger Belastung des Erzeugers ist daher durch die kurze Verjährungsfrist heute nicht mehr gewährleistet. § 197 ist somit durch § 1600 a für den Regreß des Scheinvaters praktisch funktionslos geworden.

Im Bereich der ähnlichen (wenn auch in geringerem Umfang auftretenden) Frage bei § 1593 im früheren Recht wurde daher gelegentlich ein Schutz

---

[129] So *Soergel/Lade,* § 1593, 6 unter Hinweis auf § 200 Satz 2. Aus der Rspr. vor dem Nichtehelichengesetz vgl. zuletzt BGH MDR 1968, 33 sowie die von *Gernhuber,* § 45 VIII 3, S. 501 FN 3 zit. Fundstellen.

[130] So *Palandt/Lauterbach,* § 1615 b, 2 unter Hinweis auf OLG Koblenz, FamRZ 1960, 365.

[131] Abgesehen von §§ 852, 2332 BGB, 61 HGB, 52 LuftVG, 14 StVG, 48 PatG.

[132] die das OLG Koblenz, FamRZ 1960, 365 erst bei Kenntnis des Erzeugers als gegeben ansieht („Bestimmtheit" des Anspruchs).

[133] *Gernhuber,* § 41 IV 4; *Soergel/Lade,* § 1615 b, 5; *Palandt/Lauterbach,* § 1615 b, 2; *Dölle,* § 86 V 4; *Hoffmann/Stephan,* § 63 EheG, 20; RGZ 72, 342; 170, 252; BGH NJW 1960, 957; a. A. noch OLG Marienwerder, ROLG 30, 58; OLG Stuttgart, NJW 1955, 1593 m. abl. Anm. *Danckelmann.* Vgl. dazu auch *Langenfeld,* S. 96 ff.

[134] Sofern nicht § 1593 i. V. m. § 200, 2 die Verjährung verhinderte.

des Erzeugers vor übermäßiger Belastung unter Billigkeitsgesichtspunkten gesucht: nach § 242 sei die Zahlung auf das zumutbare Maß zu begrenzen[135]. Problematisch war aber bei diesem Lösungsansatz, daß ein „Billigkeitserlaß" praktisch nur durch ein Verhalten des Scheinvaters (etwa unter Verwirkungsgesichtspunkten) gerechtfertigt werden konnte, nicht aber durch die bloße objektive Höhe der Forderung[136]. Nach Erlaß des NeG bietet dagegen § 1615 i Abs. 3 i. V. m. Abs. 1 und 2 eine Korrekturmöglichkeit, die Billigkeitsabwägungen unter Berücksichtigung der (rein objektiven) wirtschaftlichen Situation des Schuldners erlaubt: bei allzu hohen Rückständen ist dann in besonderen Ausnahmefällen durchaus an eine Anwendung der Norm mit (idR nur teilweisen) Erlaß der Forderung zu denken. § 1615 i III kann somit die Funktion des weitgehend funktionslos gewordenen § 197 übernehmen; diese „Funktionsübernahme" rechtfertigt letztlich die in ihrer Erstreckung des Billigkeitserlasses auf Dritte doch recht problematische (vgl. dazu oben 2 b) Vorschrift des § 1615 i III.

Zur Charakterisierung des Zessionsregresses des Scheinvaters mag diese Darstellung der wesentlichen Aspekte und der Problematik dieses Regreßmodus genügen. Als Zwischenergebnis bleibt demnach festzuhalten, daß er dem zunächst zu Unrecht Zahlenden zwar einen sicheren und von Verjährungsproblemen weitgehend unbelasteten Rückgriff ermöglicht. Doch ist nicht zu übersehen, daß durch die Legalzession voller Regreß keineswegs garantiert ist, weil die Abhängigkeit der Forderungshöhe von der wirtschaftlichen Situation auch des Pflichtigen zu erheblichen Diskrepanzen zwischen vermeintlicher Unterhaltspflicht des Zahlenden und tatsächlicher des Rückgriffsgegners führen kann, was notwendigerweise zu „Regreßlücken" führen muß; das pauschalierende Element des Regelunterhalts kann dies nur in begrenztem Umfang verhindern. Zudem ist der Zessionsregreß belastet mit der Möglichkeit des Billigkeitserlasses und sonstiger Ausgleichsbeschränkungen (etwa durch die Vorrangklausel) und besonders durch das Durchsetzungserschwernis des § 1600 a.

B. Weitere Ansprüche des Scheinvaters gegen den Erzeuger

Vorbemerkung

Hinsichtlich weiterer Ansprüche des Scheinvaters gegen den Erzeuger wird in der Lehre zum Teil die Ansicht vertreten, die Legalzession schließe alle weiteren Regreßmechanismen, insbesondere aus Geschäftsführung ohne Auftrag oder aus Bereicherungsrecht gegen den Erzeuger grundsätzlich aus[137], wobei davon ausgegangen wird, der Zessionsregreß

[135] RG DR 1944, 334; OLG Braunschweig, MDR 1947, 33 (mit Verneinung im Streitfall); LG Suttgart, NJW 1957, 677; *Langenfeld*, S. 99; vgl. auch *Dieckmann*, JuS 1969, 161 f.

[136] So *Dieckmann*, S. 161 f.

[137] Vgl. *Henrich*, § 20 V 2 a; *Soergel/Lade*, § 1615 b, 5; *Staudinger/Engelmann*, 9. A., § 1607, 6 c; OLG München, OLG 24, 275 (276); *Brühl*, Unterhaltsrecht, S. 279.

sei für den Regreß des Scheinvaters durch Spezialvorschrift zugewiesener alleiniger Regreßmechanismus. Zum Teil werden zwar konkurrierende Ansprüche grundsätzlich zugelassen, doch besteht die Neigung, auf diese die Grenzen des Zessionsregresses zu übertragen[138] — womit weitere Ansprüche faktisch obsolet wären. Beide Argumente sind jedoch in dieser grundsätzlichen Form zu weitgehend: Der gesetzliche Forderungsübergang soll lediglich eine Verbesserung der Rechtsposition des Regreßgläubigers herbeiführen. Eine etwaige Spezialität des Zessionsregresses oder die Forderung nach prinzipieller inhaltlicher Identität aller denkbaren Regreßwege[139] könnte aber dazu führen, daß der Scheinvater durch die Legalzession schlechter gestellt wird, als wenn sie nicht eingetreten wäre. Dies würde Sinn und Zweck der Legalzession widersprechen[140]. Die Frage der Konkurrenz zwischen Zessionsregreß und anderen Rückgriffsmechanismen muß daher richtigerweise unter folgendem Aspekt gesehen werden: Angesichts des Ziels der Regreßerleichterung durch die Legalzession kann eine Praevalenz des Zessionsregresses weder im Sinne eines grundsätzlichen Ausschlusses anderer Regreßwege festgestellt werden noch sind inhaltliche Grenzen des Zessionsregresses ohne weiteres auf sie übertragbar. Die Legalzession beeinträchtigt vielmehr andere Regreßwege nicht unmittelbar; doch ist bei deren Prüfung zu berücksichtigen, welche Auswirkung die eingetretene Legalzession auf ihre Voraussetzungen hat[141]; *mittelbare* Auswirkungen des Forderungsüberganges sind daher durchaus denkbar. Zum anderen können einzelne Normen des Familienrechts ihrem Sinn nach Einwirkung auf alle Regreßwege fordern[142].

---

[138] *Wahle*, VersR 1966, 790 f. (unt. Hinw. auf ausl. Rechte); *Reinicke*, VersR 1967, 3 ff. (aus Gründen des Schuldnerschutzes); *Beitzke*, § 24 V 2 b; *Schlechtriem*, NJW 1966, 1795 f.; BGHZ 31, 329 (für Verjährung); BGHZ 50, 267 (Rückgriffsabsicht nach §§ 685 bzw. 1360 b). Vgl. auch *Hoffmann/Stephan*, § 63 EheG, 22 m. w. N. sowie *Lorenz*, AcP 168, 309 f. (der zum selben Ergebnis kommt). Ebenso — für die Frage der Anwendung des § 1613 auf anderweitige Ersatzmöglichkeiten — *Hegmann*, FamRZ 1973, 435.

[139] Dabei wäre i. Ü. schwierig festzustellen, welcher Weg als Maßstab für die anderen anzusehen ist (Problem der Anspruchskonkurrenz).

[140] Vgl. *Odersky*, § 1615 b, II 11; *Beitzke*, § 24 I 4 b; *Staudinger/Gotthardt*, § 1607, 38; *Erman/Wagner*, § 1607, 3; *Enneccerus/Kipp/Wolff*, S. 435 FN 40; RGZ 170, 252; OLG Köln, JW 1937, 3160 Vgl. auch Prot. 4, 489, 490, wo offenbar von der Möglichkeit anderer Regreßwege neben der Legalzession ausgegangen wird.

[141] In dieser Richtung die neuere Lehre, vgl. *Gernhuber*, § 41 IV 4 (der allerdings ebenfalls zur Annahme grundsätzlicher inhaltlicher Identität neigt); *Erman/Hefermehl*, § 195, 4; *Staudinger/Coing*, § 195, 4 (zur Verjährung); *Staudinger/Gotthardt*, § 1613, 26; *Soergel/Lange*, § 1607, 5; *v. Caemmerer*, Festschrift Dölle 1, S. 153; *Kropholler*, FamRZ 1965, 418; *Berg*, MDR 1968, 719 f.; vgl. auch *Lorenz*, AcP 168, 309 f.; aus der Rspr. vgl. RGZ 69, 422, 426 ff.; 86, 96; BGHZ 32, 16; 47, 370 (unklar allerdings für Bereicherungsansprüche). Vgl. auch RGRK/*Fischer*, § 774, 9.

[142] Vgl. etwa BGHZ 50, 267 für die Begrenzung nach § 1360 b.

Diese beiden Gesichtspunkte werden bei der nun folgenden Behandlung weiterer Regreßwege von entscheidender Bedeutung sein.

I. § 426 I

Zu denken wäre zunächst an einen *Ausgleichsanspruch nach § 426 I;* doch scheidet er — abgesehen von der Frage, wann eine Gesamtschuld vorliegt und ob die §§ 422 ff. bei sog. unechten oder scheinbaren Gesamtschulden wenigstens analog angewendet werden können[143] hier jedenfalls deswegen aus, weil als wesentliche Voraussetzung für die (auch analoge) Anwendung der §§ 422 ff. die Möglichkeit wahlweiser Inanspruchnahme zweier Schuldner (hier des Vaters oder des Scheinvaters) durch einen Gläubiger (das Kind) fehlt: solange der Scheinvater überhaupt zur Verantwortung gezogen werden kann, ist ein Vorgehen gegen den wahren Erzeuger stets ausgeschlossen durch § 1600 a[144]: ein Fall der Schuldnermehrheit liegt gar nicht vor.

II. Ansprüche aus Geschäftsführung ohne Auftrag

Denkbar erscheint der Rückgriff beim „eigentlich" verpflichteten Erzeuger nach Geschäftsführungsrecht, wenn man annimmt, der zunächst zu Unrecht in Anspruch genommene Scheinvater habe mit seiner Unterhaltsleistung ein Geschäft für den Erzeuger geführt.

Soweit angesichts der Legalzession des § 1615 b überhaupt konkurrierende Ansprüche aus anderen Rechtsgründen grundsätzlich zugelassen werden, werden Ansprüche nach Geschäftsführungsrecht häufig abgelehnt mit dem lapidaren Hinweis, der Zahlende habe für den Schuldner nichts erreicht, weil der gegen ihn gerichtete Unterhaltsanspruch infolge der Leistung des Scheinvater nicht erlösche, sondern auf diesen übergehen[145]. Eine systematisch richtige Untersuchung der Voraussetzungen der Geschäftsführung ohne Auftrag wird jedoch zeigen, daß dieses Argument nicht bestimmend sein kann für das Verhältnis zwischen GoA und Legalzession zugunsten des Scheinvaters.

1. Die Voraussetzungen der Geschäftsführung ohne Auftrag

a) Die Zahlung als *fremdes Geschäft*

Ein fremdes Geschäft kann in der Zahlung niemals gesehen werden, wenn das Kind dem Scheinvater vorläufig zu Unrecht zugeordnet war

---

143 Vgl. dazu unten Teil 2, A III 7 c dd.

144 *Schlechtriem,* NJW 1966, 1795 f.; *Dieckmann,* JuS 1969, 101, 104; *Stolterfoht,* FamRZ 1971, 343.

145 *Gernhuber,* § 45 VIII 5; *Soergel/Lade,* § 1615 b, 5; *Brüggemann,* ZBlJugR 1967, 110 (114); *Köhler,* S. 126; OLG München, ROLG 24, 275 f.; *Dieckmann,* JuS 1969, 104. Gemeint kann damit nur sein, daß eine derartige Geschäftsführung nicht den Interessen des Erzeugers entspricht, da sie ihn nicht befreit.

(etwa nach § 1593 oder § 1600 a) oder dann, wenn er auf Grund einstweiliger Unterhaltsregelung zur Zahlung verpflichtet wurde: solange eine — auch nur vorübergehende — Verpflichtung des Zahlenden vorliegt, ist die Fremdheit des Geschäfts und der daraus zu schließende Fremdgeschäftsführungswillen ausgeschlossen[146]: die Zahlung ist dann an der dem Kind gegenüber zu erfüllenden Pflicht orientiert, was die Annahme einer Fremdgeschäftsführung hindert[147], und zwar auch dann, wenn der in Anspruch Genommene sich nicht für den Erzeuger hält und unter Protest zahlt bzw. seine Leistung als befreiende Drittleistung zugunsten des wirklichen Erzeugers (§ 267) bestimmt[148]; es liegt dann ein ausschließlich *eigenes Geschäft* vor. Die Rechtsprechung[149] und ihr folgend ein Teil der Literatur[150] sind demgegenüber nach wie vor der Auffassung, vertragliche oder gesetzliche Verpflichtung gegenüber einem Dritten stehe der Geschäftsführung nicht entgegen, doch werden dadurch, worauf schon seit langer Zeit immer wieder hingewiesen wird[151], die dogmatischen Strukturen der allein auf altruistische Fürsorge zugeschnittenen negotiorum gestio völlig verwischt und uferloser Ausdehnung Tür und Tor geöffnet. Die Lehre von der „auch-gestio" ist daher mit den genannten Stimmen als unzulässige Denaturierung des Instituts zu einem allgemeinen Rückgriffs- und Ausgleichsmechanismus abzulehnen.

b) Fremdgeschäftsführungswille

Ist dagegen der Zahlende dem Kind nicht zugeordnet und auch nicht durch einstweilige Unterhaltsregelung verpflichtet, dann ist zwar mit der Unterhaltszahlung ein objektiv fremdes Geschäft vorgenommen worden, doch fehlt der Fremdgeschäftsführungswille, sofern der Zahlende sich für den Erzeuger hält und damit meint, ausschließlich eigene

---

146 Vgl. *Stolterfoht*, FamRZ 1971, 343; *Schlechtriem*, NJW 1966, 1795; *Frotz*, JZ 1964, 669; *v. Caemmerer*, NJW 1963, 1404 (mit Hinweis auf einige — wenige — Ausnahmen); *Rabel*, RheinZ 10 (1919/20), 89 ff.; *v. Tuhr*, DJZ 14, 334 (337); *Medicus*, BürgR, § 17 II 3; FamRZ 1971, 252.

147 Ähnlich für GoA eines Haftpflichtversicherers BGHZ 54, 157 (161).

148 Woran er in den Zuordnungsfällen überdies durch § 1600 a Satz 1 oder § 1593 gehindert ist, da er damit die Nichtehelichkeit unbefugt geltend machte, vgl. *Dieckmann*, JuS 1969, 104; *Brüggemann*, ZBlJugR 1967, 111.

149 RGZ 82, 206 (im sog. Fuldaer Dombrandfall); BGHZ 16, 12; 30, 162; 40, 28; 54, 157; neuestens vgl. BGH FamRZ 1971, 247 (Schwarzflugfall).

150 *Palandt/Thomas*, § 677, 2 b; *Soergel/Mühl*, § 677, 4; *Boehmer*, NJW 1955, 210; *Larenz*, Schuldrecht II, § 57 I a; vgl. auch *Laufs*, NJW 1967, 2294.

151 So schon *Rabel*, RheinZ 10, 89; *v. Caemmerer*, Festschrift f. Rabel, Bd. 1, 1954, S. 362 sowie NJW 1963, 1402; *Selb*, NJW 1963, 2056; *Frotz*, JZ 1964, 669; *Zeiss*, FamRZ 1967, 532; *Sinn*, NJW 1968, 1859; *Dieckmann*, JuS 1969, 104; *Esser*, SR I, § 59 IV 3.

Verpflichtung zu erfüllen, § 687; auch in diesen Fällen kann daher niemals ein Ersatzanspruch aus GoA bestehen[152].

c) Abgrenzung zu Legalzession

Fremdgeschäftsführung ist demnach nur möglich, wenn jemand in Kenntnis davon, nicht der Erzeuger zu sein und ohne daß eine Zahlungspflicht kraft Zuordnung oder einstweiliger Regelung statuiert ist, dem Kind *in vollem Bewußtsein, anstelle eines anderen den Unterhalt zu bestreiten seine Zahlungen erbringt.* Da bei Unterhaltszahlungen unter diesen Voraussetzungen niemals eine Legalzession eintritt, weil jeglicher Bezug zu eigener Vaterschaft fehlte (vgl. oben A I 2), wird das Verhältnis von Zessions- und Geschäftsführungsregreß unproblematisch:

Wenn der Zahlende „als Vater" leistet und damit die Legalzession bewirkt, kann es sich niemals um Fremdgeschäftsführung handeln, weil entweder bereits ein objektiv eigenes Geschäft vorliegt oder jedenfalls der Fremdgeschäftsführungswille fehlt; ein Nebeneinander beider Regreßformen ist schon aus diesem Grund nicht möglich, sie sind vielmehr (mit allerdings nahtlosem Übergang) scharf voneinander abgegrenzt; Geschäftsführungsregreß ist demnach denkbar[153] für den schlicht nichtehelichen „Scheinvater" lediglich für Leistungen, die vor Zuordnung zum Kind oder nach deren Aufhebung erfolgten, für den Ehemann der Mutter nur für Leistungen an das vorehelich geborene Kind, sofern keine Legitimation erfolgte[154] oder für nach Anfechtung der Ehelichkeit erbrachte Leistungen. Stets zu fordern ist dabei das Bewußtsein, dem Kind eines anderen Unterhalt zu leisten.

Angesichts dieser Abgrenzung zwischen Geschäftsführungs- und Zessionsregreß ist für das in der oben zitierten Literatur vorgebrachte Argument, Ansprüche aus GoA seien neben der Legalzession *wegen Interessenwidrigkeit* nicht denkbar, kein Raum mehr: wenn ein fremdes Geschäft gar nicht vorliegt, soweit Legalzession eintritt, erübrigt sich ein Eingehen auf das Interesse: Zessions- und Geschäftsführungsrückgriff können demnach schon aus vorgelagerten Gründen niemals konkurrieren. Anders allerdings, wenn man der oben A I 2 durchgeführten Restriktion des § 1615 b Abs. 1 Satz 1 2. Alt. nicht folgt und die Legalzession zugunsten des Ehemanns der Mutter

---

[152] *Dölle*, Bd. 2, § 88 V 2 a; *Reich*, NJW 1963, 949 f.; *Schlechtriem*, NJW 1966, 1795 (der zu Recht darauf hinweist, daß bloße *Zweifel* an der eigenen Vaterschaft nicht genügen); *Brüggemann*, ZBlJugR 1967, 110; *Jauernig*, FamRZ 1967, 527; *Zeiss*, FamRZ 1967, 532; *Sinn*, NJW 1968, 1859; *Dieckmann*, Jus 1969, 104; *Stolterfoht*, FamRZ 1971, 343; *Brühl*, Unterhaltsrecht, S. 280.

[153] Abgesehen von (hier nicht interessierenden) Leistungen völlig außenstehender Dritter.

[154] Was angesichts der wegen § 1600 a erfolgten Streichung des § 1720 heute häufiger sein wird als nach früherem Recht, doch auch jetzt noch selten sein wird, vgl. *Jansen/Knöpfel*, S. 293 ff.

auch dann eintreten läßt, wenn die Zahlung ohne jeden Bezug zu unterstellter oder vermeintlicher Vaterschaft erfolgt[155]: dann liegt in der Tat ein Nebeneinander von Legalzession und fremdem Geschäft vor, das sich wohl nur über die Frage fehlenden Interesses befriedigend lösen ließe. Im *Ergebnis* ist der h. L. jedenfalls in soweit zuzustimmen, als sie davon ausgeht, daß sich Zessionsregreß und Geschäftsführungsregreß ausschließen[156].

d) Person des Geschäftsherrn

Dagegen braucht die Person des letztlich unterhaltspflichtigen Erzeugers dem Leistenden nicht bekannt zu sein, es reicht vielmehr nach allg. Ans.[157] aus, daß der Geschäftsführer den Willen hat, nicht für sich zu handeln, sondern „für den, den es angeht" (vgl. § 686).

Deswegen wird idR Geschäftsführung nicht nur zugunsten des Erzeugers, sondern *auch* zugunsten nachrangig Haftender vorliegen, die anstelle des Erzeugers Unterhalt schulden, wenn dieser nicht leistungsfähig ist (§ 1607 I) oder sonst nicht belangt werden kann (§ 1607 II)[158].

Nicht erforderlich ist auch, daß der wahre Erzeuger bereits belangt werden kann: Da § 1600 a Satz 2 — anders als Satz 1 — keinerlei materiellrechtliche Gestaltungswirkung entfaltet, hindert fehlende positive Zuordnung zum Erzeuger die Fremdgeschäftsführung nicht; nur die Wirkungen können nicht vor — rückwirkend— positiver Zuordnung geltend gemacht werden[159].

e) Interesse des Erzeugers

Vorausgesetzt wird weiter, daß die Zahlung dem Interesse des Erzeugers entspricht (§ 683). Dies ist dann der Fall, wenn durch die Zahlung der Unterhaltsanspruch gegen den Erzeuger getilgt wird, da die Be-

---

[155] So *Stolterfoht*, FamRZ 1971, 343 f.

[156] Anders aber *Stolterfoht*, S. 343 f., der unter Hinweis auf die mögliche Parallelität von Zessions- und Geschäftsführungsregreß bei der Bürgschaft (§ 774) einen Ausschluß der Geschäftsführungsansprüche durch die Legalzession verneint. Doch geht das Argument schon im Ansatz fehl, da das Vergleichsbeispiel einen ganz anderen Fall betrifft: der Bürge zahlt nicht, wie hier der Scheinvater, auf fremde Schuld, sondern auf *eigene*. Richtig ist, daß trotzdem dem Bürgen neben dem nach § 774 erworbenen Anspruch ein Anspruch aus GoA zustehen kann; die Geschäftsführung liegt aber dabei nicht in der *Zahlung*, sondern im *Eingehen* der Bürgenverpflichtung! Die Zahlung stellt dann nur noch eine Aufwendung innerhalb eines Schuldverhältnisses dar, das der Bürge im Rahmen der GoA eingegangen ist. Ein Konkurrenzproblem wie hier entsteht dann nicht (vgl. auch *Thiele*, JuS 1968, 152 FN 45 für das ähnliche Problem beim Schuldbeitritt sowie *Reinicke*, VersR 1967, 2 f.).

[157] *Soergel/Mühl*, § 677, 3; *Laufs*, NJW 1967, 2294; BGHZ 1, 57; 40, 28; 43, 188; BGH NJW 1966, 1360 statt aller.

[158] Vgl. dazu näher unten Teil 3, B I.

[159] Vgl. dazu unten 2.

gleichung von Schulden in aller Regel dem Interesse des Verpflichteten entspricht[160].

Tilgung der Unterhaltsforderung erfolgt, wenn der Zahlende bei der Leistung an das Kind den erkennbar zum Ausdruck gebrachten Willen hatte, damit als *Dritter* die Schuld des eigentlich Verpflichteten zu erfüllen, § 267[161]. Angesichts der in diesen Fällen stets vorhandenen Kenntnis des Zahlenden von der Verpflichtung eines anderen wird die Drittilgungsbestimmung praktisch immer gegeben sein.

Dennoch sind Fälle denkbar, bei denen trotz dieser Kenntnis eine Drittilgungsbestimmung nicht oder nicht wirksam erfolgte, so deswegen, weil dieser Wille dem Gläubiger (hier dem Kind) gegenüber versehentlich oder bewußt nicht zum Ausdruck gebracht wurde, etwa um ihm nicht die Unklarheit seiner Herkunft stets von neuem vor Augen zu führen. Nach der h. M. tritt dann eine Tilgung der Forderung nicht ein. Andererseits kann aber der Zahlende seine Leistung auch nicht beim Kind kondizieren, da er ja bewußt auf eine Nichtschuld zahlte, § 814[162]. Notwendige Folge wäre an sich, daß das Kind das Empfangene behalten dürfte und weiterhin den ihm verbliebenen Anspruch gegen den Erzeuger geltend machen könnte, was praktisch zu einer Doppelbefriedigung führen müßte[163]. Abhilfe bietet sich auch nicht etwa unter dem Gesichtspunkt nachträglicher Änderung der Tilgungsbestimmung zugunsten des Erzeugers an, da sie — wenn überhaupt — nur zulässig ist, wenn die Leistung zunächst auf *vermeintlich eigene Schuld* erfolgte[164]. Doch wird man in den Fällen, in denen wie hier die objektive Bezogenheit der Leistung auf eine bestimmte Schuld feststeht und eine Kondiktion gegen den Empfänger ausgeschlossen ist, Tilgung der Schuld auch dann annehmen müssen, wenn die Drittilgungsbestimmung bei der Leistung unterblieb[165].

---

[160] *Palandt/Thomas,* § 683, 2; *Soergel/Mühl,* § 677, 5; *Brühl,* Unterhaltsrecht, S. 279; *Boehmer,* FamRZ 1960, 218 (sofern die Ansprüche nicht verjährt sind, was hier wegen § 1600 a praktisch nie der Fall sein wird); so auch *Lorenz,* AcP 168, 309; auch ein weiterer Gesichtspunkt, nämlich Interessenwidrigkeit wegen Zerstörung einer Aufrechnungslage für den Schuldner (vgl. *Lorenz,* Jus 1968, 445) kann mangels Aufrechenbarkeit der Unterhaltsforderung nicht zum Tragen kommen.

[161] So die ganz h. M. zu § 267, vgl. *Palandt/Heinrichs,* § 267, 2; *v. Caemmerer,* Festschr. Dölle Bd. 1, S. 141; BGHZ 43, 11; 46, 325.

[162] Vgl. unten Teil 2 A I.

[163] Ein Wegfall der Forderung erfolgt dann auch nicht etwa unter dem Gesichtspunkt des Wegfalls des Bedürfnisses (§ 1602 I), weil freiwillige Zuwendungen Dritter, auf die der Berechtigte keinen Rechtsanspruch hat, als bloße Mildtätigkeit nicht von der Unterhaltspflicht befreien, vgl. *Soergel/Lange,* § 1602, 3. Ebensowenig kommt bei der Unterhaltsschuld Erlöschen durch Zweckerreichung in Frage, vgl. dazu *Sinn,* NJW 1968, 529 m. w.Nachw.; *Soergel/Mühl,* § 818, 33.

[164] Auf diese Lehre wird unten III 2 b noch zurückzukommen sein. Gegen die Anwendung dieser Lehre in Fällen *bewußter* Leistung eines Nichtverpflichteten insbes. *Sinn,* NJW 1968, 1859 f. mit dem Hinweis darauf, daß hier die für eine nachträgliche Tilgungsbestimmung erforderliche *Schwebelage* nicht vorliege.

[165] So schon *v. Mayr,* S. 241; *Flume,* JZ 1962, 281; *v. Caemmerer,* Festschr. Dölle, Bd. 1, S. 146, 147 ff.; *Soergel/Schmidt,* § 267, 4. Ausführlich zu diesem

Befreiend kann die Leistung selbstverständlich nur im Umfang der tatsächlichen Verpflichtung des Erzeugers wirken und nur insoweit kann sie dessen Interesse entsprechen. *Mehrleistungen* sind mithin niemals interessengemäß und vom Rückgriff nach Geschäftsführungsrecht nicht umfaßt[166]. Folge ist, daß der leistende Dritte wie beim Zessionsregreß stets das Risiko richtiger Einschätzung der Vermögenssituation des (ihm nicht notwendig bekannten) Erzeugers und damit der Höhe der Unterhaltsforderung selbst zu tragen hat. Somit kann auch beim Rückgriff nach Geschäftsführungsrecht eine *Regreßlücke* entstehen; doch ist die Belastung hier bedenkenlos hinzunehmen, weil die Zahlungen im Bewußtsein fehlender eigener Verpflichtung erbracht wurden.

f) Wille

Die Zahlung muß auch dem *wirklichen oder mutmaßlichen Willen* des Erzeugers entsprechen (§§ 678, 683). Ein entgegenstehender Wille des Geschäftsherrn bleibt jedoch bei solchen Unterhaltszahlungen nach §§ 679, 683 Satz 2 stets unberücksichtigt, weil ohne die Zahlung des Scheinvaters die gesetzliche Unterhaltspflicht des Erzeugers nicht erfüllt würde[167].

2. *Rückgriffssperre: § 1600 a Satz 2*

Wie bereits dargelegt, hindert § 1600 a Satz 2, die Rechtswirkungen der Vaterschaft vor Zuordnung zum Erzeuger geltend zu machen. Die Sperre umfaßt sämtliche Rechtsbeziehungen (auch zu Dritten), die Vaterschaft voraussetzen und hindert somit nicht nur die Durchsetzung des zedierten Unterhaltsanspruchs, sondern auch sonstige Rückgriffsansprüche[168]. Die Problematik ähnelt der beim Zessionsrückgriff, weil der Zahlende die Zuordnung nicht herbeiführen kann, doch ist sie hier

---

Problem *Sinn*, NJW 1968, 1857 ff., der in den Fällen der Unkondizierbarkeit eine Ausnahme von der (herrschenden) subj. Theorie zu § 267 annimmt. Die Frage ist übrigens nicht vergleichbar mit dem bekannten Problem, ob sich das Vorliegen einer *Leistungsbeziehung* nach dem Empfängerhorizont oder nach dem des Leistenden richtet (vgl. dazu *Esser*, Schuldrecht 2, § 102 II 2 m. w. Nachw. gegen die h. L. und Rspr. [BGHZ 40, 272]): hier fehlt bereits der Wille des Leistenden, überhaupt für einen anderen, nämlich den Schuldner, in Erscheinung zu treten.

166 *Lorenz*, AcP 168, 298 f.

167 *Brühl*, Unterhaltsrecht, S. 279; *Boehmer*, FamRZ 1960, 218; *Soergel/Mühl*, § 679, 6; für Anwendung des § 679 in diesem Fall wohl auch *Brüggemann*, ZBlJugR 1967, 111, 115.

168 Vgl. zu dieser weiten Wirkung des § 1600 a *Odersky*, § 1600 a, VI 4; *Lange*, NJW 1970, 298 f.; *Gernhuber*, § 57 I 7 (der allerdings die nur *inzidente* Geltendmachung der Vaterschaft z. B. bei Schadensersatzansprüchen zulassen will. Anders aber für die (m. E. identische) Problematik der Geltendmachung entgegen § 1593 in § 45 I 6!).

entschärft, weil es sich um bewußte Zahlungen für einen Dritten ohne eigene Verpflichtung handelt: wie bei der Frage des Regreßumfangs mag ein freiwillig Eintretender das Risiko der Durchsetzbarkeit selbst tragen.

3. *Die nähere Ausgestaltung des Anspruchs*[169]

a) Geltung der *Subrogationsklausel* (§ 1615 b I 2)

Eine Anwendung der Subrogationsklausel kommt für den Geschäftsführungsregreß schon deswegen nicht in Frage, weil sich die Anwendungsbereiche beider Regreßformen niemals überschneiden können; eine Übertragung der allein auf den Zessionsregreß abgestellten Norm auf diese Regreßart etwa unter dem Gesichtspunkt der Einheitlichkeit der Regreßwege wäre damit schon im Ansatz verfehlt[170].

b) § 1613

Der potentielle Anwendungsbereich der Norm ist wie auch beim Zessionsrückgriff wegen § 1615 d gering und umfaßt nur nach Zuordnung zum Erzeuger erfolgte Zahlungen[171]. Eine *unmittelbare* Anwendung des § 1613 auf den Aufwendungsersatzanspruch aus § 683 scheidet jedoch aus, weil es sich nicht um einen Unterhaltsanspruch, sondern um einen selbständigen Regreßanspruch handelt, auf den die Einschränkungen des getilgten Anspruchs nicht ohne weiteres übertragen werden können[172]; zum anderen kann aber auch das (ohnehin unrichtige, vgl. oben Vorbem. vor I) Argument grundsätzlicher inhaltlicher Iden-

---

169 Im Interesse der Übersichtlichkeit wird die Reihenfolge der entsprechenden Untersuchung im Rahmen des Zessionsregresses hier schematisch beibehalten.

170 Für generelle Anwendung auf weitere Regreßwege aber (beim entspr. Fall des § 63 II 3 EheG) *v. Godin*, § 63, 4; *Hoffmann/Stephan*, § 63 EheG, 24 (nicht jedoch auf Ansprüche außenstehender *Dritter*, Anm. 25).

171 Doch wird Geschäftsführungsrückgriff für diesen Zeitraum häufiger in Frage kommen als Zessionsrückgriff, da GoA in all den Fällen in Betracht kommt, in denen der Zahlende nicht „als Vater“ gezahlt hat, also stets dann, wenn er (was idR der Fall sein wird) von der Zuordnung weiß, in denen also die Legalzession ausgeschlossen ist (vgl. oben A III 2 a). Auch hier zeigt sich der nahtlose Übergang vom Zessions- zum Geschäftsführungsrückgriff.

172 So speziell für die Frage des § 1613 *Staudinger/Gotthardt*, § 1613, 26; *Soergel/Lange*, vor § 1601, 9 und § 1607, 2 sowie § 1613, 2; *Palandt/Lauterbach*, § 1613, 1; *Enneccerus/Kipp/Wolff*, § 97 IX; *v. Caemmerer*, NJW 1963, 1403 sowie Festschrift Dölle I, S. 154 FN 56; *Schlechtriem*, NJW 1966, 1795; a. Ans. *Gernhuber*, § 41 IV 4; *Köhler*, Unterhaltsrecht, S. 125 (der allerdings gerade beim Zessionsregreß anders entscheidet!). Für Anwendung des § 1613 auf Ansprüche aus Geschäftsführung ohne Auftrag und andere Ansprüche tritt neuerdings auch ein *Hegmann*, FamRZ 1973, 435; eine einleuchtende Begründung bietet er jedoch nicht.

tität verschiedener Regreßwege nicht zum Tragen kommen, da sich Zessions- und Geschäftsführungsregreß niemals überschneiden.

Zu *mittelbarer* Auswirkung der Norm könnte allerdings die Überlegung führen, daß die Tilgung von Ansprüchen, die unmittelbar vor dem Verfall stehen und deretwegen der Schuldner Inanspruchnahme nicht zu befürchten hatte, den Interessen des Schuldners stets widerspreche[173]. Doch kann die Frage hier dahingestellt bleiben, da nach Zuordnung entsprechend der oben[174] durchgeführten Restriktion des § 1613 eine Anwendung der Norm auf den Unterhaltsanspruch wegen dann stets gegebener *Kenntnis* des Erzeugers von seiner Verpflichtung ohnehin ausgeschlossen ist.

Auch beim Geschäftsführungsregreß ist somit für § 1613 kein Raum.

c) Herabsetzungsmöglichkeit nach § 1615 h

Eine Anwendung des § 1615 h auf die Ersatzforderung mit der Möglichkeit, sie unter den Regelunterhalt herabzusetzen, ist undenkbar, weil es sich hierbei um eine ausschließlich auf die Unterhaltsforderung selbst bezogene Gestaltungsmöglichkeit handelt: eine bereits getilgte Forderung kann nicht nachträglich herabgesetzt werden.

d) Stundung oder Erlaß nach § 1615 i

Nach einhelliger Ansicht[175] erstreckt sich dagegen die Stundungs- oder Erlaßmöglichkeit des § 1615 i wegen der weiten Fassung des § 1615 i III nicht nur auf das Geltendmachen der legalzedierten Unterhaltsforderung, sondern auf *sämtliche Regreßansprüche Dritter* und somit auch auf den Aufwendungsersatzanspruch. Die Problematik ist identisch mit der beim Zessionsregreß; auf die dortigen Ausführungen kann daher verwiesen werden[176].

Geringfügige Unterschiede ergeben sich lediglich daraus, daß die beim Zessionsregreß dem Erlaß vorgelagerte (§ 1615 i II 2) Herabsetzung nach § 1615 h hier nicht denkbar ist (vgl. oben c); Folge ist, daß beim Geschäftsführungsregreß an einen Erlaß nach § 1615 i II u. U. unter etwas weiteren Voraussetzungen zu denken sein wird. Bei der Abwägung der *Billigkeitsgesichtspunkte* wird weiter zum Nachteil des Regreßnehmers zu berücksichtigen sein, daß er (anders als der Legalzessionar) stets aus freien

---

[173] Vgl. *Berg*, MDR 1968, 720 für die ähnliche Situation bei kurz vor der Verjährung stehenden Ansprüchen.

[174] A III 2 a.

[175] Vgl. die amtl. Begr. z. RegE in *Jansen/Knöpfel*, S. 220; *Odersky*, § 1615 i V 2; *Soergel/Lade*, § 1615 i,4; *Palandt/Lauterbach*, § 1615 i, 4; vgl. auch *Lange*, NJW 1970, 301 (zugunsten des Sozialhilfeträgers).

[176] Vgl. oben A III c.

Stücken und ohne tatsächlichen oder vermeintlichen Zwang seine Leistungen im Bewußtsein fehlender eigener Verpflichtung erbracht hat: insofern scheint es gerechtfertigt, seinen Rückgriff mit höherem Risiko zu belasten und die „Billigkeitsschwelle" bei der Abwägung etwas tiefer anzusetzen.

e) Abtretbarkeit, Pfändbarkeit, Pfändungsprivileg

Die beim Zessionsregreß angestellten Überlegungen über die Verwendbarkeit des *§ 850 b ZPO* greifen hier erst recht ein, weil es sich nicht um einen zedierten, sondern um einen selbständigen Anspruch handelt: für den Ausschluß der Pfändbarkeit und der Abtretung fehlt jeder rationale Grund.

Dasselbe gilt selbstverständlich vom Pfändungsprivileg des *§ 850 d ZPO*.

f) Verjährung

Für den *Beginn* der Verjährung kann ebenfalls auf die beim Zessionsregreß gemachten Ausführungen verwiesen werden (oben A III 3): wenn der Anspruch schon nach § 1600 a Satz 2 vor Zuordnung des Kindes zum Erzeuger nicht geltend gemacht werden kann, versteht sich von selbst, daß auch die Verjährung wie beim zedierten Anspruch nach § 202 I bis zu diesem Zeitpunkt gehemmt sein muß.

Hinsichtlich der Verjährungs*frist* ist — ausgehend von den oben (Vorbem. vor I) angestellten grundsätzlichen Erwägungen — zunächst festzustellen, daß die Verjährungsfrist des Aufwendungsersatzanspruchs dann, wenn die Geschäftsführung in der Tilgung einer fremden Forderung stand, grundsätzlich nicht abhängt von deren Verjährung[177]; vielmehr beträgt die regelmäßige Verjährungsfrist für Ansprüche aus Geschäftsführung ohne Auftrag 30 Jahre (§ 195 BGB)[178]. Doch wird davon eine Ausnahme gemacht beim Rückgriff für solche Leistungen, die als „regelmäßig wiederkehrende" im Sinne von § 197 erbracht worden waren, nämlich Rückstände von Unterhaltsleistungen: diese (mit jeder Zahlung ratenweise neu entstehenden) Rückgriffsforderungen werden allgemein als Forderungen i. S. des § 197 angesehen und damit der nur vierjährigen Verjährungsfrist unterworfen[179]. Da die Verjährung beider

---

177 So aber die oben FN 139 zit. Autoren.

178 So die ganz h. M. im Schrifttum. Vgl. nur *Soergel/Mühl,* § 683, 10; aus der Rspr. vgl. RGZ 86, 96 ff.; BGHZ 32, 13; 47, 370 (374) f. m. zust. Anm. *Rietschel,* LM Nr. 21 zu § 683 BGB.

179 RGZ 170, 252 (254); BGHZ 31, 329; BGH MDR 1962, 472 sowie NJW 1963, 2315 (für Versorgungsrenten); BGHZ 47, 370; *Danckelmann,* NJW 1955, 1593; *Boehmer,* FamRZ 1960, 218; *v. Caemmerer,* NJW 1963, 1403; *Gernhuber,* § 41 IV 4 m. w. N.; *Palandt/Danckelmann,* § 197, 2; *Brühl,* Unterhaltsrecht, S. 270; gegen die Anwendung des § 197 OLG Hamburg, JW 1936; OLG Köln, JW 1937, 3160; OLG Stuttgart, NJW 1955, 1593; *Leuze,* FamRZ 1963, 161.

Ansprüche erst mit der Zuordnung des Kindes zu seinem Erzeuger beginnt, wird damit in der Tat ein Gleichlauf der Verjährung für getilgten Anspruch und Rückgriffsanspruch erreicht.

Darüber, daß jedoch gerade wegen § 1600 a die kurze Verjährungsfrist des § 197 ihre eigentliche Funktion nicht zu erfüllen vermag, vgl. bereits oben A III 3.

Abschließend festzuhalten bleibt somit, daß der Rückgriff nach Geschäftsführungsrecht, der nur Platz greift, sofern nicht die Legalzession eintritt, inhaltlich weitgehend identisch ist mit dem Zessionsrückgriff; eine Verbesserung erfolgt lediglich unter einem einzigen Aspekt: die Durchsetzung ist nicht durch die Subrogationsklausel des § 1615 b I 2 gehindert.

III. Ansprüche aus Rückgriffskondiktion

1. Allgemeine Anspruchsvoraussetzungen

Die rechtliche Beurteilung der Rückgriffskondiktion ist verschieden je nachdem, ob die Unterhaltszahlung eine Legalzession nach § 1615 b (Abs. 1 oder 2) zur Folge hatte oder ob sie zum Freiwerden des Erzeugers führte.

a) Zahlung mit Freiwerden des Erzeugers als Folge

Wenn der Erzeuger durch die Leistung des Scheinvaters frei wurde, bietet sich zunächst die Rückgriffskondiktion als geeigneter Regreßmechanismus an, da ja durch die Tilgung des gegen ihn gerichteten Unterhaltsanspruchs der Erzeuger bereichert wurde[180]. Bereits oben wurde jedoch dargelegt, daß eine Zahlung des Scheinvaters, die das Freiwerden des Erzeugers bewirkt, stets als *bewußte* Zahlung anstelle eines Dritten erfolgt (da Zahlung auf Grund auch nur vermeintlicher eigener Verpflichtung immer zur Legalzession des § 1615 b führt) und somit die Führung eines fremden Geschäfts darstellt, und daß die übrigen Voraussetzungen berechtigter Geschäftsführung ohne Auftrag dann ebenfalls vorliegen. Wenn berechtigte Geschäftsführung ohne Auftrag eingreift, ist aber ein Rückgriff nach Bereicherungsrecht ausgeschlossen; der Zahlende ist vielmehr allein auf den Aufwendungsersatzanspruch nach §§ 683, 670 angewiesen[181]. Der Bereicherungsrückgriff wegen Zahlung

---

[180] Unter diesem Aspekt beschäftigen sich auch die meisten Autoren mit dem Rückgriffsproblem nach Tilgung fremder Schulden, vgl. nur *Soergel/Mühl*, § 812, 33; *v. Caemmerer*, Festschr. Dölle 1, S. 135 ff.; *Sinn*, NJW 1968, 526 und 1857, um nur einige aus der bereits zitierten Literatur zu nennen.

[181] Das entspricht heute wohl h. L., die Begründung ist jedoch verschieden: z. T. (*Erman/Seller*, vor § 812, 3 c) wird die Auffassung vertreten, berechtigte Geschäftsführung ohne Auftrag stelle einen *Rechtsgrund* i. S. der §§ 812 ff.

fremder Schulden bleibt demnach den Fällen vorbehalten, in denen jemand *irrtümlich* oder auf Grund einer *Rechtspflicht* fremde Schulden bezahlt[182].

b) Kondiktionsrückgriff in den *Legalzessionsfällen*

aa) Wenn dagegen der Scheinvater als vermeintlicher Vater oder auf Grund einer (wenn auch nur vorläufigen) Rechtspflicht den Unterhalt bestreitet, handelt es sich um die Erfüllung tatsächlich oder vermeintlich eigener Schuld, die Annahme einer Geschäftsführung für den Erzeuger ist damit ausgeschlossen (vgl. oben II 1 a - c). Doch tritt dann immer die Legalzession des § 1615 b ein; der Erzeuger wird somit von seiner Unterhaltspflicht durch die Zahlung nicht befreit und ist mithin niemals bereichert[183].

bb) Anders ist die rechtliche Situation aber zu beurteilen, wenn man dem Zahlenden die Möglichkeit gibt, *nachträglich die Tilgungsbestimmung seiner Leistung zu ändern* und sie als Drittleistung (§ 267) zugunsten des eigentlich verpflichteten Erzeugers auszuweisen.

Ein nachträgliches Ändern der Tilgungsbestimmung wird dem Zahlenden von einer vordringenden Ansicht[184] erlaubt, wenn er irrtümlich oder

---

dar; doch erscheint das bedenklich, weil die §§ 677 ff. zwar den *Eingriff* in den Rechtskreis des Geschäftsherrn rechtfertigen, was aber nicht unbedingt die infolge des Eingriffs eintretende Vermögensverschiebung rechtfertigt. Richtiger erscheint mir daher die von *Esser* (Schuldrecht 2, § 98 II c) vertretene Ansicht, es handele sich hier um eine ausschließliche Zuweisung eines bestimmten Regreßmechanismus; so wohl auch *Larenz*, Schuldrecht 2, § 68 III 1; vgl. auch BGHZ 39, 186 (189); BGHZ 40, 28 (29); BGH NJW 1964, 1365. Allerdings wird von einer (noch) starken Meinung der Kondiktionsrückgriff generell neben dem Aufwendungsersatzanspruch zugelassen, vgl. nur *Soergel/Mühl*, vor § 812, 11; RGRK/*Scheffler*, vor § 812, 31; *Planck/Landois*, vor § 812, 5.

182 Das sind auch die Fälle, an denen die Kondiktionsproblematik entwickelt wurde, vgl. die oben FN 1 zitierte Literatur.

183 *Brüggemann*, ZBlJugR 1967, 108, 110, 114; *Soergel/Lade*, § 1615 b, 5; *Stolterfoht*, FamRZ 1971, 342 m. w. N.; *v. Marschall*, S. 197; *Selb*, Schadensbegriff, S. 35 f.; *Gernhuber*, § 41 IV 4 m. w. N. statt aller. Es handelt sich dabei um eine Auswirkung der Legalzession auf die *Voraussetzungen* anderer Regreßwege, auf deren Bedeutung bereits oben Vorbem. vor I hingewiesen wurde. Unrichtig daher *Beitzke*, § 24 V 2 b und *Odersky*, § 1615 b, II 11, die dies übersehen und Kondiktionsrückgriff generell neben der Legalzession zulassen wollen.

184 Sie wurde entwickelt im Anschluß an *Oertmann*, AcP 82, 367 ff.; *Flume*, JZ 1962, 282; *Thomä*, JZ 1962, 625 vor allem *v. Caemmerer*, Festschr. Dölle, Bd. 1, 135 ff. Die dogmatische Einordnung der „Zuweisungserklärung“ ist angesichts verschiedener Ausgangspunkte bis heute nicht geklärt (vgl. *Dieckmann*, JuS 1969, 104; denkbar wäre Anknüpfung an die Bestätigung [*v. Caemmerer*, S. 135 ff.], Genehmigung [*Thomä*, S. 625] oder das Anfechtungsrecht [*Esser*, Schuldrecht 2, § 102 II 1]; vgl. auch *Lorenz*, AcP 168, 307 ff.), doch würde ein Eingehen hierauf den Rahmen der vorliegenden Arbeit sprengen.

doch unfreiwillig eine Leistung erbringt, die der Gläubiger von einem Dritten zu beanspruchen hat: der Zahlende soll die wegen fehlender Verpflichtung „fehlgeschlagene" Tilgungsbestimmung ergänzen durch nachträgliches Zuweisen auf die Verpflichtung des eigentlichen Schuldners unter „Verzicht" auf den Kondiktionsanspruch gegen den Gläubiger. Die Lehre hat in Literatur[185] und Rechtsprechung[186] zunehmend Widerhall gefunden und darf wohl heute als herrschende Ansicht bezeichnet werden, obwohl in der Literatur noch beachtliche Bedenken vorgetragen werden[187].

Gesteht man dem Zahlenden das Wahlrecht zu, so wird mit dessen Ausübung rückwirkend[188] die ursprüngliche indebite-Leistung der Verbindlichkeit des eigentlichen Schuldners als Drittleistung zugeordnet (§ 267). Dieser ist mithin befreit und somit mangels eines Rechtsverhältnisses zum Zahlenden auf dessen Kosten ungerechtfertigt bereichert, dem Zahlenden steht dann (allerdings nur im Umfang der tatsächlichen Verpflichtung) eine Rückgriffskondiktion zu[189].

Gegen die rückwirkende Zuweisung könnten in den Scheinvater-Regreßfällen dann Bedenken bestehen, wenn das Kind ihm zugeordnet war (§§ 1593 oder 1600 a), da ja dann zunächst eine Verpflichtung vorlag. Doch wirkt die Aufhebung der Zuordnung in beiden Fällen zurück auf den Zeitpunkt, zu dem die vorläufige Zuordnung eintrat[190], mit Wegfall des Rechtsscheins der Vaterschaft erscheint also die Zahlung des Scheinvaters *rückwirkend* als indebite-Leistung; der Rechtsschein der Vaterschaft steht daher einer nach seinem Wegfall erfolgenden Änderung der Tilgungsbestimmung nicht entgegen.

Gewichtiger erscheint ein weiteres Bedenken, das darauf beruht, daß nach neuem Recht mit der Zahlung bereits die Legalzession des § 1615 b zugunsten des Leistenden eingetreten ist. Angesichts dieser durch die Zahlung bewirkten rechtlichen Gestaltung tritt an sich der in den Fällen nachträglicher Änderung der Tilgungsbestimmung sonst stets vorausgesetzte

---

185 *Reich,* NJW 1963, 949 f.; *Schlechtriem,* NJW 1966, 1795; *Langenfeld,* S. 111 f.; *Sinn,* NJW 1968, 1857; *Dieckmann,* JuS 1969, 104 f.; *Stolterfoht,* FamRZ 1971, 347; *Zeiss,* AcP 165, 337; *Gernhuber,* 1. A., § 45 VIII 4 (zurückhaltend aber 2. A., § 45 VIII 7 und S. 501, FN 1 — „nicht gesichertes Rechtsgut" —); *Palandt/Heinrichs,* § 267, 2 („in den Grenzen des § 242"); *Soergel/Schmidt,* § 267, 4; *Erman/Seiler,* § 812, 4 b.

186 So hat sich der Lehre der BGH in NJW 1964, 1898 ausdrücklich angeschlossen. Vgl. auch schon RGZ 163, 21 (34).

187 Vor allem aus Gründen des Schuldnerschutzes und der Situation im Konkurs. Vgl. *Lorenz,* Festschr. Heidelberg, 267 ff. und AcP 168, 308 ff.; *Larenz,* Schuldrecht 2, § 68 III 1; *Esser,* Schuldrecht 2, § 102 II 1; *Medicus,* § 33 IV 3. Doch lassen sich diese Auswirkungen (worauf *Lorenz,* AcP 168, 308 ff. hinweist) auch bei Zugestehen eines Wahlrechts durchaus in Grenzen halten. Vgl. dazu auch *Dieckmann,* JuS 1969, 104 f.

188 Vgl. *Thiele,* AcP 168, 310.

189 Vgl. statt aller *v. Caemmerer,* Festschr. Dölle, Bd. 1, 135 ff.

190 Statt aller *Gernhuber,* § 45 VIII 1 (für § 1593) und § 57 IV 1 (für § 1600 a).

„Schwebezustand“[191] gar nicht ein; man könnte daher meinen, nach Eintritt einer Legalzession sei die nachträgliche Tilgungsbestimmung nicht mehr möglich[192]. Konstruktive Schwierigkeiten bringt jedoch auch dies nicht: mit der Änderung der Tilgungsbestimmung erscheint die Leistung *rückwirkend* als die des Verpflichteten; rückwirkend muß demgemäß auch die Legalzession an den Zahlenden entfallen, da ja die Forderung getilgt ist. Ein Ausschluß dieses Übergangs zum Kondiktionsrückgriff wäre folglich nur dann denkbar, wenn man sich die (bereits oben Vorbem. vor B I abgelehnte) Aufassung zu eigen machte, daß die Möglichkeit des Zessionsregresses jeden weiteren Regreßmodus a priori ausschließe. Auch in den Zessionsfällen ist daher nachträgliches Ändern der Tilgungsbestimmung grundsätzlich zuzulassen[193].

Die Änderung der Tilgungsbestimmung führt hier aber einmal dazu, daß der Scheinvater den legalzedierten Anspruch gegen den Erzeuger verliert, zum anderen ist damit auch eine etwaige condictio indebiti gegen das Kind[194] von vornherein ausgeschlossen, da die Leistung nicht sine causa erfolgte. Im Hinblick auf diese Verschlechterung der Situation erscheint die nachträgliche Änderung der Tilgungsbestimmung nur dann als sinnvoll und ökonomisch vertretbar, wenn der Rückgriff nach Bereicherungsrecht geeignet ist, dem Scheinvater Vorteile gegenüber dem Zessionsregreß zu bieten. Diese Frage soll bei der weiteren Überprüfung des Kondiktionsanspruchs im Vordergrund stehen[195].

2. *Rückgriffssperre: § 1600 a Satz 2*

Die Vorschrift des § 1600 a Satz 2 hindert den Zahlenden, die Bereicherungsansprüche gegen den Erzeuger geltend zu machen, bevor das

[191] Vgl. *Sinn*, NJW 1968, 1859 f.

[192] Die Änderung wurde bisher auch stets nur in den Fällen empfohlen, in denen (etwa weil die Analogie zu § 1709 II a.F. nicht vorgenommen wurde) ein Zessionsregreß nicht in Frage kam. Dies geschah jedoch deswegen, weil in den Zessionsfällen ein Übergang zum Kondiktionsregreß nicht als erforderlich und vorteilhaft angesehen wurde. Vgl. zu dieser Frage sogleich unten.

[193] Man könnte nun daraus folgern, angesichts der Rückwirkung der Tilgungsbestimmung handele es sich — da ja dann Tilgung nach § 267 erfolgt — auch rückwirkend um die Führung eines fremden Geschäfts mit der Folge, daß unter Ausschluß des Kondiktionsrückgriffs nunmehr allein ein Rückgriff nach Geschäftsführungsrecht möglich sei. Doch bezieht sich die Rückwirkung der Tilgungsbestimmung lediglich auf die *Tilgungswirkung* der Leistung; dadurch wird aber nicht etwa rückwirkend der Wille, ein fremdes Geschäft zu führen fingiert, der stets bei der Führung des Geschäfts vorliegen muß. In diesem Sinn auch *Dieckmann*, JuS 1969, 104 mit dem Hinweis, die nachträgliche Umbestimmung ziele stets ins Bereicherungsrecht.

[194] Vgl. dazu im einzelnen unten Teil 2 A.

[195] Die folgenden Ausführungen sind selbstverständlich auch dann heranzuziehen, wenn man der Auffassung ist, entgegen der oben 1 a vertretenen Ansicht sei in den Fällen bewußter Drittzahlung der Kondiktionsrückgriff nicht durch die Anwendbarkeit der Vorschriften über die Geschäftsführung ohne Auftrag ausgeschlossen; dann ist neben dem Anspruch aus §§ 683, 670 ein Kondiktionsanspruch gegeben, ohne daß es nachträglicher Änderung der Tilgungsbestimmung bedürfte.

Kind ihm positiv zugeordnet ist, und zwar aus denselben Gründen, die auch bei den Ansprüchen aus Geschäftsführung ohne Auftrag zur Anwendung der Norm führten (vgl. oben II 2).

3. Die nähere Ausgestaltung des Anspruchs

a) Geltung der *Subrogationsklausel* (§ 1615 b I 2)

Für die Vorrangklausel des § 1615 b I 2 ist im Rahmen des Kondiktionsanspruchs ebensowenig Raum wie beim Aufwendungsersatzanspruch; das Ergebnis folgt hier aber nicht aus der Tatsache, daß die Zahlungen sich auf einen Zeitraum beziehen, für den eine Legalzession und mithin die Geltung des § 1615 b I 2 ohnehin nicht in Betracht kommt[196], sondern aus dem oben (Vorbem. vor I) aufgestellten Grundsatz, daß eine unmittelbare Begrenzung einer Regreßart durch eine andere nicht stattfindet[197].

b) Geltung des § 1613

Der potentielle Anwendungsbereich ist hier wie beim Zessionsregreß des Scheinvaters wegen § 1615 d klein (vgl. oben A III 2 a sowie B II 3 b), weil die Norm nur für Zahlungen nach positiver Zuordnung zum Erzeuger zur Anwendung kommen kann. Eine *unmittelbare* Anwendung scheidet jedoch auch hier wegen der Selbständigkeit des Bereicherungsregresses aus, doch wäre an eine mittelbare Auswirkung zu denken, weil die Bereicherung des Erzeugers entfällt, bzw. von vornherein nicht eintritt, soweit er wegen § 1613 nicht mehr in Anspruch genommen werden kann[198]. Doch ist entsprechend der oben A III 2 b vorgenommenen Restriktion an eine Anwendung des § 1613 deswegen nicht zu denken, weil nach positiver Zuordnung des Kindes wegen Kenntnis des Erzeugers von seiner Verpflichtung ein Freiwerden nach § 1613 nicht erfolgen kann.

---

196 Das war der Grund für die Nichtanwendbarkeit auf den Regreß nach Geschäftsführungsrecht.

197 So *Dieckmann*, JuS 1969, 105; a. A. wie auch beim Geschäftsführungsregreß *v. Godin*, § 63 EheG, 4; *Hoffmann/Stephan*, § 63 EheG, 24. Speziell bei nachträglicher Tilgungsbestimmung auch *Lorenz*, AcP 168, 310 f., der aus Gründen des *Schuldnerschutzes* in diesen Fällen grundsätzlich alle Grenzen eines (etwaigen) Zessionsregresses auf die Kondiktion übertragen will. Aus den bereits genannten Gründen erscheint mir dies jedoch als bedenklich.

198 So *v. Caemmerer*, Festschr. Dölle, Bd. 1, S. 154 An. 56 sowie NJW 1963, 1402 f.; *Kropholler*, FamRZ 1965, 418; *Schlechtriem*, NJW 1966, 1796; i. Erg. gleich *Gernhuber*, § 41 IV 4 sowie alle, die von inhaltlicher Identität aller Regreßwege ausgehen, vgl. oben FN 138. a. Ans. noch (da das Entreicherungsargument nicht sehend) *Palandt/Lauterbach*, § 1613, 1; *Staudinger/Gotthardt*, § 1613, 1; *Soergel/Lange*, vor § 1601, 9 sowie § 1613, 2; ebenso wohl *Lorenz*, AcP 168, 310 f.

c) § 1615 h

Die *Herabsetzung* nach § 1615 h ist aus demselben Grund wie beim Geschäftsführungsregreß ausgeschlossen (vgl. oben II 3 c).

d) § 1615 i

Dagegen ist *Stundung und Erlaß der Kondiktionsforderung* nach § 1615 i wie auch beim Geschäftsführungsregreß nach allg. Ansicht möglich (vgl. oben II 3 d und die dort zit. Literatur).

e) Abtretbarkeit, Pfändbarkeit, Pfändungsprivileg

Keine Geltung haben hingegen die nur hinsichtlich der Unterhaltsforderung eingreifenden Normen über *Pfändbarkeit* und *Abtretbarkeit* (§ 850 b ZPO) sowie über das Pfändungsprivileg (§ 850 d ZPO), vgl. oben II 3 e.

f) Verjährung

Die beim Rückgriff nach Geschäftsführung ohne Auftrag entwickelten Grundsätze zur *Verjährung*[199] gelten auch für den Kondiktionsregreß: Danach kann die Verjährung *beginnen* erst mit Zuordnung zum Kind, § 1600 a Satz 2 i. V. m. § 202 I, die Verjährungs*frist* richtet sich nach § 197 mit der Folge vierjähriger Verjährung[200]. Gleichlauf der Verjährung von legalzedierter und Kondiktionsforderung ist somit gewährleistet.

4. Entreicherung

Die Kondiktionsforderung ist im Gegensatz zur legalzedierten Unterhaltsforderung belastet mit dem Risiko der Entreicherung des eigentlichen Schuldners (§ 818 III), soweit dieser nicht bösgläubig war (§ 819).

So tritt z. B. Entreicherung stets ein, wenn die Verjährungsfrist für die getilgte Forderung abgelaufen ist, weil damit die durch die Tilgung (zunächst) erreichte Vermögensmehrung wieder entfällt: die Tilgung hat ihn von einer Schuld entlastet, die ihn heute nicht mehr drücken würde, weil er ihrer Geltendmachung die Verjährungseinrede entgegensetzen könnte[201].

---

[199] Oben II 3 f.

[200] Zur Frage der Anwendbarkeit des § 197 vgl. neben der oben II 3 f. zit. Lit. noch (speziell zum Bereicherungsanspruch) *Reinicke*, VersR 1967, 1, 3; gegen die Anwendbarkeit aber LG Bielefeld, FamRZ 1960, 242 sowie RGRK/*Scheffler*, § 1593, 10.

[201] Vgl. ROHG 17, 1; RGZ 44, 145; Warn 1920, Nr. 151; RGZ 70, 352; *Boehmer*, FamRZ 1960, 218; *v. Caemmerer*, Festschr. Dölle, Bd. 1, 153 f. und NJW 1963, 1403; *Berg*, MDR 1968, 720; *Lorenz*, AcP 168, 309; RGRK/*Scheffler*, § 818, 51; vgl. auch BGHZ 47, 375 (wo allerdings dieser Gedanke mißverständlich unter dem Gesichtspunkt der *Verjährung der Kondiktionsforderung* behandelt wird); nicht überzeugend dagegen RGZ 86, 96 und *Thomä*, JZ 1962, 628.

Doch hat dieses Argument für den hier interessierenden Bereich des Scheinvaterregresses praktisch keine Bedeutung, weil wegen des Gleichlaufs der Verjährungsfristen die Kondiktionsforderung zu diesem Zeitpunkt ohnehin selbst verjährt ist. Ebensowenig kann, wie bereits oben b) dargelegt wurde, eine Entreicherung etwa durch die Auswirkung des § 1613 eintreten.

Doch wäre denkbar, daß das gesamte gegenwärtige Vermögen des Erzeugers nicht ausreicht, um die Rückgriffsforderung zu erfüllen (was besonders bei Auflaufen hoher Rückstände denkbar ist): dann ist insoweit Entreicherung anzunehmen[202].

Bösgläubigkeit, die die Entreicherung hindert (§§ 819, 818 IV), kann in den Fällen rückwirkender Änderung der Tilgungsbestimmung nicht bereits dann vorliegen, wenn der Begünstigte seine Verpflichtung kannte (was oben 3 b ein Abstellen auf die Kenntnis im Rahmen der durch § 1613 bewirkten Entreicherung überflüssig gemacht hätte, da dann Entreicherung ohnehin nicht mehr eintreten kann): In den Fällen rückwirkender Änderung der Tilgungsbestimmung wird man Bösgläubigkeit erst nach der gestaltenden Erklärung des Zahlenden annehmen können; vorher mußte der letztlich begünstigte Schuldner trotz des Wissens um die eigene Verpflichtung nicht davon ausgehen, daß er durch die Tilgungsänderung schließlich (wenn auch rückwirkend) bereichert werden könnte; vorher mußte er mithin auch nicht mit Inanspruchnahme durch den Zahlenden rechnen. Trotz der Rückwirkung der Tilgungsänderung kann somit für die Frage der Bösgläubigkeit ausschließlich auf den Zeitpunkt der *Änderungserklärung* abgestellt werden — vorher ist Bösgläubigkeit undenkbar. Nach der (zugangsbedürftigen) Erklärung ist Bösgläubigkeit dagegen möglich und eine (weitere) Entreicherung nicht mehr denkbar.

Zusammenfassend läßt sich damit zu der Möglichkeit der Rückgriffskondiktion nach nachträglicher Änderung der Tilgungsbestimmung zugunsten des Erzeugers feststellen: Durch den Kondiktionsanspruch wird die Situation des Rückgriffsgläubigers in aller Regel gegenüber dem Zessionsregreß nicht verbessert: Weder ist die Forderung umfangreicher[203] noch unterscheidet sie sich hinsichtlich ihrer sonstigen Ausgestaltung wesentlich von der legalzedierten Forderung; daß die Herabsetzungsmöglichkeit nach § 1615 h nicht besteht, wird durch modifizierte Anwendung des § 1615 i ausgeglichen; lediglich durch die Nichtanwendbarkeit der Subrogationsklausel (§ 1615 b I 2) tritt eine gewisse Besserstellung ein. Andererseits wird die Rechtsposition eindeutig verschlechtert durch den Verlust der evtl. condictio indebiti gegen das Kind sowie der legalzedierten Unterhaltsforderung, ebenso durch die Belastung der Forderung mit dem Entreicherungsrisiko. Nur in den seltensten Fällen, nämlich nur dann, wenn ausschließlich die Frage der Vorrangsklausel über die Durchsetzbarkeit des Anspruchs entscheidet, ist mithin der Übergang zum Kondiktionsrückgriff gegen den Erzeuger sinnvoll. In

---

[202] Allg. Ans., vgl. nur *Soergel/Mühl,* § 818, 22; *Larenz,* Schuldrecht 2, § 70 II.

[203] Auch sie ist ja begrenzt auf die tatsächliche Verpflichtung des Erzeugers.

allen anderen Fällen bietet der Zessionsregreß dem Zahlenden sicherere Aussicht auf Befriedigung[204].

Die Möglichkeit, nach nachträglicher Änderung der Tilgungsbestimmung im Wege der Rückgriffskondiktion vorzugehen, wird demzufolge beim Regreß gegen den *Erzeuger* kaum Bedeutung gewinnen. Relevant wird sie jedoch beim Regreß gegen *nachrangig* haftende Unterhaltspflichtige, insbesondere gegen die Mutter des Kindes (vgl. unten Teil 3 B II).

IV. Ansprüche gegen den Erzeuger nach Deliktsrecht

1. Anspruch aus § 823 I wegen Ehestörung

a) Geschütztes Rechtsgut

Ein Schadensersatzanspruch nach § 823 I setzt Verletzung eines *absoluten Rechts* des Verletzten voraus. Im hier interessierenden Bereich kommt als verletztes Recht des Scheinvaters allein die *Ehe* in Frage, wobei als schadenstiftende Handlung der ehebrecherische Einbruch in die Ehe als absolut geschütztes Rechtsgut durch Zeugung eines nichtehelichen Kindes in Frage kommt.

Schon vom Ansatz her scheiden demnach deliktische Regreßansprüche des Scheinvaters gegen den Erzeuger auf der Basis des § 823 I immer dann aus, wenn das Kind nicht während der Ehe des Scheinvaters mit der Kindesmutter gezeugt wurde, also in allen Fällen der „schlicht" nichtehelichen Scheinvaterschaft sowie bei vorehelicher Zeugung.

b) Ausschluß deliktischen Rechtsschutzes?

Ob ein Verstoß gegen die eheliche Treue den Dritten zu Schadensersatz verpflichtet, ist heute noch weithin ungeklärt[205]. Zwar wird überwiegend anerkannt, daß der Kernbereich der Ehe und damit die eheliche Treue absolut geschütztes Rechtsgut jedenfalls im Verhältnis zu Dritten ist[206] doch wurde vom BGH[207] ein Schadensersatzanspruch auch gegen Dritte wegen Ehestörung stets verneint mit dem Hinweis darauf, die durch

---

[204] Daraus erklärt sich auch, daß die Möglichkeit nachträglicher Tilgungsänderung bisher nie als *Alternative* zum Zessionsregreß diskutiert wurde, sondern lediglich als dessen Ersatz.

[205] Dazu und zum folgenden vgl. insbes. *Gernhuber,* § 17, mit ausführlicher Darlegung des Meinungsstandes und Schrifttums- und Rechtsprechungsnachweisen.

[206] Mindestens im Hinblick auf Art. 6 GG, vgl. *Gernhuber,* § 17 I 1 m. w. N. Ebenso *Larenz,* Schuldrecht 2, § 72 I a; vgl. auch *Soergel/Lange,* § 1353, 35 ff. mit ausf. Nachweisen.

[207] Vgl. insbes. BGHZ 27, 217 und die dort zit. Entscheidungen. Ebenso im Ergebnis *Soergel/Lange,* § 1353, 39.

die Ehe begründeten Pflichten seien durch Dritte nicht verletzbare persönliche Verpflichtungen der Ehegatten, ferner seien die Folgen ehelicher Pflichtverletzung im Familienrecht abschließend geregelt; auch § 888 II ZPO wird gerne als Argument gegen die Zubilligung von Schadensersatzansprüchen gegen Dritte herangezogen[208]. Die ganz h. M.[209] in der Literatur gesteht dagegen dem verletzten Ehepartner Schadensersatzansprüche aus § 823 I wenigstens gegen den störenden Dritten zu, wobei zur Begründung einerseits das Verfassungsgebot des Art. 6 GG herangezogen wird, andererseits die Feststellung, daß sich eine Ausschließlichkeit familienrechtlicher Regelung allenfalls auf das Verhältnis der Ehegatten untereinander, nicht aber auf das zu außenstehenden Dritten beziehen kann[210], doch wurde die Ersatzleistung stets beschränkt auf das *Abwicklungsinteresse* (wozu auch der dem Ehebruchskind gezahlte Unterhalt gehört): nicht umfaßt ist der Ersatz des *Bestandsinteresses*[211].

Es kann hier nicht der Ort sein, die Problematik deliktischen Eheschutzes in extenso zu diskutieren. Überzeugender sind sicherlich die Argumente der h. L., die den Schadensersatzanspruch zugesteht. Doch ist die Durchsetzung angesichts der nach wie vor ablehnenden Haltung des BGH in dieser Frage mit einem erheblichen Risiko belastet, was zu praktischer Fragwürdigkeit dieses Regreßwegs führt[212].

c) Geltung des § 1600 a Satz 2

Wie bereits dargelegt, hindert § 1600 a Satz 2 die Geltendmachung von Rechtswirkungen der Vaterschaft vor Zuordnung zum Erzeuger. Dies muß *auch* für die Geltendmachung von Schadensersatzansprüchen aus § 823 I gegen den Erzeuger gelten: die Inanspruchnahme setzt (inzidente) Feststellung der Vaterschaft voraus und ist deswegen vor positiver Zuordnung des Kindes zum Erzeuger durch die Ausübungssperre gehindert[213].

---

208 So *Soergel/Lange*, § 1353, 39, der die beiden ersten Argumente nicht für stichhaltig hält.

209 Vgl. nur die Nachweise bei *Gernhuber*, § 17 I 1 und bei *Soergel/Lange*, § 1353, 39 sowie *Larenz*, Schuldrecht 2, § 72 I a.

210 Vgl. dazu i. E. *Gernhuber*, § 17 I 1 und die dort zit. Lit. sowie *Larenz*, Schuldrecht 2, § 72 I a.

211 Vgl. *Gernhuber*, § 17 I 1; *Soergel/Lange*, § 1353, 39; *Larenz*, § 72 I a.

212 So auch *Gernhuber*, § 45 VIII 2.

213 Vgl. die bereits oben B II 2 zit. h. L. Anders *Gernhuber*, § 57 I 7 ausdrücklich für Ansprüche aus deliktischem Eheschutz. Doch überzeugt dessen Hinweis auf die sonst eintretende „private Enteignung" jedenfalls für § 823 I nicht: es handelt sich um eine notwendige Konsequenz der (möglicherweise verfehlten) Gesetzeskonzeption, die der Norm zugrundeliegt; differenzierend *Tiedtke*, FamRZ 1970, 232.

d) Umfang des Schadensersatzes

Der Schadensersatzanspruch umfaßt sämtliche Aufwendungen des Ehemanns, die durch den ehestörenden Akt (die außereheliche Zeugung) adäquat verursacht wurden, sofern sie dem Abwicklungsinteresse zuzurechnen sind, also *sämtliche Aufwendungen für den Unterhalt des Kindes.*

Damit liegt ein wesentlicher Unterschied zu den bisher behandelten Regreßmodi gegenüber dem Erzeuger auf der Hand: Der Zahlende ist nicht beschränkt auf die Höhe des vom Erzeuger selbst geschuldeten Unterhalts, sondern kann Rückgriff nehmen wegen sämtlicher Unterhaltsleistungen, die er erbracht hat, also auch wegen von ihm in Unkenntnis der Vaterschaft eines anderen erbrachter *Mehrleistungen;* die allen bisher behandelten Regreßmodi drohende Regreßlücke, die sich aus der Orientierung des Regreßumfangs an der tatsächlichen Leistungspflicht des Erzeugers ergibt[214], kann für den auf Ehestörung beruhenden deliktischen Regreß niemals entstehen: der durch die Ehestörung entstandene Schaden ist unabhängig vom Umfang der Unterhaltspflicht des Erzeugers.

Selbst das Maß der (vermeintlichen) eigenen Unterhaltspflicht dem Kind gegenüber begrenzt nicht den Anspruch: auch Leistungen, die der Scheinvater über seine vermeintliche Unterhaltspflicht hinaus erbringt, sind adäquat verursacht durch den Ehebruch und damit vom Anspruch aus § 823 I umfaßt (vgl. aber sogleich unten e).

e) Mitverschulden, § 254 I

Doch kann sich der Anspruch durch Mitverschulden des Zahlenden verringern. Dies ist dann der Fall, wenn sich der Schaden durch *zurechenbares eigenes Verhalten* des Geschädigten erhöht hat[215].

Voraussetzung für die Anwendung der Norm ist mithin zurechenbare Mitwirkung des Geschädigten an der Entstehung bzw. Erhöhung des Schadens.

Niemals kann ein derartiges Verhalten vorliegen, wenn sich der Scheinvater für den Erzeuger hält und halten darf: dann kann dem Geschädigten eine Pflichtenlage gegenüber dem Schädiger deswegen nicht bewußt sein, weil er vom schädigenden Ereignis noch nichts weiß: für diesen Zeitraum ist ihm daher voller Regreß sicher.

Weiß der Zahlende von der Vaterschaft eines anderen, so ist zu differenzieren: Solange er selbst dem Kind wegen § 1593 als Erzeuger zugeordnet ist, kann er aus rechtlichen Gründen selbst wenn er weiß, daß er nicht der Erzeuger ist, seine Zahlungen nicht unter den von ihm wegen der Unter-

---

214 Vgl. oben A I 1 (für Legalzession), B II 1 e (GoA), B III 1 b bb (Kondiktion).

215 Allg. Ans., vgl. *Palandt/Heinrichs*, § 254, 1 b m. w. N.

stellung des Gesetzes (vorläufig) geschuldeten Unterhaltsbetrag senken. Jede über diesen Betrag hinausgehende Zahlung ist jedoch nach § 254 zu berücksichtigen.

Ist dagegen die Zuordnung durch Ehelichkeitsanfechtung aufgehoben, dann umfaßt seine Schadensminderungspflicht eine Verpflichtung, seine Leistungen — sofern sie überhaupt noch erfolgen — auf den (vermutlich) vom wirklichen Erzeuger geschuldeten Betrag zu begrenzen. Allerdings wird dieser idR weder festgestellt noch auch stets bekannt sein. Dann wird man — sofern sich keine anderen Anhaltspunkte für den vom Erzuger geschuldeten Betrag ergeben — vom Zahlenden die Begrenzung seiner Leistungen auf den *Regelunterhalt* als Mindestsumme der Unterhaltsverpflichtung verlangen müssen, wenn er vollen Regreß nehmen will.

2. *Anspruch aus § 823 II wegen Ehestörung*

Für einen Schadensersatzanspruch aus § 823 II ist nach der Streichung des § 172 StGB kein Raum mehr[216]. Auch Art. 6 GG kann nicht als Schutzgesetz herangezogen werden: die Norm bestimmt zwar die Ehe zum klar umrissenen Schutzobjekt des § 823 I, doch würde die Heranziehung als Schutzgesetz i. S. des § 823 II die unmittelbare Auswirkung eines Grundrechts im Privatrecht bedeuten und ist mithin unzulässig. Angesichts des durch § 823 I gewährleisteten umfassenden Schutzes der Ehe besteht überdies für eine Konstruktion über § 823 II keine Veranlassung[217].

3. *Anspruch aus § 826 wegen Ehestörung*

Ein Anspruch aus § 826 ist zunächst denkbar als Sanktion des *Ehebruchs* und wird bejaht auch von denen, die aus irgendwelchen Gründen einen Eheschutz aus § 823 I ablehnen[218]. Zwar stellt ein Ehebruch in aller Regel einen Verstoß gegen die guten Sitten dar[219], doch wird sich nicht stets ein (mindestens bedingter) Schädigungsvorsatz gerade hinsichtlich eventueller Unterhaltsleistungen durch den Scheinvater nachweisen lassen[220]. Zudem bietet der auf Verletzung der ehelichen Treue gestützte Anspruch aus § 826 keinerlei Vorteile gegenüber dem aus

---

[216] Vgl. *Gernhuber,* § 17 I, S. 140 FN 1.

[217] *Gernhuber,* § 17 I.

[218] Vgl. *Soergel/Lange,* § 1353, 39 m. w. N.; *Erman/Bartholomeyczik,* § 1353, 2 b, 5 e ff.; *Soergel/Knopp,* § 826, 99; aus der Rspr. vgl. RG SeuffA 61 Nr. 38; OLG Neustadt, ZBlJugR 1952, 211; OLG München, JR 1956, 61. Ebenso für Ansprüche wenigstens gegen den Erzeuger BGH MDR 1966, 995 in einem obiter dictum; and. aber BGHZ 23, 217, 221 f. mit der Forderung nach einheitlicher Entscheidung hins. aller Deliktstatbestände.

[219] *Soergel/Knopp,* § 826, 99.

[220] *Soergel/Knopp,* § 826, 102 will in Anlehnung an OLG Düsseldorf, NJW 1952, 1336 (m. zust. An. *Coing*) den Schädigungsvorsatz idR nach prima-facie-Grundsätzen bejahen.

§ 823 I: der *Umfang* des Anspruchs ist (auch was die Frage des § 254 betrifft) völlig identisch mit dem aus § 823 I. Außerdem ist die *Geltendmachung* des Anspruchs in gleicher Weise bis zu positiver Zuordnung zum richtigen Erzeuger gehindert durch § 1600 a wie der aus dem Grundtatbestand[221]. Selbständige Bedeutung in diesem Zusammenhang hat § 826 daher nur, wenn man deliktischen Eheschutz aus § 823 I verweigert.

4. Anspruch aus § 826 wegen böswilliger Nichtherbeiführung der Zuordnung zum Kind

Bereits oben A II 2 wurde darauf hingewiesen, daß dem Zahlenden jeder Zessionsrückgriff gegen den Erzeuger durch § 1600 a Satz 2 verwehrt ist, wenn weder der Erzeuger die Vaterschaft anerkennt noch das Kind (bzw. nach dessen Tod die Mutter) die Vaterschaftsfeststellung betreibt. Dieses Regreßhindernis wirkt sich in gleicher Weise bei den sonstigen dem Scheinvater zur Verfügung stehenden Regreßmodi aus. Im Folgenden soll nun untersucht werden, ob darin eine den Tatbestand des § 826 erfüllende Handlungsweise gesehen werden kann.

Es ist zunächst zu bemerken, daß diese Form des Deliktsregresses nicht wie die bisher behandelten auf der Verletzung der Ehe bzw. auf sittenwidriger Schädigung durch Ehebruch beruht (und die deswegen nur dem scheinehelichen Vater zur Verfügung standen); sie ist vielmehr in *allen* Fällen nichtehelicher Vaterschaft denkbar und bietet sich somit auch dem „schlicht“ nichtehelichen Scheinvater an.

a) Sittenwidrige Handlung

Eine vorsätzlich-sittenwidrige Schadenszufügung kann in der Nichtherbeiführung der Zuordnung zum Kind durch den Erzeuger nur in den seltensten Fällen gesehen werden[222]: dem Erzeuger ist es grundsätzlich freigestellt, ob er die Vaterschaft anerkennen will oder nicht; dabei ist irrelevant, aus welchem Grund er eine Zuordnung nicht wünscht, daher ist i. d. R. auch die Entscheidung zu berücksichtigen, die allein durch die Verhinderung eines evtl. Regresses des Scheinvaters motiviert ist;

---

221 Vgl. *Lange*, NJW 1970, 299; ebenso ausdrücklich für § 826 bei der (entspr.) Frage des § 1593 *Soergel/Knopp*, § 826, 101 m. w. N.; BGH NJW 1954, 1801; anders wohl auch hier *Gernhuber*, § 57 I 7.

222 Unerheblich ist dabei, ob man die schädigende Handlung in einem Tun oder in einem Unterlassen sehen will: anders als beim Grundtatbestand des § 823 I setzt die Sanktion der Unterlassung nicht eine Rechtspflicht zum Handeln voraus, sondern allein, daß die Unterlassung einem sittlichen Gebot widerspricht. Ist somit die Sittenwidrigkeit eines Verhaltens einmal festgestellt, so ist die Abgrenzung zwischen positiver Handlung und Unterlassung irrelevant, vgl. BGH NJW 1963, 149; *Palandt/Thomas*, § 826, 2 f.; *Soergel/Knopp*, § 826, 42.

zudem ist die Zuordnung zum richtigen Erzeuger i. d. R. gesichert durch die stets parallel gegebene Möglichkeit des Kindes (bzw. nach dessen Tod der Mutter), die Zuordnung zu betreiben[223]. Im bloßen Unterlassen des Vaterschaftsanerkenntnisses kann infolgedessen niemals ein sittenwidriges Verhalten gesehen werden; jede andere Entscheidung hieße eine Pflicht zum Anerkenntnis statuieren. Sittenwidrig verhält sich der Erzeuger jedoch dann, wenn er böswillig eine Situation herbeiführt, die jede Möglichkeit einer späteren Zuordnung zu ihm ausschließt.

Dies ist etwa dann denkbar, wenn er arglistig bewirkt, daß die Anfechtungsberechtigten die Frist für die Anfechtung der Zuordnung zum Scheinvater[224] verstreichen lassen: dann ist die Zuordnung zu ihm durch § 1593 bzw. 1600 b III ausgeschlossen[225]. Vorstellbar ist dies z. B. wenn der Erzeuger vorspiegelt, nach Scheidung einer Ehe sei Anfechtung der Ehelichkeit nicht mehr erforderlich[226].

Sittenwidrigkeit wird man auch annehmen müssen, wenn der Erzeuger in der Absicht, den Regreß dadurch zu verhindern, das an sich zur Erhebung der Vaterschaftsfeststellungsklage entschlossene Kind durch das Versprechen von Vorteilen (etwa: ihm dafür für die Zukunft freiwillig einen höheren als eigentlich geschuldeten Unterhalt zu bezahlen oder durch das Versprechen sonstiger erheblicher Vorteile) dazu bringt, von deren Durchführung abzusehen[227].

Das vorwerfbare Verhalten des Erzeugers liegt dann darin, daß er in sittenwidriger Weise die Zuordnung zu ihm verhindert mit dem Ziel, wegen des dann bestehenden „Schutzes“ durch § 1600 a Satz 2 den Rückgriff auf ihn zu vereiteln.

b) Regreßbehinderung durch § 1600 a Satz 2?

Mit dieser Überlegung beantwortet sich auch die Frage, ob für *diesen* Anspruch die Rechtsausübungssperre des § 1600 a Satz 2 gilt: Wenn das sittenwidrige Verhalten gerade in der *Erhaltung oder Ausnutzung einer formalrechtlichen Position* beruht, kann sich der Schädiger auf

---

[223] Bereits oben A II 2 wurde allerdings darauf hingewiesen, daß eine Nichtzuordnung ausnahmsweise durchaus eher dem Kindesinteresse entspricht. Nicht immer bietet das Klagerecht des Kindes (bzw. das Antragsrecht der Mutter) volle Gewähr für die Durchführung der Zuordnung zum wahren Erzeuger.

[224] Vgl. §§ 1594, 1595 a, 1596 für das scheineheliche Kind, §§ 1600 h, 1600 i für das schlicht nichteheliche Kind bei Vaterschaftsanerkenntnis.

[225] So *Reinicke*, NJW 1955, 217; *Coing*, NJW 1952, 1337; *Soergel/Knopp*, § 826, 101 (zu § 1593).

[226] So das Beispiel von *Reinicke*, NJW 1955, 217.

[227] Selbstverständlich sind weitere Fälle denkbar. In dem zuletzt genannten Fall kollusiven Zusammenwirkens mit dem Kind kommt zusätzlich auch ein Anspruch aus § 826 gegen das *Kind* bzw. dessen ges. Vertreter in Frage, vgl. dazu unten Teil 2, B I. Für die Möglichkeit derartiger Ansprüche gegen Erzeuger und Kind auch *Gernhuber*, § 57 I 7; *Tiedtke*, FamRZ 1970, 232 ff.

eben diese Rechtsposition nicht berufen. Das wurde von der Rspr. schon seit längerem anerkannt etwa für die „Durchbrechung" der Rechtskraft von erschlichenen Urteilen oder für sittenwidrige Ausnutzung unrichtiger Urteile[228], für die Berufung auf die Verjährung eines Anspruchs[229], wenn der Anspruchsgegner arglistig veranlaßt wurde, den Anspruch verjähren zu lassen, bei Berufung auf Pauschalsätze, wenn der tatsächliche Aufwand bei weitem niedriger lag[230], bei Mißbrauch des Konkursverfahrens, um Kündigung eines Pachtvertrages zu erreichen[231]. Auch in der Literatur ist diese Funktion des § 826 allgemein anerkannt[232]: die Norm bietet die Möglichkeit, auf der Basis einer Abwägung mit dem gesetzten Recht grundlegenden Wertungen der Rechtsordnung zum Durchbruch zu verhelfen; bei einer Abwägung zwischen § 1600 a Satz 2 und dem in § 826 enthaltenen Sittengebot muß dementsprechend in den genannten Fällen § 1600 a Satz 2 weichen[233].

Anders als § 242 kommt somit § 826 durchaus normkorrigierende Funktion zu[234]. Der Vorteil gegenüber dem Lösungsversuch über § 242 liegt einmal im Fehlen dogmatischer Fragwürdigkeit, zum anderen aber auch in der tatbestandlich engen Umgrenzung der Anwendungsfälle durch die strengen Voraussetzungen des § 826; einer uferlosen Ausweitung von Normkorrekturen allein unter Billigkeitsgesichtspunkten ist damit ein Riegel vorgeschoben[235].

Das bedeutet, daß in den Fällen böswilliger Verhinderung der Zuordnung des Kindes für die Frage des Schadensersatzes aus § 826 entgegen der Regel des § 1600 a Satz 2 (also ohne Zuordnung) *inzident* die Vaterschaft des Erzeugers zu prüfen ist.

c) Umfang des Schadensersatzes

Der Umfang des zu ersetzenden Schadens richtet sich nach dem Umfang des durch das sittenwidrige Verhalten verhinderten Regresses. Im

---

[228] St. Rspr. des Reichsgerichts und des BGH, vgl. zuletzt BGHZ 50, 115 mit ausf. Nachweisen. Im Schrifttum wird sie stark kritisiert mit dem Hinweis auf die Spezialität prozeßrechtlicher Vorschriften über die Durchbrechung der Rechtskraft, vgl. *Larenz*, Schuldrecht 2, § 72 IV m. weit. Literaturangaben; insbes. *Gaul*, Die Grundlagen des Wiederaufnahmerechts, 1956, 99 ff. Der Rspr. zustimmend *Soergel/Knopp*, § 826, 215.

[229] Vgl. BGHZ 9, 5.

[230] BGH NJW 1965, 2013.

[231] BGH WM 1962, 930.

[232] *Larenz*, Schuldrecht 2, § 72 IV; *Esser*, Schuldrecht 2, § 107 III 2 b; RGRK/*Haager*, § 826, 39; *Palandt/Thomas*, § 826, 2 e; *Fikentscher*, § 105 III 3.

[233] So (im Bereich des § 1593) *Coing*, NJW 1952, 1336; *Reinicke*, NJW 1955, 217; *Tiedtke*, FamRZ 1970, 234; für § 1600 a Satz 2 *Gernhuber*, § 57 I 7. Im Erg. gleich *Boehmer*, JZ 1962, 731.

[234] Zur Problematik des § 242 vgl. bereits oben A II 2 c.

[235] In der Lit. wird allerdings die auf § 242 gestützte Normkorrektur mit der durch § 826 weitgehend auf eine Stufe gestellt, vgl. etwa *Soergel/Knopp*, § 826, 76 f.; *Fikentscher*, § 105 III 3 a.

Schadensersatzprozeß ist zu prüfen, in welchem Umfang dem Scheinvater der Rückgriff auf den Erzeuger möglich gewesen wäre, falls die Zuordnung nicht wegen des sittenwidrigen Verhaltens unterblieben wäre[236]: die bereits bisher behandelten Regreßmodi (Legalzession, Geschäftsführung ohne Auftrag, Kondiktionsrecht, aber auch aus Deliktsrecht wegen Ehestörung) sind somit hier *inzident* zu prüfen, es besteht eine Art „Akzessorietät" zwischen dem Rückgriff aus § 826 und den sonstigen Regreßmechanismen; weitergehende Ansprüche als nach diesen stehen dem Scheinvater niemals zu.

Auch in dieser Begrenzung der „Überwindbarkeit" des § 1600 a Satz 2 zeigt sich ein weiterer entscheidender Vorteil gegenüber der Lösung über § 242: die Auswirkungen sind, weil es sich um einen Schadensersatzanspruch wegen Regreßbehinderung handelt, schon vom Tatbestand her auf den Rückgriff beschränkt und bleiben daher überschaubar; läßt man dagegen die Überwindung des § 1600 a Satz 2 unter Berufung auf *§ 242* zu, so erfolgt diese Begrenzung nicht. Problematisch wäre dann insbesondere, ob die Geltung des § 1600 a Satz 2 auch hinsichtlich anderer Rechtsbeziehungen, evtl. im Verhältnis zu weiteren Personen, ausgeschlossen ist, was im Ergebnis zu voller oder nur auf bestimmte Personen beschränkter (relativer) Zuordnung zum Erzeuger führte — Ergebnisse, die schlechthin nicht überschaubar sind. Alle diese Schwierigkeiten treten indessen nicht auf bei Anwendung des § 826 in seiner engen Umgrenzung sowohl auf der Tatbestands- als auch auf der Rechtsfolgenseite.

Zusammenfassung

Die Möglichkeiten des Scheinvaters, beim Erzeuger Rückgriff zu nehmen, sind mit den bisher dargestellten Regreßwegen erschöpft. Es hat sich gezeigt, daß diese Möglichkeiten im Einzelfall problematisch und unbefriedigend sein können, weil sie begrenzt sind durch den Umfang der tatsächlichen Unterhaltspflicht des Erzeugers, was infolge differenzierter und (auch) auf die Verhältnisse des Erzeugers abstellender Regelung nunmehr wesentlich eher als nach früherem Recht zu „Regreßlücken" führen muß. Anders ist es lediglich beim deliktischen Regreß wegen Ehestörung; doch wird dadurch die Problematik kaum verringert, weil er einmal nur dem scheinehelichen Vater zustehen kann, nicht aber dem schlicht nichtehelichen Scheinvater, zum anderen deswegen, weil gerade die Ansprüche aus deliktischem Eheschutz angesichts der nach wie vor ablehnenden Haltung des BGH mindestens hinsichtlich ihrer Durchsetzbarkeit in Frage zu stellen sind.

Schwierigkeiten bereitet in gleicher Weise die Rechtsdurchsetzungssperre des § 1600 a Satz 2, da der Scheinvater keine Möglichkeit hat, die

---

[236] Daß ohne das Verhalten des Erzeugers die Zuordnung tatsächlich erfolgt wäre, muß selbstverständlich gesichert sein; sonst fehlt bereits die Kausalität.

Zuordnung zum Erzeuger zu betreiben, von der die Durchsetzbarkeit seiner Ansprüche gegen ihn abhängt. Die „Durchbrechung“ auf der Basis des § 826 bietet nur beschränkt Abhilfe, da sie stets auf wenige eklatante Ausnahmefälle begrenzt sein wird.

Schwerpunkt der weiteren Untersuchung muß es daher sein, die Rückgriffsmöglichkeiten gegenüber weiteren Personen, insbesondere gegen das Kind (Teil 2), aber auch gegen sonstige Personen (Teil 3) zu untersuchen.

Zweiter Teil

Ansprüche gegen das Kind

A. Condictio indebiti

I. Die kondizierbare Leistung

1. Bei Leistung auf eigene Schuld

Rechtsgrundlos sind die Leistungen erfolgt, die der Scheinvater auf Grund vermeintlicher oder vom Gesetz zunächst unterstellter[237] eigener Unterhaltspflicht geleistet hat; ein Rechtsgrund für die Leistung lag entweder nie vor[238] oder ist infolge nachträglicher Aufhebung der Zuordnung rückwirkend weggefallen[239].

Diese Zahlungen bewirken (vgl. oben Teil 1 A I 2) stets die Legalzession des Anspruchs gegen den Erzeuger. Der im Referentenentwurf zu § 1615 b in Abs. 2 ursprünglich vorgesehene Ausschluß der Leistungskondiktion gegen das Kind in den Fällen, in denen Legalzession eintritt[240] wurde wegen grundsätzlicher Bedenken nicht Gesetz[241]. Ein genereller Ausschluß des Kondiktionsrückgriffs gegenüber dem Kind wegen Spezialität des Zessionsregresses scheidet aus den bereits oben Teil 1 Vorbem. vor B I genannten Gründen aus: Hier wie dort gilt, daß allenfalls die *Voraussetzungen einer Kondiktion* durch die Legalzession betroffen werden können. Vgl. dazu[242] im einzelnen unten III.

Anders als beim Regreß gegen den Erzeuger[243] sind von der condictio indebiti nicht nur die Leistungen umfaßt, die der tatsächlichen Verpflichtung des Erzeugers entsprachen, sondern *auch Mehrleistungen,* die deswegen erfolgten, weil die unterstellte eigene Leistungspflicht höher war als die tatsächliche des Erzeugers. Die condictio indebiti bietet sich somit als Möglichkeit an, um die beim Vorgehen gegen den Erzeuger stets drohende „Regreßlücke" bei Auseinanderfallen von vermeint-

---

237 Bei Zuordnung zum Kind nach § 1593 oder § 1600 a Satz 1.

238 Wenn Zuordnung nicht erfolgt war.

239 Vgl. OLG Düsseldorf, NJW 1966, 355; *Gernhuber,* § 45 VIII 6.

240 Vgl. den Text bei *Jansen/Knöpfel,* S. 26.

241 Vgl. dazu *Jansen/Knöpfel,* S. 190 f.; *Stolterfoht,* FamRZ 1971, 344.

242 und zur (an Hand der Entreicherungsproblematik entwickelten) abw. Auffassung *Dieckmanns.*

243 Abgesehen von den Ansprüchen aus deliktischem Eheschutz.

lichem oder zunächst unterstelltem Anspruch gegen den Scheinvater und tatsächlichem gegen den Erzeuger zu schließen.

Die Kondiktion ist i. d. R. auch nicht durch *§ 814* ausgeschlossen: entweder erfolgte die Zahlung in irrtümlicher Annahme eigener oder — wenn Zuordnung zum Kind vorlag — wegen vom Gesetz zunächst unterstellter Verpflichtung[244]. Freiwillige, bewußte Leistung auf eine Nichtschuld als Voraussetzung für die Anwendbarkeit der Norm[245] ist somit nie gegeben. § 814 greift dagegen ein, wenn der Zahlende bewußt Leistungen erbrachte, die über seine vermeintliche oder unterstellte Unterhaltspflicht hinausgingen; darüber liegende Mehrleistungen sind folglich nie kondizierbar.

2. Bei Leistung auf fremde Schuld

Rechtsgrundlos können aber auch Leistungen erbracht sein, die ohne Bezug zu eigener Verpflichtung als Drittleistungen nach § 267 erfolgten[246]: causa für die Leistung war dann das Bestehen einer Verpflichtung des Erzeugers gegenüber dem Kind; soweit sie vorlag, ist die Zahlung mit Rechtsgrund erfolgt und nicht kondizierbar. Jede über die tatsächliche Verpflichtung des Erzeugers hinausgehende Zahlung, also jede Mehrleistung, verfehlte jedoch ihren Leistungszweck (Tilgung der Unterhaltsschuld) und ist der Kondiktion ausgesetzt[247].

Die Leistungskondiktion gegen das Kind bietet somit auch bei Drittleistungen eine Möglichkeit, die vom Regreß gegen den Erzeuger nicht gedeckten Mehrleistungen[248] (allerdings nur diese) zu liquidieren.

Ein Ausschluß der Kondiktion nach *§ 814* erfolgt entgegen dessen Wortlaut nicht etwa, weil der Scheinvater wußte, daß *er* dem Kind nichts schuldete: die Kondiktion wird nach § 814 gehindert wegen des Bewußtseins, daß die causa fehlte; causa für die Leistung durch Dritte ist je-

---

244 Entsprechendes gilt in den Fällen einstweiliger Unterhaltsregelung. *Stolterfoht*, FamRZ 1971, 350, will jedoch bei bewußt unrichtigem Anerkenntnis entspr. dem Rechtsgedanken des § 814 die Kondiktion ausschließen, da sonst widersprüchliches Verhalten vorliege.

245 Vgl. *Staudinger/Seufert*, § 814, 5.

246 Dabei spielt es keine Rolle, ob der Zahlende bewußt als Dritter (und damit in GoA für den Erzeuger) geleistet hat oder nachträglich die Tilgungsbestimmung der zunächst auf vermeintlich eigene Schuld erbrachten Leistung zugunsten des Erzeugers geändert hat, vgl. dazu Teil 1, B II, III.

247 Vgl. *Lorenz*, JuS 1968, 445; AcP 168, 298 f. Anders *Esser*, Schuldrecht 2, § 102 I 2 a, der annimmt, der Zahlende könne nur einen Kondiktionsanspruch des Schuldners gegen den Gläubiger kondizieren, den dieser durch die Zahlung des Dritten erhalten habe; das kann aber deswegen nicht zutreffen, weil es sich bei der Drittleistung um die Leistung eines *Dritten* — wenn auch auf fremde Schuld — handelt, die nie eine Kondiktion des (vermeintlichen) Schuldners zur Folge haben kann.

248 Vgl. Teil 1 B II 1 e, III 1.

doch hier nicht die Verpflichtung des Zahlenden, sondern die des eigentlichen Schuldners. Bei Drittleistungen kann daher § 814 die condictio indebiti nur dann hindern, wenn der Zahlende weiß, daß die zu tilgende Schuld nicht besteht. Ausgeschlossen ist demgemäß die Kondiktion in den Drittzahlungsfällen immer dann, wenn der Zahlende den Umfang des vom Erzeuger geschuldeten Unterhalts kannte und damit *wußte*, daß er Mehrleistungen erbrachte.

II. Rechtsausübungssperren

Anders als beim Rückgriff gegen den Erzeuger ist die Rechtsdurchsetzung gegen das Kind nicht gehindert vor Feststellung der Vaterschaft oder Anerkenntnis durch ihn: die Berufung auf Rechtsgrundlosigkeit der Leistung durch ihn: die Berufung auf Rechtsgrundlosigkeit der Leistung setzt nicht die Feststellung voraus, ein bestimmter anderer sei Erzeuger, sondern lediglich die, selbst nicht der Erzeuger zu sein. § 1600 a Satz 2 kommt niemals zur Anwendung[249]. Vorausgesetzt ist allerdings, daß der Zahlende sich auf das Fehlen eigener Verpflichtung berufen kann; dies kann er nicht, solange er dem Kind durch § 1593 oder § 1600 a Satz 1 noch zugeordnet ist und ihn daher noch der Rechtsschein der Vaterschaft trifft.

Die condictio indebiti bietet sich dem Scheinvater deshalb stets auch dann an, wenn ein Vorgehen gegen den Erzeuger ausscheidet, weil dieser entweder noch gar nicht bekannt ist oder weil die Sperrwirkung des § 1600 a Satz 2 eingreift.

III. Verjährung

Die Verjährungs*frist* beträgt entsprechend den oben (Teil 1 B II 3 f) angestellten Überlegungen 4 Jahre, da es sich um die Rückforderung periodisch erbrachter Leistungen handelt und somit § 197 zur Anwendung kommt.

Doch *beginnt* die Verjährung — anders als beim Rückgriff auf den Erzeuger — bereits dann, wenn ein Vorgehen gegen das Kind nicht mehr durch Zuordnung zu diesem gehindert ist (vgl. oben II sowie die in Teil 1 A III 3 angestellten grundsätzlichen Erwägungen zum Verjährungsbeginn), also entweder sofort (wenn eine Zuordnung nicht vorlag) oder nach Rechtskraft des Anfechtungsurteils. Gleichlauf der Verjährungsfristen mit dem Regreß gegen den Erzeuger ist somit nicht gewährleistet, doch korrespondiert der i. d. R. frühere Eintritt der Verjährung hier mit der Möglichkeit früherer Inanspruchnahme des Kindes (vgl. oben II).

---

[249] Anders ohne nähere Begründung offenbar *Stolterfoht*, FamRZ 1971, 349.

IV. Umfang des Anspruchs (1) — Entreicherung durch Legalzession?[250]

1. *Der Standpunkt der h. L.*

Von der ganz herrschenden Lehre wird allerdings ein Bereicherungsanspruch gegen das Kind bestritten, soweit der Unterhaltsanspruch auf den Scheinvater übergegangen ist: das Kind soll — jedenfalls in Höhe der zedierten Forderung — entreichert sein[251] (§ 818 III). Dieser Gedanke leuchtet zunächst ein: nach h. L.[252] sind im Rahmen des § 818 III alle Umstände als entreichernd in Anrechnung zu bringen, die in *ursächlichem Zusammenhang* stehen mit dem bereichernden Vorgang[253]; dies gilt auch dann, wenn — wie bei der hier vorliegenden Legalzession — der bereichernde Akt als solcher ohne weiteres zugleich benachteiligende Wirkung auf das Vermögen des Empfängers hat[254].

Nach neuerer Ansicht[255] sind dagegen nur solche Nachteile abzugsfähig, die darauf beruhen, daß der Schuldner auf die Beständigkeit des Erwerbs vertraut hat. Da die Legalzession fraglos nicht Folge eines Vertrauens des Empfängers auf die Rechtsbeständigkeit der Leistung ist, sondern unmittelbare Folge der Leistung selbst, könnte man meinen, nach dieser Lehre könne die Legalzession niemals als entreichernder Umstand berücksichtigt werden. Doch ist m. E. eine Einschränkung angebracht: Die „Vertrauensformel“ verfolgt lediglich den Zweck, die bei der Kausalitätsformel der h. L. nahezu unbegrenzt mögliche Berücksichtigung entreichernder Umstände einzugrenzen; es soll gewährleistet werden, daß sich nur solche Umstände als entreichernd auswirken, die eine gewisse (über bloße Kausalität hinausgehende) Konnexität zum Bereicherungsvorgang besitzen. Wenn jedoch bereichernder und entreichernder Vorgang *identisch* sind, ist diese Konnexität in hinreichender Form gegeben. Die Vertrauensformel ist daher nur

---

250 Die Begrenzung des Anspruchs auf die tatsächlich vorhandene Bereicherung ist kein Wesensmerkmal des Kondiktionsanspruchs, sondern nach neuerer Ansicht eine „ausnahmsweise Begünstigung des gutgläubigen Empfängers“, vgl. im Anschluß an *v. Caemmerer*, Festschrift Rabel Bd. 1, S. 368 insbesondere *Larenz*, Schuldrecht 1, § 70 II m. w. Nachw.

251 Vgl. *Gernhuber*, § 59 VIII 3; § 45 VIII 6; *Schlosser*, Gestaltungsklagen ..., S. 260; *Jansen/Knöpfel*, S. 191; *Brüggemann*, ZBlJugR 1967, 113; *Knöpfel*, FamRZ 1966, 278.

Die cessio legis wird offenbar übersehen von *Dölle*, § 88 V 2 a. Bei *Mehrleistungen* ist selbstverständlich eine Entreicherung durch Legalzession schon vom Ansatz her undenkbar.

252 Vgl. nur BGH LM Nr. 2, 6, 7 zu § 818 III; BGHZ 14, 7 (9) m. w. N.; *Palandt/Thomas*, § 818, 6.

253 Kritisch *Esser*, Schuldrecht 2, § 105 II 1 c, der fehlende Kausalität jedoch als *negatives* Abgrenzungskriterium zuläßt.

254 *Oertmann*, § 818, 3 a.

255 *Esser*, Schuldrecht 2, § 105 II 2; *Larenz*, Schuldrecht 2, § 70 II; *Staudinger/Seufert*, § 818, 35. Im Ergebnis ähnlich *Flume*, Festschr. Niedermeyer, S. 103 (154 ff.).

anwendbar für Umsände, die *nach* dem Bereicherungsvorgang eintraten[256], nicht aber dann, wenn Bereicherung und Entreicherung unmittelbar durch denselben Vorgang verursacht wurden.

2. *Praktische Schwierigkeiten bei der h. L.*

Bereits früh wurden jedoch die enormen Schwierigkeiten erkannt, zu denen der prima vista plausible Lösungsansatz der h. L. in der Praxis führen muß[257]:

Ausgangspunkt ist die Überlegung, daß für die Frage der Bereicherung des Kindes auf die *Gesamtvermögensposition* des Kindes abzustellen ist und daß mithin nicht der „Nennwert" der legalzedierten Forderung, sondern nur deren *tatsächlicher Wert* in Abzug gebracht werden könnte[258]: nur in Höhe des tatsächlichen Wertes der Forderung wird das Kindesvermögen geschmälert. Bereits die Feststellung des Nennwerts der Forderung ist aber praktisch unmöglich, solange das Kind nicht dem Erzeuger zugeordnet oder dieser gar nicht bekannt ist, da (anders als nach früherem Recht, vgl. § 1708 a. F.) zur Bestimmung des geschuldeten Betrages die Vermögenslage des Erzeugers bekannt sein muß (§ 1603)[259]. Zur Bestimmung des *tatsächlichen* Werts der Forderung müßte eine Art „Verkehrswert" festgestellt werden, wobei als Abzugsposten vom Nennwert alle Durchsetzungsrisiken, wie etwa die Auffindbarkeit und Feststellbarkeit[260] des wirklichen Erzeugers, dessen Zahlungsfähigkeit (die ja trotz § 1603 wegen des Regelunterhalts von Bedeutung sein kann), sowie das stets vorhandene Prozeßrisiko in irgendeiner Weise zu berücksichtigen wären, was selbst bei Verwendung des § 287 II ZPO kaum möglich ist[261]. Es kommt hinzu, daß nicht der Wert der Forderung zum Zeitpunkt der Kondiktion zu berücksichtigen ist, sondern der *z. Zeitpunkt der Zession*, also der Zah-

---

256 Man könnte hier auch die Ansicht vertreten, es handele sich gar nicht um eine *Ent*reicherung, sondern um die Frage der *Be*reicherung. Doch erscheint dies angesichts der auf verschiedene Vermögensobjekte bezogenen Vorgänge von Zahlung und Legalzession als fraglich; zudem wird auch für die Frage der Bereicherung zunehmend § 818 III, IV herangezogen, vgl. insbes. BGH FamRZ 1971, 247 (Schwarzflug-Fall); *Erman/Seiler*, § 818, 6 A.

257 Zuerst von *Jansen/Knöpfel*, S. 191: daran anschließend vgl. vor allem *Dieckmann*, JuS 1969, 103 f., 160 sowie *Stolterfoht*, FamRZ 1971, 345 f.

258 Dieser Gesichtspunkt wird von der h. L. übersehen: sie geht von Entreicherung in Höhe der Forderung, nicht deren Wert aus, vgl. *Soergel/Lade*, § 1615 b, 5.

259 Lediglich der Regelunterhalt bietet einen gewissen Anhaltspunkt als Mindestforderung.

260 Problematisch dabei ist, ob die inzidente Feststellung eines bestimmten Erzeugers nicht gegen § 1600 a Satz 2 verstößt; vgl. *Stolterfoht*, FamRZ 1971, 346.

261 *Stolterfoht*, S. 346.

lung durch den Scheinvater: mit der Legalzession ist der Entreicherungsvorgang abgeschlossen, jede Verbesserung oder Verschlechterung der Bonität *nach* diesem Zeitpunkt ist ein Vorgang, der sich *außerhalb* des Vermögens des Kindes abspielt und somit auf den Umfang der Entreicherung keinen Einfluß haben kann[262]. Folge wäre, daß neben dem Umfang auch die Bonität der legalzedierten Unterhaltsforderung jeweils zum Zeitpunkt des Übergangs, also für jede Zahlung des Scheinvaters getrennt (und an den jeweiligen Vermögensverhältnissen des Erzeugers gemessen) festgestellt werden müßte — ein Unterfangen, das praktisch unmöglich ist[263]. Fest steht jedenfalls, daß wegen des stets vorhandenen Prozeßrisikos selbst bei Klärung aller anderen Umstände niemals der volle Nennwert der legalzedierten Forderung als Entreicherung in Ansatz gebracht werden könnte; volle Entreicherung in Höhe der legalzedierten Forderung kann somit nie angenommen werden.

3. „Institutionelle Unverträglichkeit" von condictio indebiti und Legalzession?

a) Angesichts dieser nahezu unüberwindlichen Schwierigkeiten bei der Frage der Entreicherung wurde von *Dieckmann*[264] der Versuch unternommen, durch Vergleich mit ähnlich strukturierten anderen Regreßfällen eine „institutionelle Unverträglichkeit" von Legalzession und condictio indebiti nachzuweisen. Folge ist ein Ausschluß jeglicher Leistungskondiktion in allen Fällen des Forderungsübergangs zu Rückgriffszwecken — was im Ergebnis zur *Spezialität* des Zessionsregresses führt.

b) Zu begründen versucht *Dieckmann* dieses Ergebnis durch die Feststellung, die Legalzession komme als Rückgriffsmodell sonst nur zur Verwendung, wenn eine condictio indebiti ausgeschlossen ist[265]: entweder zahlte der Leistende auf *eigene* Verpflichtung oder es wurde (in den Fällen des Ablösungsrechts) auf *fremde* Schuld geleistet; lag die Leistungscausa vor, so ist die condictio indebiti ausgeschlossen, fehlte sie dagegen, so steht dem Leistenden zwar die Leistungskondiktion zu, doch tritt dann die Legalzession nicht ein[266]. Die Feststellung „Forde-

---

262 Anders offenbar *Stolterfoht*, S. 346, der davon ausgeht, daß die Entreicherung sich nach der Bonität zum Zeitpunkt der Kondiktion richte.

263 Vgl. zum ganzen Problem *Stolterfoht*, S. 346.

264 JuS 1969, 103 f., 160 im Anschluß an eine — allerdings nicht näher begründete — Äußerung *Schlossers* in Gestaltungsrechte ..., S. 260. Von Alternativität scheint auch *v. Caemmerer*, Festschr. Dölle, Bd. 1, S. 148 FN 39 auszugehen.

265 Vgl. die §§ 774, 1225, 1143, 268, 1150, 1249, 1607 II, 1615 b I 1.

266 z. B. wenn jemand auf eine nur vermeintliche Bürgenschuld bezahlt. In den Legalzessionsfällen bei nur *subsidiärer* Verpflichtung ist die cond.

rungsverlust kraft Gesetzes und Behaltendürfen der Leistung des Dritten gehen nun einmal zumeist Hand in Hand"[267] wird zum Anlaß genommen, ohne weiteres die Kondiktion in allen Legalzessionsfällen auszuschließen.

Richtig daran ist, daß in der Tat in aller Regel in den Fällen des Zessionsrückgriffs die condictio indebiti ausgeschlossen ist; doch geschieht dies, wie dargelegt, nicht als Folge der Legalzession (und damit aus Konkurrenzgründen), sondern aus rein bereicherungsrechtlichen Gesichtspunkten: in allen Fällen wäre eine Kondiktion auch ohne Eintritt der Legalzession nicht möglich gewesen. Die Zubilligung der Legalzession in einer Situation, in der gleichzeitig die condictio indebiti gegen den Empfängr besteht, mag systemwidrig oder gar ein legislatorischer Fehlgriff[268] sein; deren generellen Ausschluß vermag sie nicht zu rechtfertigen: die Zahlung eines Nichtverpflichteten ist nun einmal anders zu beurteilen als eine Zahlung auf bestehende Schuld; sämtliche Kriterien, die in den übrigen Fällen einen Ausschluß der Kondiktion bewirken, fehlen bei der Zahlung des Scheinvaters[269]. Jede pauschale Übernahme der Rechtsfolgen der einen Kategorie in die andere wäre eine petitio principii; atypische rechtliche Gestaltungen bewirken häufig vom Regelfall abweichende Rechtsfolgen und zwingen zu differenzierterer Betrachtungsweise. Die Annahme einer generellen „institutionellen Unverträglichkeit" begegnet daher erheblichen konstruktiven Bedenken.

4. *Sachliche Bedenken gegen einen Ausschluß der Kondiktion*

a) Neben praktischen (bei der Frage der Entreicherung durch Legalzession) und konstruktiven (bei „institutioneller Unverträglichkeit") Bedenken unterliegt der Ausschluß der Kondiktion gegen das Kind jedoch auch erheblichen sachlichen Zweifeln. Insbesondere *Stolterfoht*[270] hat darauf hingewiesen, daß die Legalzession nicht zu gänzlichem Verlust der condictio indebiti führen darf. Dies ergebe sich einmal aus der Stellungnahme der Gesetzesverfasser zu dieser Frage[271], zum anderen könne zwar eine Rückzahlungspflicht das Kind erheblich belasten, doch seien ähnliche Belastungen etwa dann denkbar, wenn ein vermeint-

---

ind. ausgeschlossen, weil die Verpflichtung aktuell wurde und somit cum causa geleistet wurde *oder* wenigstens nach § 814, 2. Alt., da ja Verwandtschaft jedenfalls vorliegt, vgl. *Stolterfoht*, S. 346.

[267] *Dieckmann*, S. 103 f., 160.

[268] So *Stolterfoht*, S. 347.

[269] Das sieht auch *Dieckmann*, S. 103 f., der infolgedessen das Ergebnis selbst in Frage stellt. Vgl. auch *Stolterfoht*, S. 345, der darauf hinweist, daß der sachliche Grund für den Ausschluß der Kondiktion in den übrigen familienrechtlichen Regreßfällen (§ 1607 II und bei Verwandten im Fall des § 1615 b I 1) in der nachrangigen Unterhaltspflicht des Zahlenden liegt, die beim Scheinvater gerade nicht gegeben ist.

[270] FamRZ 1971, 341 ff. (344 f.). Es handelt sich um die bisher umfangreichste Stellungnahme zu diesem Problem.

[271] die den vorgesehenen Ausschluß der Kondiktion gestrichen haben.

licher Verletzer dem Kind lange Jahre eine Unfallrente nach § 843 bezahle und dann zurückfordere (es handelt sich demnach nicht um ein spezifisch unterhaltsrechtliches Problem). Weiterhin sei angesichts der differenzierten Regelung des Regresses gegenüber dem Erzeuger (§ 1615 i III) ein genereller Ausschluß des Anspruchs gegen das Kind (der keine Differenzierung erlaube) nicht sachgerecht. Und schließlich erscheine ein Ausschluß jeden Anspruchs gegen das Kind dann nicht als sachgerecht, wenn dieses (wenn auch u. U. aus billigenswerten Gründen) auf die gerichtliche Feststellung seines Erzeugers verzichtet und damit dem Scheinvater den Regreß gegen diesen abschneidet[272].

Ob diese Gesichtspunkte einzeln oder in ihrer Gesamtheit die Kondiktion gegen das Kind zwingend erfordern, mag hier dahingestellt bleiben. Immerhin gibt es gerade in der familienrechtlichen Literatur erhebliche Stimmen, die jedem Konkumbenten prinzipiell jeden Regreß — auch gegen das Kind — versagen wollen[273]. In familienrechtlicher Sicht mag demnach ein Ausschluß der Kondiktion noch als durchaus vertretbar erscheinen.

b) Schlechthin paradox wäre dagegen die Abschneidung der condictio indebiti im einzig bekannten weiteren Fall, in dem Legalzession und Leistungskondiktion zusammentreffen können, bei *§ 67 VVG*.

Für diese Norm wird allgemein[274] anerkannt, daß bei einer Schadensversicherung der Anspruch gegen den Drittschädiger auch dann übergeht, wenn der Versicherer dem Versicherten gegenüber nicht zum Ersatz verpflichtet war. Es tritt dann Legalzession zugunsten des Versicherers ein, obwohl dieser eine rechtsgrundlose Leistung erbracht hat. Die dann entstandene Situation ähnelt der beim Scheinvaterrückgriff: Dem Zahlenden steht einerseits der legalzedierte Regreßanspruch zu, andererseits hat er die eigene Leistung sine causa erbracht. Die Situation entsteht hier wie dort durch das Zusammentreffen zweier „Korrektursysteme“: die condictio indebiti soll rechtsgrundlos erbrachte Leistung ausgleichen, während die Legalzession den Rückgriff beim „eigentlich“ Verpflichteten ermöglichen soll. Während jedoch hier die Überschneidung nur ausnahmsweise eintritt (weil idR ein Leistungsanspruch aus dem Versicherungsvertrag besteht), ist sie beim Scheinvaterregreß typisch.

Im Bereich des Versicherungsrechts wird nun einhellig[275] dem Versicherer die condictio indebiti gegen den Versicherungsnehmer zugestanden, sofern nicht § 814 entgegensteht[276]. Gerade bei zu Unrecht aus-

---

[272] Vgl. dazu und zu den (seltenen) Ausnahmen oben Teil 1.

[273] Man denke an die von *Bosch* (FamRZ 1967, 146 f.) empfohlene „Gefährdungshaftung der Konkumbenten“; vgl. auch *Jansen/Knöpfel*, S. 190 f.

[274] Vgl. statt aller *Prölss/Martin*, § 67 VVG, 4 mit ausf. Nachw. aus Rspr. und Lit.

[275] *Prölss/Martin*, § 67 VVG, 4; *Bruck/Möller/Sieg*, § 67 VVG, 55; BGH VersR 1961, 922; 1962, 22 ff. als Beispiele.

[276] Das wird bei Kulanzeintritt idR der Fall sein, vgl. *Raiser*, VersR 1967, 316. Die Kondiktion wird demnach beschränkt auf die Fälle irrtümlicher Leistung.

gezahlten Versicherungsleistungen zeigt sich die Notwendigkeit der Kondiktion: würde man Wegfall des Kondiktionsanspruchs durch Entreicherung oder wegen institutioneller Unverträglichkeit annehmen, dann wäre dem irrtümlich leistenden Versicherer insoweit jede Rückgriffsmöglichkeit gegen den Leistungsempfänger versagt[277], er wäre vielmehr allein auf die legalzedierten Ansprüche gegen den dritten Schädiger angewiesen, der für ihn schon deswegen ein höchst unsicherer Schuldner ist, weil er ihn nicht aussuchen kann und nicht kennt, während zu dem Versicherten als Vertragspartner immerhin eine gewisse Verbindung besteht. Zudem wird häufig der Drittschädiger nicht bekannt sein. Die Legalzession, die den Rückgriff erleichtern soll, hätte somit eine extreme und durch sie nicht bezweckte Verschlechterung der Situation des „Begünstigten" zur Folge — ein Ergebnis, das schlechthin nicht rechtens sein kann. Auch unter diesem Aspekt muß zumindest die Annahme „institutioneller Unverträglichkeit", aber auch einer Entreicherung durch die Legalzession als problematisch erscheinen.

5. *„Erwerbsverweigerungsrecht" des Legalzessionars?*

Stolterfoht[278] versucht deswegen die Lösung auf andere Weise: auch er geht aus den genannten Gründen davon aus, daß die Gewährung der condictio indebiti unumgänglich ist[279], andererseits sieht er bei Annahme genereller „Verträglichkeit" beider Ansprüche keine Möglichkeit, der Entreicherungsproblematik zu entgehen. Er schließt sich daher grundsätzlich der *Dieckmann*schen These institutioneller Unverträglichkeit an[280], will aber dem Zahlenden ein Recht geben, den Erwerb des legalzedierten Anspruchs auszuschlagen. Mit der Ausübung dieses Gestaltungsrechts soll dann die Legalzession entfallen[281] und der Kondiktionsanspruch zur Entstehung gelangen, da ja eine „institutionelle Unverträglichkeit" nun nicht mehr die Kondiktion hindern könne; „eine Bereicherungsklage vor Zurückweisung der cessio legis durch den Scheinvater wäre mangels Existenz einer condictio indebiti in diesem Augen-

---

277 und zwar nach der Lehre von der „institutionellen Unverträglichkeit" selbst dann, wenn der Leistungsempfänger bösgläubig war (§ 819!).

278 Im bereits zitierten Aufsatz FamRZ 1971, 341 ff.

279 S. 344 f.

280 Zur Begründung bringt er ein weiteres (und etwas absonderliches) Argument (S. 346 f.): auch aus der Lehre vom „Wahlrecht bei irrtümlicher Zahlung fremder Schulden" soll sich ergeben, daß bei Fremdzahlungen stets nur entweder beim Gläubiger oder beim Schuldner Regreß genommen werden könne. Doch erstens ist dort die Situation eine ganz andere und zweitens wurde oben Vorb. vor Teil 1 B I das Argument der Identität aller Regreßwege widerlegt.

281 Es soll damit eine „gesetzliche Rückzession" eintreten.

blick unbegründet"[282]. Im praktischen Ergebnis kommt *Stolterfoht* damit zu einer Alternativität beider Ansprüche, die Problematik der Entreicherung durch Legalzession entfällt dann in der Tat. Begründet wird das Erwerbsverweigerungsrecht aus einer Analogie zu § 333 BGB als Ausdruck eines allgemein im BGB durchgeführten Grundsatzes des Inhalts, daß niemand sich einen Rechtserwerb aufdrängen lassen muß, zumal dann, wenn er (auch) mit Nachteilen verbunden ist[283]. Dieser zunächst einleuchtende Gedanke begegnet jedoch erheblichen Bedenken in mehrfacher Hinsicht. Einmal ist es eben *kein* im BGB durchgängig zum Ausdruck kommender Grundsatz, daß man sich Vorteile nicht aufdrängen lassen muß, wie sich an der Drittilgungsmöglichkeit nach § 267 I zeigt[284]. Zudem fußt die gesamte Lösung auf der Annahme institutioneller Unverträglichkeit, die, wie dargelegt, unter konstruktiven Gesichtspunkten zumindest fragwürdig erscheinen muß (wenn auch die Einwände sachlicher Art wegen der alternativ möglichen Kondiktion nicht mehr entgegenstehen). Schließlich wird sich auch die Entbehrlichkeit eines Ablehnungsrechts herausstellen, weil sich die Entreicherungsproblematik auf andere Weise und ohne Benachteiligung des Zahlenden löst (vgl. unten 7).

Abgesehen von diesen Schwierigkeiten in der Begründung der Konstruktion enthält die Lösung noch andere Ungereimtheiten. So wird (ohne weitere Begründung) die Ansicht vertreten, die Ausübung des Weigerungsrechts (und damit das Entstehen des Kondiktionsanspruchs) sei abhängig von positiver Zuordnung des Erzeugers zum Kind, also wie auch die anderen Rückgriffsmodi gesperrt durch § 1600 a Satz 2, obwohl die Berufung auf die Rechtsgrundlosigkeit abhängen kann allenfalls von der Beseitigung positiver Zuordnung zum Scheinvater durch die Rechtsscheintatbestände der §§ 1593, 1600 a[285]. Die Begrenzung durch § 1600 a Satz 2 entbehrt somit jeglicher Grundlage; sie hätte zudem die Folge, daß die Lösung einen der Vorteile zunichte machte, die man sich von der Zubilligung der Kondiktion versprach, nämlich die Möglichkeit, wenigstens beim Kind Regreß zu nehmen, wenn es die Zuordnung verhindert, vgl. oben 4 a)[286].

Eine weitere Schwierigkeit der *Stolterfoht*schen Lösung liegt in folgendem: Es besteht die Gefahr, daß der Scheinvater die Legalzession „ablehnt" und

---

[282] S. 349.

[283] Vgl. dazu auch § 1942 I zur Erbschaftsausschlagung und § 516 II zur Schenkung.

[284] Das sieht auch *Stolterfoht*, S. 348, doch meint er dem Einwand unter Hinweis auf die — einer Legalzession ähnliche — Rückgriffskondiktion begegnen zu können: es soll sich faktisch nur der Gläubiger ändern. Dies ist jedoch schon deswegen fraglich, weil gar nicht in allen Fällen der Drittleistung eine Rückgriffskondiktion vorliegt.

[285] Vgl. oben II.

[286] Vielleicht wird dadurch auch — uneingestanden — der Zweck verfolgt, daß der Scheinvater, wenn er erst nach Feststellung des Erzeugers gegen das Kind vorgehen kann, vor einer Inanspruchnahme des Kindes die Solvenz des Erzeugers prüft und dann — jedenfalls im Ergebnis — nur *subsidiär* gegen das Kind vorgeht.

somit ausschließlich auf den Kondiktionsanspruch angewiesen ist, dieser aber aus anderen Gründen ausgeschlossen oder eingeschränkt ist, z. B. durch Wegfall der Bereicherung aus anderen Gründen[287]; der Scheinvater könnte dann im Kondiktionsprozeß ganz oder teilweise ausfallen, ohne auf die legalzedierte Forderung zurückgreifen zu können[288]. Nun wäre zwar eine teilweise Erwerbsverweigerung denkbar, doch müßte dann der Scheinvater, um sein Ausfallrisiko zu verringern, bereits bei der Erwerbsverweigerung den realen Wert der Kondiktionsforderung feststellen und nur in diesem Umfang den Erwerb der legalzedierten Forderung ausschlagen, um in Höhe des verbleibenden Rests Befriedigung aus der legalzedierten Forderung zu suchen, die ihm ja insoweit verbliebe. Hierbei würden aber ähnliche Bewertungsschwierigkeiten entstehen wie bei der Frage der Entreicherung durch Legalzession (nur umgekehrt, da nicht die legalzedierte, sondern die Kondiktionsforderung bewertet werden müßte).

Um das zu verhindern, will *Stolterfoht*[289] nicht nur den Umfang der *Kondiktion* durch die Bereicherung beschränkt wissen, sondern auch den Umfang des *Erwerbsverweigerungsrechts:* das Recht soll nur im Umfang der Kondiktionsforderung ausgeübt werden können. Eine Begründung für diese Begrenzung erfolgt nicht; sie wird auch schwerlich beizubringen sein: So ist das Zurückweisungsrecht des Begünstigten nach § 333 nicht etwa begrenzt dadurch, daß durch die Verweigerung ein gleichwertiges Äquivalent im Vermögen des Verweigernden entsteht; ebensowenig zwingt die aus dem Gedanken institutioneller Unverträglichkeit beider Ansprüche folgende Abhängigkeit des Kondiktionsanspruchs von der Verweigerung *umgekehrt* zur Begrenzung des Verweigerungsrechts durch den Umfang des Kondiktionsanspruchs: die faktische Alternativität beider Ansprüche ist nur „einseitig", nicht „gegenseitig". Zudem verlagert diese Begrenzung nur das Problem, wenn zunächst die Verweigerung erfolgte, dann aber (vor Durchsetzung des Kondiktionsanspruchs) der wirkliche Erzeuger in Anspruch genommen wird (was etwa denkbar ist, wenn unerwartet ein zahlungsfähiger Erzeuger festgestellt oder ein zunächst zahlungsunfähiger Erzeuger plötzlich vermögend wird): Im Verfahren gegen den Erzeuger muß die eben scheinbar umgangene Frage der Entreicherung des Kindes aufgerollt werden, um festzustellen, in welchem Umfang die legalzedierte Forderung beim Scheinvater verblieben ist! Es ist auch nicht einzusehen, warum in diesem Fall nicht der Erzeuger auf den vollen Betrag in Anspruch genommen werden können und voller Regreß nur auf dem Umweg über das Kindesvermögen[290] erfolgen soll.

Insgesamt ist somit festzustellen, daß die Lösung über ein Erwerbsverweigerungsrecht zwar einige Probleme beseitigt, dafür aber auch neue aufwirft und daher die erstrebte Praktikabilität nicht in vollem Umfang gewährleistet ist. Zudem erscheint sie nicht nur wegen der konstruktiv fragwürdigen Prämisse institutioneller Unverträglichkeit

---

[287] Vgl. dazu unten IV.

[288] Diese wäre nur Vollstreckungsobjekt bei der Durchsetzung eines *bestehenden* Bereicherungsanspruchs gegen das Kind; doch führt die Entreicherung ja gerade zum Wegfall des Kondiktionsanspruchs, so daß an eine Vollstreckung gar nicht mehr zu denken ist.

[289] S. 350.

[290] Das Kind könnte dann seinerseits aus dem an ihn zurückgefallenen Unterhaltsanspruch gegen den Erzeuger vorgehen.

als recht gekünstelt. All dies zwingt zu erneutem Durchdenken der Problematik.

6. *Die Rspr. des BGH zu § 67 VVG als Ansatz zu einer Lösung*

Der BGH[291] hat zu der bereits dargestellten identischen Situation bei irrtümlicher Zahlung von Versicherungsleistungen[292] stets anders entschieden: Ohne alle Bedenken geht er von der Existenz der condictio indebiti in voller Höhe aus; von einer Entreicherung durch die Legalzession ist nicht einmal am Rande die Rede. Um eine Doppelbefriedigung des Versicherers zu verhindern, wird jedoch festgestellt, mit der (erfolgreichen) Rückforderung des Betrages, also mit dessen Zahlung, sei die Voraussetzung des § 67 VVG, die Schadensersatzleistung nämlich, nachträglich wieder entfallen; mit der Rückzahlung stehe der legalzedierte Anspruch nicht mehr dem Versicherer, sondern dem Versicherungsnehmer zu.

Auch der BGH setzt damit an sich voraus, daß dann, wenn Zessionsregreß vorliegt, im Normalfall das Geleistete beim Empfänger verbleibt; doch schließt er daraus nicht auf generellen Ausschluß der Leistungskondiktion (wie *Dieckmann*) durch „institutionelle Unverträglichkeit", sondern stellt dem Versicherer den Weg zur Korrektur der zu Unrecht erfolgten Zahlung frei, gesteht ihm also ein Wahlrecht zu, wie dies auch *Stolterfoht* in ähnlicher Weise gewähren will.

Worauf dieser Rückfall der legalzedierten Forderung bei Erfüllung der Kondiktionsforderung beruhen soll, bleibt in den Entscheidungen ungeklärt. Offenbar ist an eine *Legal-Rückzession* mit Zahlung des Betrages gedacht, deren Ursprung nicht näher erläutert wird[293]. Teilweise wird versucht, den Rückfall mit dem Hinweis zu erklären, der Forderungsübergang sei *auflösend bedingt* durch die Durchsetzung des Bereicherungsanspruchs[294]; die Annahme auflösender Bedingtheit der Legalzession ohne jeden Anhaltspunkt dafür im Gesetz erscheint jedoch als willkürlich.

Ohne daß hier bereits näher auf die dogmatische Begründung einer Legal-Rückzession eingegangen zu werden braucht, ist eines festzustellen: Wenn mit der Zahlung des Kondiktionsanspruchs eine Rückzession eintritt, löst sich das Problem der Entreicherung durch Legalzession auf

---

291 VersR 1961, 992 f.; 1962, 22 ff.; ebenso *Prölss/Martin*, § 67 VVG, 4; *Bruck/Möller/Sieg*, § 67 VVG, 55.

292 Eine entspr. Entscheidung zu den Scheinvater-Fällen steht noch aus.

293 Unrichtig *Prölss/Martin*, § 67 VVG, 4, der davon ausgeht, der Übergang nach § 67 VVG finde nicht statt, wenn der Versicherer erfolgreich kondiziert habe: die Legalzession tritt bereits mit der (rechtsgrundlosen) Leistung ein und kann niemals von der *danach* erfolgenden Kondiktion abhängig sein!

294 *Bruck/Möller/Sieg*, § 67 VVG, 55.

einfache Weise: als entreichernd sind im Rahmen des § 818 III nur Vermögensverluste zu berücksichtigen, die *endgültig* sind; nur vorübergehende Einbußen werden nicht als entreichernd angesehen[295]. Das bedeutet: die Legalzession als solche wird — jedenfalls für den Fall der Inanspruchnahme des Leistungsempfängers — nicht als entreichernder Umstand berücksichtigt, wenn mit der Rückzahlung die legalzedierte Forderung an den Kondiktionsschuldner zurückfällt, da dann die Entreicherung nicht endgültig war: die Forderung ist dann — für die Frage der Bereicherung — als im Vermögen des Empfängers verblieben anzusehen[296].

Mit dieser Feststellung ist auch der weitere Gedankengang skizziert: Es handelt sich hier um zwei Ansprüche desselben Gläubigers (des Scheinvaters bzw. des Versicherers) gegen verschiedene Schuldner (Versicherten bzw. Kind und Schädiger bzw. Erzeuger); die Frage, welche Auswirkung die Tilgung des einen Anspruchs auf den anderen hat (dessen Tilgung, Legalzession, Anspruch auf Abtretung oder überhaupt keine Auswirkung) läßt sich nur durch die Bestimmung des Verhältnisses beider Ansprüche zueinander, also durch Untersuchung der *Form der Schuldnermehrheit* klären. Die Beantwortung der Frage ob ein Rückerwerb der legalzedierten Forderung eintreten kann und damit auch, ob die Legalzession als entreichernder Umstand anzusehen ist, hängt mithin — das wurde m. W. bisher noch nicht gesehen — von der Klärung des Verhältnisses beider Ansprüche zueinander, von der Form der Schuldnermehrheit ab[297].

7. *Das Verhältnis beider Ansprüche zueinander*

a) Die Frage der Rückzession bei Gesamtschuld

Wenn legalzedierter und Kondiktionsanspruch im Gesamtschuldverhältnis stehen, hätte die Tilgung der Bereicherungsforderung die Rückzession des Unterhaltsanspruchs auf das Kind zur Folge, § 426 II: die interne Belastung allein des Erzeugers wegen dessen familienrechtlicher Stellung als allein Unterhaltspflichtiger stellt eine „andere Bestimmung" i. S. des § 426 I 2 dar und führt dann zu vollem Übergang

---

[295] Vgl. nur *Soergel/Mühl*, § 818, 34; RGZ 170, 65 (67 f.). Ähnlich *Dieckmann*, JuS 1969, 106 f., der allerdings nicht von einer Legal-Rückzession ausgeht, doch in Erwägung zieht, ob nicht der Scheinvater die Bereicherung des Kindes wiederherstellen kann durch (Anbieten der) Rückabtretung des legalzedierten Anspruchs; vgl. auch *Gernhuber*, § 45 VIII 6.

[296] Zur dann wichtigen Frage, wer das Risiko der Verschlechterung der Forderung in der Zwischenzeit zu tragen hat, vgl. unten IV 1.

[297] Es liegt damit die etwas eigenartige Konstellation vor, daß das Verhältnis zweier Ansprüche zueinander zugleich bestimmend ist für den Umfang des einen von beiden.

der legalzedierten Forderung auf das Kind, womit eine Entreicherung des Kindes durch die ursprüngliche Legalzession ausgeschlossen ist. Im Folgenden wird daher zu klären sein, ob Gesamtschuld vorliegt oder nicht.

Über die Voraussetzungen der Gesamtschuld herrscht heute weitgehend Uneinigkeit[298, 299].

Es ist allerdings nicht beabsichtigt und würde den Rahmen dieser Arbeit sprengen, nunmehr eingehende Untersuchungen über Voraussetzungen und Wesen der Gesamtschuld anzustellen; dazu ist das Gebiet zu komplex und die dogmatische Problematik zu umfassend — es bedürfte dazu einer eigenen Untersuchung. Doch erfordert die richtige Beurteilung der hier in Frage stehenden Situation, kurz auf den gegenwärtigen Meinungsstand einzugehen. Dabei soll versucht werden, anhand der vorliegenden Fallkonstellation das eine oder andere Argument für die Entscheidung zwischen den verschiedenen Theorien zu finden.

b) Schuldnermehrheit

Unbestrittene und erste Voraussetzung für das Vorliegen einer Gesamtschuld ist, daß die konkurrierenden Ansprüche einen echten Fall der Schuldnermehrheit darstellen, also irgendwie verknüpft sind; völlig isolierte Ansprüche desselben Gläubigers gegen mehrere Schuldner können niemals unter dem Gesichtspunkt der Schuldnermehrheit betrachtet werden. Die Verknüpfung zweier Ansprüche zur Schuldnermehrheit liegt dann vor, wenn die Ansprüche *dasselbe Leistungsinteresse* des Gläubigers zu befriedigen bestimmt sind, wenn also beide Ansprüche *nicht kumulativ* befriedigt werden sollen[300]. Dies ist bei den hier avisierten Ansprüchen der Fall: der Kondiktionsanspruch bezweckt die Rückerstattung zu Unrecht bezahlter Unterhaltskosten[301]. Denselben Zweck hat auch der legalzedierte Anspruch: mit der Legalzession hat der Unterhaltsanspruch seine Zweckbestimmung verloren und sich zum Ersatzanspruch wegen zu Unrecht geleisteter Unterhaltszahlungen gewandelt[302]. Schuldmehrheit ist daher hins. der Ansprüche des Scheinvaters gegen Erzeuger und Kind anzunehmen[303].

298, 299 Vgl. aus der neueren Literatur nur die Abhandlungen von *Selb* (Schadensbegriff ...), *Hillenkamp* (Zur Lehre von der unechten Gesamtschuld), *Börnsen* (Strukturen der Gesamtschuld), *Thiele* (JuS 1968, 149), *Raisch* (JZ 1965, 703), *Dilcher* (JZ 1967, 110), um nur einige zu nennen.

300 Vgl. nur *Larenz*, Schuldrecht 1, § 37 I; *Börnsen*, S. 72 ff.; *Hillenkamp*, S. 46 ff.; *Dilcher*, JZ 1967, 110, 113; *Thiele*, JuS 1968, 151.

301 bzw. im Fall des § 67 VVG zu Unrecht erbrachter Versicherungsleistung.

302 Vgl. dazu bereits oben Teil 1 A III 2.

303 Das gilt selbstverständlich nicht, soweit der Kondiktionsanspruch Leistungen umfaßt, die über diejenigen hinausgingen, die zur Legalzession führten, also für *Mehrleistungen*.

Identität des Leistungsinteresses fehlt ebenso bei *Teilschulden*, die sich

c) Weitere Voraussetzungen der Gesamtschuld

Stark umstritten sind dagegen sämtliche weiteren Voraussetzungen der Gesamtschuld, wenn man einmal von der (hier unproblematischen) Forderung nach *inhaltlicher Identität* der Leistungsinhalte[304] absieht. Fest steht allein, daß aus der Formulierung des § 421 Satz 1 keine sicheren Kriterien zur Abgrenzung des Gesamtschuldbegriffes gewonnen werden können; dessen Wortbedeutung ist zu weit geraten[305]. Zwar mag man mit einem Teil der Literatur[306] in § 421 eine Begriffsbestimmung der Gesamtschuld sehen, doch ist auch dann angesichts des weiten Gesetzeswortlauts der Zwang zu näherer Präzisierung unabweisbar.

aa) Es hat demzufolge nicht an Versuchen von Rechtsprechung und Lehre gefehlt, die wesentlichen Strukturmerkmale der Gesamtschuld als *positive Kriterien* herauszuarbeiten, zunächst über die Forderung nach *Gemeinschaftlichkeit des Schuldgrundes*[307]. Diese Ansicht wurde jedoch schon früh überwunden mit dem Hinweis auf das Fehlen jeglicher Anhaltspunkte für eine derartige Einschränkung in den §§ 421 ff[308] und

---

zwar auch auf dasselbe Leistungsinteresse richten, aber *kumulativ*. An Teilschuld könnte man zunächst denken, wenn man der h. L. folgte und Entreicherung durch Legalzession annimmt. da ia die Entreicherung des Kindes von dem vom Scheinvater zu erlangenden Betrag abhängig sein soll: die restliche Bereicherung und der vom Scheinvater zu erlangende Betrag ergänzen sich dann zur Höhe der Gesamtforderung. Doch wäre Teilschuld nur denkbar, wenn der *Anspruch* gegen den Erzeuger Korrelat zur Höhe der Entreicherung wäre und nur in Höhe des tatsächlich zu erlangenden Betrages bestünde; eine Überschneidung wäre dann nicht denkbar. Der Anspruch gegen den Erzeuger besteht aber ohne Rücksicht auf die Durchsetzbarkeit stets in vollem Umfang und überschneidet sich damit notwendigerweise mit der Kondiktion mindestens in einem Teilbereich — die Entreicherung richtet sich allein nach der *Bonität* der Forderung, nicht nach ihrem *Umfang;* auch wenn man der h. L. folgte und volle Entreicherung in Höhe des zu erlangenden Betrages voraussetze, ergänzen sich mithin nicht beide Forderungen als Teilschulden zum Gesamtinteresse, sondern Schuldnermehrheit liegt auch dann vor, wenn auch nur in einem Teilbereich, nämlich der Differenz zwischen Anspruchsumfang und zu erlangendem Betrag; die Frage nach der Form der Schuldnermehrheit bedarf mithin auch dann der Klärung, wenn man der h. L. folgt.

304 Die ursprünglich strengen Anforderungen wurden in BGHZ 43, 227 vorsichtig gelockert. Weitergehend bereits BGHZ 51, 227.

305 Vgl. *Börnsen*, S. 35 f.; *Thiele*, JuS 1968, 151.

306 *Heck*, § 76, 3; *Leonhard*, Bd. 1, § 366; *Korintenberg*, S. 16. Im Anschluß daran vgl. *Erman/Westermann*, § 421, 1, 2; *Soergel/Schmidt*, § 421, 3. Ähnlich *Larenz*, Schuldrecht 1, § 37 I; *Frotz*, JZ 1964, 669; *Selb*, S. 14 (§§ 421 - 425). Abw. *Esser*, Schuldrecht 1, § 58 I; *Hillenkamp*, S. 116 ff., die in den §§ 421 ff. nur die *Ausgestaltung* der Gesamtschuld, nicht aber irgendwelche Entstehungstatbestände sehen.

307 *Eisele*, AcP 77, 458 ff.; RGZ 61, 61; 67, 131; aufgegeben aber seit RGZ 70, 405.

308 *Heck*, § 79, 3.

auf die Existenz gesetzlich normierter Fälle der Gesamtschuld ohne einheitlichen Schuldgrund[309].

Ergebnis eines weiteren Präzisierungsversuchs war die Lehre von der *Erfüllungsgemeinschaft*[310], die sich jedoch ebenfalls nicht durchzusetzen vermochte[311]. Auch das Abstellen auf Vorliegen oder Fehlen eines *inneren Zusammenhangs*[312] oder einer *Zweckgemeinschaft*[313] zwischen den Verbindlichkeiten brachte keine sicheren Abgrenzungskriterien: die einzelnen Gesichtspunkte mögen zwar Wesensmerkmale gesamtschuldnerischer Verknüpfung mehrerer Forderungen sein; scharf konturierte Abgrenzung im konkreten Fall konnten sie aber niemals bringen. Angesichts der Konturlosigkeit[314] der Begriffe blieb die Entscheidung, ob Gesamtschuld vorlag oder nicht, letztlich freier Wertung überlassen.

bb) Von der neueren Lehre[315] wird dagegen als Grundelement der Gesamtschuld die *Mittilgung* der anderen Forderung angesehen (wechselseitige Tilgungswirkung). Diese wiederum soll nur eintreten, wenn die mehreren Forderungen gleichrangig, gleichwertig oder *gleichstufig* sind im Verhältnis zum Gläubiger[316]. Sicher liegt in der Erkenntnis dieses Strukturunterschiedes ein wesentlicher Fortschritt gegenüber den früheren Formeln[317], doch bringt sie ebenfalls keine praktikablen Maß-

---

309 z. B. bei §§ 769 BGB, 59 VVG. Mit dieser Begründung wurde die Lehre bereits abgelehnt von *Heck*, § 76, 3; *Leonhard*, Bd. 1, § 366; *Planck/Siber*, § 421, 1 b; RG JW 1912, 746; Rud. *Schmidt*, JherJb 72, 50. Reste finden sich aber noch in BGH NJW 1962, 1499. Vgl. zum ganzen Problem noch *Hillenkamp*, S. 6 ff. mit ausf. Nachweisen.

310 Begründet von *Leonhard*, § 366; *Schulz*, S. 28 ff.; vgl. dazu *Frotz*, JZ 1964, 667 ff.; *Börnsen*, S. 77 ff.

311 Vgl. *Thiele*, JuS 1968, 149.

312 RGZ 79, 288; Recht 1913 Nr. 1437; WarnR 1913, Nr. 318; RGZ 149, 365; BGHZ 6, 3 (19); zuletzt BGH VersR 1970, 1108 (09).

313 So die heute wohl h. L. und Rspr., vgl. BGHZ 6, 25; 13, 365; 43, 227; *Enneccerus/Lehmann*, § 90; vgl. dazu insgesamt *Thiele*, JuS 1968, 149; *Hillenkamp*, S. 15 ff., 27 ff.; *Börnsen*, S. 67 ff. mit ausführlichen Nachweisen aus Rspr. und Lit., insbesondere zu den verschiedenen Modifikationen der Lehre. Der BGH hält an diesem Kriterium nach wie vor fest, vgl. BGHZ 52, 39 ff. (wenn auch zweifelnd) sowie BGH JZ 1973, 215. Zurückhaltend dagegen *Medicus*, BürgR, § 33 II 1 a und *Reeb*, JuS 1970, 218.

314 *Thiele*, JuS 1968, 150; *Dilcher*, JZ 1967, 110 ff.; JZ 1973, 199 ff.

315 *Larenz*, Schuldrecht 1, § 37 I; *Esser*, Schuldrecht 1, § 58 I; *Fikentscher*, § 62 II; *Thiele*, JuS 1968, 149 f. im Anschluß an *Selb*, S. 17 f., 51; *Frotz*, JZ 1964, 667 f.; *Dilcher*, JZ 1967, 112; *Raisch*, JZ 1965, 703; *Medicus*, BürgR, § 33 II 1 b.

316 *Börnsen*, S. 67 ff. spricht — sachlich identisch — von „Gleichpflichtigkeit".

317 Vgl. *Dilcher*, JZ 1967, 112; *Thiele*, JuS 1968, 150 und insbesondere die umfassende Untersuchung von *Börnsen*, S. 67 ff., der dieses Grundelement aus dem Vergleich der gesetzlich geregelten Gesamtschuldfälle extrahiert.

stäbe für eine Abgrenzung außerhalb gesetzlich geregelter Fälle der Schuldnermehrheit: ein Versuch, den Begriff zu präzisieren, stößt notwendig auf dieselben Schwierigkeiten wie die bisherigen Lehren. Die Entscheidung, ob Gleichstufigkeit und damit Gesamtschuld vorliegt oder nicht, obliegt letztlich hier wie dort freier (und damit unkontrollierbarer) Wertung[318]; gerade für die hier angesprochene Problematik vermag somit keine der bisherigen Lehren sichere Lösungskriterien zu bieten.

cc) Die damit offenbar jeder Definition der Gesamtschuld immanente Konturlosigkeit versucht nun eine vordringende Lehre[319] zu überwinden durch Beschränken der Gleichstufigkeit (und damit der Gesamtschuld) auf Fälle vertraglicher Vereinbarung (§ 427) oder gesetzlicher Anordnung der Gesamtschuld (z. B. nach § 840 BGB), wobei die — enge — gesetzliche Regelung durch großzügige Analogie[320] oder Typenbildung aus den gesetzlich geregelten Fällen[321] erweitert wird. Gleichstufigkeit soll demnach nur bei Forderungsmehrheiten vorliegen, deren Konstellation gewissen gesetzlich anerkannten Tatbeständen der Gesamtschuld ähnelt; im übrigen ist eine vorbehaltlose Analogie zu den Gesamtschuldregeln ausgeschlossen[322]. Dadurch würde in der Tat eine im Vergleich zu den bisher geschilderten Ansichten beträchtliche Präzisierung des Gesamtschuldbegriffs erreicht; doch wird sie und die damit eintretende Praktikabilität des Begriffs erkauft durch Dezimierung der Anwendbarkeit des sehr differenziert ausgestalteten Instituts der Gesamtschuld[323].

Eine derartig starre und den Anwendungsbereich stark einschränkende Gesamtschulddefinition erfordert nun unabweislich und in wesentlich stärkerem Umfang als die unpräzise (und damit „dehnungs-

---

318 Vgl. *Raisch*, JZ 1965, 703 (05); *Dilcher*, JZ 1967, 112; *Hillenkamp*, S. 63 ff., 73 ff., 88 ff.; *Thiele*, JuS 1968, 150; *Reeb*, JuS 1970, 218. Die Schwierigkeiten beruhen darauf, daß sich auch bei Gesamtschuld (allerdings nur interne) Verschiedenstufigkeit ergeben kann, wie § 426 zeigt, und damit in der Entscheidung, ob die Verschiedenstufigkeit lediglich intern (dann Gesamtschuld) oder auch extern (dann keine Gesamtschuld) wirkt, vgl. *Börnsen*, S. 17 ff. m. w. Nachw. Auch das von *Dilcher*, JZ 1967, 112 (ebenso JZ 1973, 199 ff.) angebotene Kriterium gemeinsamer Verursachung kann — vgl. *Thiele*, S. 150 — lediglich ein begrenzt brauchbares Kriterium sein. *Larenz*, Schuldrecht 1, § 37 I versucht Präzisierung in einer Art Typenbildung.

319 *Esser*, Schuldrecht 1, § 58 I; *Frotz*, JZ 1964, 665 ff.; *Hillenkamp*, S. 39 ff., 79 ff.; *Selb*, S. 51.

320 *Esser*, Schuldrecht 1, § 59 IV 1; *Frotz*, JZ 1964, 665 ff.

321 *Hillenkamp*, S. 116 ff., 126 ff.

322 So *Esser*, Schuldrecht 1, § 59 IV 1.

323 Mangels eines gesetzlich geregelten Vergleichsfalls wäre die Annahme eines Gesamtschuldverhältnisses zwischen den Ansprüchen des Scheinvaters z. B. von vornherein ausgeschlossen.

fähige")[324] Definition der bisherigen Lehren die Beantwortung der Frage nach der Behandlung von Schuldnermehrheiten, die nicht gesamtschuldnerisch verknüpft sind. Ausgehend von der Prämisse, daß Kumulation bei allen Formen der Schuldnermehrheit nicht eintreten darf[325], daß aber die wechselseitige Tilgungswirkung des § 422 nur bei „echter"[326] Gesamtschuld eintritt und daß weiter der Regreßmechanismus des § 426 nur bei Gesamtschuld eingreift, andererseits aber regreßlose Formen der Schuldnermehrheit nicht denkbar sein können[327], trat die Frage nach dem Schicksal der einen Forderung nach Tilgung der anderen und die (damit zusammenhängende) Frage nach einem geeigneten Regreßmechanismus in diesen Fällen immer mehr in den Vordergrund; besonders die Frage des Regreßmechanismus in den übrigen Fällen wurde zunehmend zum Prüfstein aller Gesamtschuldtheorien. So kann es nicht verwundern, daß gerade jene Autoren, die einen engen Gesamtschuldbegriff vertraten, der Behandlung der Fälle, die sie nicht zur Gesamtschuld rechneten, einen immer weiteren Raum gaben[328].

dd) Sicher ist zunächst, daß die Regreßproblematik außerhalb der Gesamtschuld nicht durch (auch analoge) Anwendung des *§ 426* gelöst werden kann: die Anwendbarkeit der Vorschriften der §§ 421 ff. ist begrenzt auf Fälle der Gesamtschuld, eine Ausdehnung auf weitere Formen der Schuldnermehrheit kommt nicht in Betracht[329].

Selb[330] versucht nun, alle übrigen Fälle der Schuldnermehrheit über den Gedanken der *Vorteilsausgleichung* zu lösen: bei Verschiedenstufigkeit der Forderungen nach außen soll die Tilgung der einen

---

324 Vgl. nur BGHZ 52, 39 ff., wo in sehr weitherziger Anwendung der bisher entwickelten Grundsätze für die Ansprüche des Eigentümers gegen den Dieb (§ 823) und dessen Abnehmer (§ 816) gesamtschuldnerische Verknüpfung angenommen wurde. Sehr weitgehend auch BGH JZ 1973, 215.

325 Vgl. oben b).

326 Die Terminologie zu den Begriffen „echte", „unechte" und „scheinbare" Gesamtschuld ist uneinheitlich und zudem ohne praktische Relevanz, vgl. dazu *Hillenkamp*, S. 51 ff., 61 ff.; *Fikentscher*, § 62 III; *Larenz*, Schuldrecht 1, § 37 I; *Esser*, Schuldrecht 1, § 58 II. Im folgenden wird daher lediglich unterschieden zwischen Schuldnermehrheiten, die Gesamtschulden sind und solchen, die es nicht sind.

327 Weil sonst stets der (zufällig) zuerst Leistende letztlich Belasteter bliebe.

328 Vgl. nur die Ausführungen von *Selb* (die sich ausschließlich auf diese Frage konzentrieren) sowie von *Frotz*, JZ 1964, 665 ff.; *Esser*, Schuldrecht 1, § 59 IV. Vgl. zum Zusammenhang zwischen Gesamtschuld und Regreßfrage aber auch *Palandt/Heinrichs*, § 421, 2 sowie *Larenz*, Schuldrecht 1, § 37 I.

329 So die alg. Meinung in Rspr. und Lit., vgl. nur RGZ 77, 323; 82, 430; 92, 408; 149, 365; 159, 89; BGHZ 13, 360 (365); 19, 114 (123); MDR 1959, 636; *Erman/Westermann*, § 421, 2; *Palandt/Heinrichs*, § 421, 1 c; *Enneccerus/Lehmann*, § 90 II 3; *Staudinger/Werner*, vor § 420, I 4; *Medicus*, BürgR, § 33 II 1 d.

330 S. 17 ff.; dagegen *Thiele*, AcP 167, 214 ff.; *Staudinger/Werner*, Vorbem. §§ 249 - 255, 108 f.

Forderung grundsätzlich keine Tilgungswirkung hinsichtlich der anderen haben, da diese Tilgungswirkung Spezifikum der Gesamtschuld sei; doch soll sich der Gläubiger die Zahlung des dem Schaden Näherstehenden als Vorteil auf den Anspruch gegen den Fernerstehenden anrechnen lassen, während die Zahlung des Fernerstehenden den Anspruch gegen den anderen unberührt läßt; Folge ist eine „einseitige Tilgungsgemeinschaft", bei der befreiend für den anderen nur die Zahlung des letztlich Verpflichteten wirkt. Leistet dagegen der Zweitverpflichtete, so soll er gegen den Gläubiger analog § 255 einen Anspruch auf Abtretung des dann weiterhin bestehenden Anspruchs gegen den anderen haben[331].

Die Frage, welcher Schuldner dem Schaden näher oder ferner steht und mithin letztlich wer ihn endgültig zu tragen hat, soll sich aus der „stufenden Wertung" der beiden Ansprüche beantworten, die sich wiederum aus der ex definitione das Verhältnis beider Ansprüche bestimmenden Verschiedenstufigkeit der Ansprüche ergibt[332].

Zu stufender Wertung der Ansprüche und damit zu einseitiger Tilgungsgemeinschaft kommen auch alle Anhänger der Lehre vom sog. *„normativen Schadensbegriff"*[333]: nur die Leistung des „Näherstehenden" beseitigt den Schaden beim Verletzten.

Eine abweichende Ansicht vertritt insbesondere *Esser*[334]: danach soll mit der Zahlung auch des Fernerstehenden der Schaden grundsätzlich entfallen und damit bei jeder Zahlung auch andere gegenüber dem Gläubiger freiwerden. Doch soll der letztlich Verpflichtete durch die Zahlung des anderen ohne rechtlichen Grund befreit sein und diesem daher die Rückgriffskondiktion zustehen. Dabei entscheidet sich die Frage, wer nun rechtsgrundlos bereichert ist, nach einer Wertung der beiden Ansprüche, die der stufenden Wertung beim normativen Schadensbegriff weitgehend entspricht.

Alle diese Lehren leiden aber darunter, daß sie zwar beim Zusammentreffen mehrerer *Schadensersatzansprüche* eine Doppelbefriedigung zu verhindern ebenso imstande sind, wie sie einen befriedigenden Regreß ermöglichen; doch kann das Verfahren schwerlich auf Mehr-

---

331 Sofern nicht gesetzlich eine Legalzession (z. B. §§ 67 VVG, 1542 RVO) vorgesehen ist, vgl. *Medicus*, BürgR, § 33 II 1 b.

332 Vgl. *Selb*, S. 24 f.; *Larenz*, Schuldrecht 1, § 32 I.

333 Vgl. nur *Mertens*, S. 50 ff. mit ausführlicher Darstellung der Entwicklung; *Hagen*, JuS 1969, 61 ff.; *Medicus*, BürgR, § 33 II 2; auch *Selb*, S. 24 f. ist den Vertretern des normativen Schadensbegriffs zuzurechnen. Der BGH hat den normativen Schadensbegriff übernommen z. B. in den Fällen der Lohnfortzahlung (BGHZ 43, 378); vgl. auch BGH NJW 1968, 1823. Kritisch *Esser*, Schuldrecht 1, § 59 IV 2.

334 Schuldrecht 1, § 59 IV im Anschluß an *Frotz*, JZ 1964, 665 ff.

heiten von Ansprüchen übertragen werden, die nicht Schadensersatzansprüche sind; die allein auf schadensersatzrechtlichen Überlegungen beruhende Wirkung der Leistung des einen auf die Schuld des anderen kann schlechthin nicht auf sonstige Ansprüche übertragen werden. Ebenso würde die Zubilligung eines Abtretungsanspruchs analog § 255 bei Ansprüchen, die nicht die Beseitigung eines *Schadens* bezwecken[335], eine weit über die ratio des § 255 hinausgehende und damit unzulässige Analogie bedeuten. Die auch bei enger Umschreibung des Gesamtschuldtatbestandes erstrebte Gewähr nahtlosen Übergangs zwischen Gesamtschuld- und Zessions- oder Bereicherungsregreß können sie jedenfalls nicht garantieren: gerade der hier vorliegende Fall, daß zwei Rückgriffsansprüche, die nicht Schadensersatz beinhalten, schuldnermehrheitlich zusammentreffen, zeigt die jeder positiven Definition des Gesamtschuldbegriffs immanente Lückenhaftigkeit: Tatbestände, die der (wie eng oder weit sie auch sein mag) positiven Umschreibung der Gesamtschuld nicht unterfallen, bleiben notwendig regreßlos, sofern einer der beschriebenen weiteren Regreßwege sich nicht anbietet[336].

ee) Die Erkenntnis der Unvermeidbarkeit regreßloser Formen der Schuldnermehrheit bei positiver Definition der Gesamtschuld einerseits, andererseits aber auch die Überzeugung, daß die Gesamtschuldregeln eine ungemein flexible Abwicklung des Verhältnisses zwischen beiden Schuldner (von Regreßversagung über Teilregreß bis zum Vollregreß) und damit optimale Berücksichtigung sowohl der Interessen des Gläubigers als auch der Schuldner untereinander ermöglichen[337] führt in neuerer Zeit zu der Tendenz, die Anwendung der Gesamtschuldregeln weitestgehend auszudehnen[338]. Den Weg dazu weist eine von *Thiele*[339] entwickelte Lehre: Ausgehend von der Feststellung, daß der Versuch,

---

335 Vgl. zur Problematik des § 255 im einzelnen unten d) aa).

336 Dies zeigt sich besonders anschaulich bei *Larenz:* bei der Definition der Gesamtschuld (§ 37 I) leugnet er die Gleichstufigkeit der Verbindlichkeit von Brandstifter und Baulastpflichtigem im sog. Fuldaer Dombrandfall (RGZ 82, 206), da der Kirchenbaulastpflichtige nur „in Vorlage" zu treten habe. Andererseits lehnt er § 32 II die Anwendung des § 255 auf das Verhältnis zwischen beiden im Anschluß an BGHZ 29, 157 und 52, 45 ab, weil der Baulastpflichtige keinen Schadensersatz geleistet habe. Um die somit drohende Regreßlosigkeit der Situation zu verhindern, bleibt ihm keine andere Wahl, als eine Abtretungspflicht aus § 242 (!) bei Zahlung durch den Baulastpflichtigen zu statuieren, um zum Zessionsrückgriff zu kommen.

337 Vgl. *Hillenkamp,* S. 126 ff.; *Zoll,* S. 27 ff.

338 Vgl. *Schmidt,* AcP 163, 530 ff.; *Hillenkamp,* S. 126 ff.; *Dilcher,* JZ 1967, 110 ff.; *Raisch,* JZ 1965, 703 ff.; *Thiele,* JuS 1968, 149 ff.; *Reeb,* JuS 1970, 218; aus der Rspr. des BGH vgl. BGHZ 43, 227 sowie BGHZ 52, 39 ff.

339 JuS 1968, 149 im Anschluß an die Ausführungen von *Raisch,* JZ 1965, 703 ff. und *Dilcher,* JZ 1967, 110 sowie *Hillenkamp,* S. 126 ff., die jedoch sämtlich noch positive Formulierungen zu finden suchen. Zustimmend *Reeb,* JuS 1970, 218.

einen subsumtionsfähigen Gesamtschuldbegriff zu finden, stets zum Scheitern verurteilt sein wird, soll nunmehr die Abgrenzung der Gesamtschuld von anderen Formen der Schuldnermehrheit (und damit die Definition der Gleichstufigkeit der Verbindlichkeiten) nicht mehr im Wege positiver Deskription, sondern *negativ* erfolgen. Gleichstufigkeit der mehreren Verbindlichkeiten liegt demnach nicht nur vor, wenn Gesamtschuld vertraglich vereinbart wurde (§ 427) oder gesetzlich angeordnet[340], sondern stets dann, *wenn sich für Verschiedenstufigkeit keine Anhaltspunkte ergeben:* die Gesamtschuld wird damit zum Regelfall[341], die Anwendungs- und Abgrenzungsproblematik verlagert sich bei dieser Sicht auf die Frage, ob nicht der konkrete Sachverhalt ausnahmsweise einer anderen Form der Schuldnermehrheit zugewiesen ist als der Gesamtschuld[342]. Unbestreitbar hat diese Ansicht den Vorteil höchster Praktikabilität: nur so ist ein nahtloser Übergang von einer Form der Schuldnermehrheit zur anderen gewährleistet und nur so wird die Existenz frei im Raum schwebender Fälle der Schuldnermehrheit ohne Schwierigkeiten verhindert[343]. Gewährleistet wird dadurch für alle Fälle der Schuldnermehrheit ein interessengemäßer Regreßmechanismus, ein Gesichtspunkt, der dieser Lehre einen wesentlichen Vorsprung vor den bisherigen Lösungsversuchen sichert. Im folgenden soll nunmehr versucht werden, die Kriterien darzustellen, die Verschiedenstufigkeit der Forderung bewirken.

Sicher ist einmal, daß Verschiedenstufigkeit und damit nicht Gesamtschuld vorliegt, in allen Fällen der Zuweisung zum *Zessionsregreß*, die durch gesetzliche Anordnung der Legalzession[344], durch (dieser verwandte) schriftliche Überleitungsanzeige[345] oder durch Zubilligung eines Anspruchs auf rechtsgeschäftliche Abtretung erfolgen kann, der wiederum auf Gesetz[346] oder rechtsgeschäftlicher Abmachung[347] beruht.

---

[340] Die Fälle gesetzlicher Anordnung der Gesamtschuld lassen sich auch nach dieser Lehre im Wege der Analogie *(Esser)* bzw. typologischer Betrachtung *(Hillenkamp)* erweitern, vgl. *Thiele*, JuS 1968, 151 f.

[341] Vgl. *Reeb*, JuS 1970, 218.

[342] Vgl. *Thiele*, JuS 1968, 152.

[343] Man denke an die eben erwähnte Lösung von *Larenz* im Fuldaer Dombrandfall über § 242; bezeichnend ist auch, daß sich *Reeb*, JuS 1970, 218 gerade an Hand des (problematischen) Falles BGHZ 52, 39 der Meinung *Thieles* anschließt (im konkreten Fall nimmt er allerdings Zessionsregreß an).

[344] Vgl. §§ 1542 RVO, 77 II AVG, 205 AVAVG, 87 a BBG, 52 BRRG, 81 a BVG, 4 LohnfortzG, 67 VVG, 1607 II u. 1615 b BGB.

[345] Vgl. § 90 BSHG.

[346] §§ 255, 281.

[347] Vgl. die AVB bei privater Krankenversicherung. Vgl. aber auch BGHZ 21, 119, wo neben § 255 *auch* der Dienstvertrag herangezogen wird, um die Abtretungspflicht zu begründen.

Daß Zessionsregreß die Annahme einer Gesamtschuld hindert, ist indessen keine neue Erkenntnis und war schon lange vor dem Versuch negativer Abgrenzung der Gesamtschuld Allgemeingut[348]: die Zession impliziert zwingend Verschiedenstufigkeit. Doch ist das Verhältnis zwischen Gesamtschuld und Zessionsregreß insofern entspannt, als nicht mehr der Zwang besteht, bei positiver Gesamtschuldumschreibung aus dem Anwendungsbereich der Gesamtschuldregeln fallende Situationen durch extreme Ausdehnung der Zessionsregeln[349] in den Zessionsrückgriff zu zwängen, um überhaupt zu brauchbaren Ergebnissen zu kommen: da stets die Gesamtschuld als *Auffangregelung* zur Verfügung steht, ist die Zurückführung der Zessionsbestimmungen auf ihre ursprüngliche ratio möglich geworden.

Verschiedenstufigkeit kann neben der Zuweisung zum Zessionsregreß auch aus weiteren Gesichtspunkten folgen[350]. So liegt nie Gleichstufigkeit vor, wenn eine Forderung von der anderen abhängig ist, weil etwa *Akzessorietät* gegeben ist[351]: wenn eine Schuld von der anderen abhängt, muß die Haftung beider Schuldner notwendig „verschiedenen Rang" haben[352].

Dasselbe gilt für die Fälle der *Subsidiarität:* die Verschiedenstufigkeit folgt dann aus der gegenseitigen Zuordnung als „Haupt- und Nebenforderung"[353]. Dasselbe muß gelten, wenn ein ähnlicher Fall der „Unterordnung" einer Forderung unter die andere vorliegt.

---

348 Vgl. *Thiele*, JuS 1968, 162 ff.; *Reeb*, JuS 1970, 219; aus der herkömmlichen Lehre vgl. schon Rud. *Schmidt*, JherJb 72, 46; *Leonhard*, Bd. 1, S. 70; *Selb*, S. 26; *Frotz*, JZ 1964, 666; *Raisch*, JZ 1965, 705; *Esser*, Schuldrecht 1, § 58 II; *Larenz*, Schuldrecht 1, § 37 I; *Palandt/Heinrichs*, § 421, 2. Anders allerdings *Soergel/Schmidt*, § 255, 4, wo § 426 als lex specialis zu § 255 dargestellt, also ein genau umgekehrtes Verhältnis beider Normengruppen angenommen wird. Ebenso nunmehr BGH JZ 1973, 215 (nachdem in BGHZ 52, 39 (45) die Frage noch offengelassen wurde) und im Anschluß daran *Dilcher*, JZ 1973, 199 ff. Die Diskrepanz dieser Auffassung zu der hier vertretenen Ansicht ist trotz des unterschiedlichen Ausgangspunktes nur scheinbar: hier wie dort wird der Anwendungsbereich der Gesamtschuldregeln zu Lasten der Zessionsregeln erweitert. Daß trotz identischer Zielsetzung der BGH den umgekehrten Weg wählt, beruht darauf, daß er nach wie vor annimmt, man könne die Gesamtschuld durch positive Kriterien definieren; zudem geht der BGH (offenbar im Anschluß an *Selb*) immer noch von unbegrenzter Analogiefähigkeit des § 255 aus (vgl. dagegen sogleich unten d aa). Bei diesen Prämissen ist der Weg des BGH durchaus konsequent.

349 Wie sie etwa *Selb* für § 255 vorgeschlagen hat.

350 Diese weiteren Kriterien werden von *Thiele*, JuS 1968, 162 ff. nicht gesehen, weil er die Abgrenzung nicht an Hand des Merkmals der Gleich- bzw. Verschiedenstufigkeit vollzieht, sondern den Schwerpunkt legt auf die Abgrenzung strukturtypischer Regelungsbereiche zwischen Gesamtschuld und Zessionsregreß.

351 Vgl. *Medicus*, JuS 1971, 498; insbes. auch *Börnsen*, S. 20 ff. m. ausf. Darstellung des früheren Streits über diese Frage.

352 Vgl. *Lauterbach*, JZ 1956, 100; BGH JZ 1956, 99.

In allen anderen Fällen der Schuldnermehrheit ist mithin ex definitione Gleichstufigkeit und damit Gesamtschuld gegeben.

d) Die Einordnung des Ausgangsfalls

aa) Überträgt man die so gefundenen Abgrenzungskriterien auf das Verhältnis der Ansprüche des Scheinvaters gegen das Kind und den Erzeuger, so erscheint eine Zuordnung zum *Zessionsregreß* als undenkbar:

Eine Einordnung in die *Legalzessions*fälle scheidet aus, weil ein entsprechender gesetzlicher Tatbestand fehlt.

Zwar wird versucht, die Legalzession im Wege einer Rechtsanalogie erheblich zu erweitern[354]. Zugrunde liegt eine Strukturanalyse gesetzlich geregelter Fälle der Legalzession: die Legalzession wird angeordnet zugunsten dessen, der (1) öffentliche Versorgungs- oder Sozialleistungen, (2) Versicherungsleistungen, (3) Unterhaltsleistungen oder (4) eine Bürgenleistung erbringt[355], dann also, wenn ein nicht endgültig Verpflichteter zum Zweck der Deckung unmittelbaren Bedarfs eine „Vorschuß"- oder „Vorlageleistung" erbringt, die Leistung somit nur *vorläufiger* Deckung eines dringenden Bedarfs dient[356]. Dieses Strukturmerkmal soll über eine Gesamtanalogie zur Annahme einer Legalzession führen, wenn ein ähnliches Verhältnis der beiden Verpflichtungen vorliegt, ohne daß Legalzession angeordnet wäre[357]; gedacht wird dabei in erster Linie an Konkurrenz von Schadensersatz- und Unterhaltspflicht oder staatlicher Beihilfe[358], also an die Fälle, die in erster Linie zu der fragwürdigen Ausdehnung des § 255 führten. Dogmatisch und methodisch mögen gegen diese Überlegung keine Bedenken bestehen; für die hier in Frage stehende Konkurrenz zweier *Regreßansprüche*[359] kann jedenfalls nicht unterstellt werden, daß der eine Anspruch

---

[353] Vgl. *Börnsen*, S. 17 ff., 20 ff.; *Hillenkamp*, S. 192 ff.; *Dilcher*, JZ 1967, 110 (113); vgl. auch *Soergel/Glaser*, § 839, 40, 43 m. w. N. Gegen die Annahme einer Gesamtschuld spricht in diesen Fällen auch die Tatsache, daß die Möglichkeit wahlweiser und gleichzeitiger Inanspruchnahme der Verpflichteten (vgl. *Schlechtriem*, NJW 1966, 1795 m. w. N.) bei Subsidiarität fehlt.

[354] Vgl. *Thiele*, AcP 168, 223; JuS 1968, 154 f.; *Marschall v. Bieberstein*, S. 208, 225. Die Rspr. hat sich (abgesehen von § 1709 II a. F.) stets zurückhaltend geäußert, da sie die Legalzessionsregeln als Sonderbestimmungen für eng umgrenzte Sachverhalte ansah, vgl. BGH (GS) Z 13, 366; VersR 1966, 234; vgl. auch *Selb*, S. 67.

[355] *Thiele*, AcP 168, 223; JuS 1968, 154 f.

[356] *Marschall v. Bieberstein*, S. 208 ff.; *Hillenkamp*, S. 135 ff.; *Thiele*, AcP 168, 223; JuS 1968, 154 f.; vgl. auch *Larenz*, Schuldrecht 1, § 73 I; *Selb*, S. 71 ff. Ob dieser Gedanke auch für die Bürgenleistung zutrifft, ist fraglich. Bejahend *Thiele*, AcP 168, 223; JuS 1968, 154 f.

[357] *Thiele*, AcP 168, 223; JuS 1968, 154 f.; *Marschall v. Bieberstein*, S. 208 ff., der aber wegen auf der ablehnenden Haltung der Rspr. beruhender praktischer Bedenken die zusätzliche rechtsgeschäftliche Abtretung empfiehlt. Gegen die Analogie *Larenz*, Schuldrecht 1, § 30 II c, § 32 II a. E mit der Statuierung einer Abtretungspflicht.

[358] *Thiele*, AcP 168, 223; JuS 1968, 154 f.

[359] Das gilt sowohl für den Scheinvaterregreß als auch für den Parallelfall des § 67 VVG.

nur zugebilligt wurde, um einen dringenden Bedarf vorläufig zu decken. Kind und Erzeuger sind vielmehr in gleicher Weise zur Rückabwicklung der zu Unrecht erfolgten Zahlung verpflichtet, ein nur „hilfsweises" Einspringen des einen Teils liegt sicher nicht vor: hinsichtlich des Zwecks *endgültiger Befriedigung* des Gläubigers stehen beide gleich; daß letztlich der Erzeuger (bzw. der Schädiger) allein haften muß, ändert an der Stellung dem Gläubiger gegenüber nichts[360].

Aber auch für eine Analogie zu § 255 ist kein Raum, weil es sich nicht um Schadensersatzleistungen handelt[361]: beide in Frage stehenden Ansprüche dienen lediglich Regreßzwecken.

Die Begrenzung der Norm auf Schadensersatzleistungen ist allerdings nicht unstreitig. So wurde Zessionsregreß nach § 255 angenommen z. B. bei Zusammentreffen von Deliktsanspruch und Unterhaltsanspruch[362], von Deliktsanspruch und Lohnfortzahlungsanspruch[363], von Deliktsanspruch und Baulastpflicht[364] sowie von Deliktsanspruch und Anspruch aus § 816 I 1[365] bei Erfüllung des Anspruchs, der *nicht* Schadensersatzanspruch war. Doch war dann stets wenigstens der *andere* Anspruch auf Schadensersatz gerichtet (was eine Analogie noch als allenfalls möglich erscheinen läßt). Der eigentliche Grund für die Nichtanwendbarkeit der Norm liegt jedoch darin, daß die oben beschriebene Gesamtschulddefinition den § 255 von der bei diesen Analogien stets unterstellten Funktion als allgemeine Regreßnorm[366] entlastet: die erwähnten Fälle unterfallen entweder (wenn man die oben angedeutete Rechtsanalogie nachvollziehen will) dem Regreß kraft Legalzession oder sie sind nach Gesamtschuldregeln abzuwickeln[367]. Der häufig gerügten[368] Erweiterung des § 255 im Wege der Analogie bedarf es daher nicht mehr; vielmehr ist jetzt eine Beschränkung der Anwendung auf die von der ratio der Norm umfaßten Fälle möglich. Grundgedanke der Norm ist lediglich, eine Bereicherung des Schadensersatzberechtigten durch *Wiedererlangung* des verletzten Rechts zu verhindern[369], dementsprechend ist die Abtretungspflicht zu beschränken auf Herausgabeansprüche[370] oder allenfalls die diese

---

360 Würde man die Analogie im vorliegenden Fall bejahen, so änderte das allerdings am *Ergebnis* (Legalzession, also keine Entreicherung) nichts.

361 Vgl. *Larenz,* Schuldrecht 1, § 32 II; *v. Caemmerer,* JR 1959, 463; *Soergel/Schmidt,* § 255, 3 a. E.; BGHZ 29, 157; 52, 39 (45).

362 Vgl. *Selb,* S. 77 ff. m. w. N.

363 Vgl. BGH NJW 1968, 1823. Die Haltung des BGH in den Lohnfortzahlungsfällen steht insoweit in Widerspruch zu den Entscheidungen BGHZ 29, nung der cessio legis. Vgl. dazu auch *Soergel/Schmidt,* § 255, 2.
157 und 52, 45. Zu beachten ist aber inzwischen § 4 LohnfortzG mit Anord-

364 Vgl. RGZ 82, 206 und dazu insbes. *Selb,* S. 77 ff. m. w. Nachw.

365 *Reeb,* JuS 1970, 217 m. w. N.; anders aber BGHZ 29, 157 sowie 52, 45; *v. Caemmerer,* JR 1959, 463; *Soergel/Schmidt,* § 255, 3 a. E.

366 Gegen die Ausweitung zur allgemeinen Regreßnorm insbes. *Zoll,* S. 7 ff.

367 Vgl. Rud. *Schmidt,* AcP 163, 530 ff.

368 Vgl. nur im Anschluß an *Planck/Siber,* § 255, 1, 2 a die Bedenken bei *Zoll,* S. 7 ff.; Rud. *Schmidt,* JherJb 72, 17; AcP 163, 532; *Thiele,* JuS 1968, 153; *Soergel/Schmidt,* § 255, 4.

369 Vgl. nur *Reeb,* JuS 1970, 217.

370 *Planck/Siber,* § 255, 2 a; *Leonhard,* Bd. 1, § 93; *Soergel/Schmidt,* § 255, 4; Rud. *Schmidt,* JherJb 72, 17; *Zoll,* S. 17 ff.; *Thiele,* JuS 1968, 153 f.; And. Ans. allerdings die h. M., vgl. nur *Larenz,* § 32 I.

surrogierenden Schadensersatzansprüche[371]. Nicht umfaßt dagegen sind sonstige Schadensersatzansprüche wegen Verletzung des Gegenstandes, wie die h. L. annimmt[372]. Die Norm ist mithin durchaus singulärer Natur[373].

Aus der so umschriebenen Regulativfunktion des § 255 zwischen Totalersatz und Fortbestand der Ausübungsrechte hinsichtlich des verletzten Rechtsguts (und der diese surrogierenden Rechte) folgt im übrigen ein weiterer Gesichtspunkt, der die Anwendung auf das Zusammentreffen mehrerer Regreßansprüche wegen Vermögensaufwendungen verbietet: § 255 setzt voraus, daß die beiden Ansprüche sich auf *denselben konkreten Gegenstand* beziehen[374]. Diese *Gegenstandsbezogenheit* fehlt dann, wenn der „Schaden" nicht ein konkretes Rechtsgut betraf, sondern lediglich allgemein in Vermögensaufwendungen zu sehen ist[375]. Für *Regreßansprüche* (und seien es auch Schadensersatzansprüche) ist somit § 255 niemals einschlägig.

Ebenso verbietet sich selbstverständlich die Zuweisung zum Zessionsregreß *analog § 281* (eine Leistungsstörung liegt nicht vor) oder etwa durch Statuierung einer Abtretungspflicht nach *§ 242*[376].

Damit steht fest, daß Gesamtschuld jedenfalls nicht durch die Zuweisung zum Zessionsregreß in irgendeiner Form ausgeschlossen ist.

bb) Sicher ist weiter, daß keine *Akzessorietät* vorliegt. Ebenso kann *keine Subsidiarität* angenommen werden: lediglich subsidiäre Haftung eines Beteiligten liegt nur vor, wenn das Gesetz dies ausdrücklich anordnet[377]. Sonst gilt als allgemeines Prinzip, daß der Gläubiger alle ihm haftenden Schuldner primär und auf den ganzen Betrag in Anspruch nehmen kann[378].

Eine Akzessorietät und Subsidiarität vergleichbare Stufung der Forderungen wird man aber dann annehmen müssen, wenn sich gegenseitige Zuordnung als Haupt- und Nebenforderung aus einem anderen

[371] *Thiele,* JuS 1968, 153 f.; §§ 989 ff. zum Beispiel.

[372] Vgl. nur *Enneccerus/Lehmann,* § 17 II 2; RGRK/*Nastelski,* § 255, 2.

[373] *Thiele,* JuS 1968, 153 f.; anders vornehmlich *Selb,* S. 24 ff. und *Larenz,* § 32 I, die die Norm als Ausprägung eines allgemeinen Rechtsgedankens sehen.

[374] Vgl. den Wortlaut des § 255: es muß sich um Ansprüche handeln, die dem Ersatzberechtigten *auf Grund des Eigentums oder des Rechts* zustehen.

[375] Vgl. *Esser,* Schuldrecht 1, § 59 IV, der die Funktion des § 255 allein unter dem Gesichtspunkt der Verletzung *dinglicher* Rechte sieht.

[376] Wie sie etwa von *Larenz,* Schuldrecht 1, § 32 II für den Fuldaer Dombrandfall versucht wird: zwischen Eigentümer und Baulastträger mag eine Treubindung auf Grund des Übernahmeverhältnisse allenfalls bestehen; zwischen Scheinvater und Kind ist sie undenkbar.

[377] Wie etwa in den §§ 771, 839 I 2 BGB.

[378] Vgl. *Hillenkamp,* S. 192 ff. mit weit. Nachw. Der Hinweis *Oderskys,* § 1615 b, II 10, der Scheinvater könne beim Kind kondizieren, „soweit er durch Rückgriff gegen den richtigen Vater keine Befriedigung erlangen" könne, deutet allerdings auf Annahme der Subsidiarität hin, doch fehlt jede Begründung. *Hillenkamp,* S. 192 ff. will in extremen Ausnahmefällen Subsidiarität annehmen nach § 242. Doch ergeben sich auch dafür keinerlei Anhaltspunkte.

Grunde ergibt. Das ist dann anzunehmen, wenn die eine Forderung der anderen *erfüllungshalber* zugewiesen ist. I. d. R. wird bei Zuweisung einer Forderung zu einer anderen zum Zwecke der Erfüllung eine neue Verbindlichkeit rechtsgeschäftlich begründet (z. B. Wechsel, Scheck, Anweisung)[379], doch ist eine Zuweisung zur Erfüllung auch durch Zession möglich, mag sie nun durch Rechtsgeschäft (z. B. bei Wechselindossierung), kraft Richteraktes[380] oder kraft Gesetzes[381] erfolgen. Der Grund für eine gestufte Zuordnung der Forderungen zueinander liegt in diesen Fällen darin, daß der Gläubiger zunächst die Befriedigung aus der ihm erfüllungshalber zugewiesenen Forderung zu suchen hat, bevor er den anderen Schuldner in Anspruch nehmen kann[382]; von Gleichstufigkeit der beiden Verbindlichkeiten kann dann keine Rede sein. *Gernhuber*[383] begründet ein derartiges Verhältnis zwischen den Ansprüchen mit dem Hinweis, der durch cessio legis erworbene Anspruch des Zahlenden sei bereits eine *Leistung* aus dem Vermögen des Kindes, die das Gesetz dem Manne *erfüllungshalber* zuweise. Der Scheinvater könne demgemäß nur nach einem Ausfall beim Erzeuger das Kind in Anspruch nehmen, dem er dann nach § 812 (condictio causa finita) den legalzedierten Anspruch gegen den Erzeuger rückzedieren müsse.

Abgesehen davon, daß dieser Gedanke wegen der Anwendung der Leistungskondiktion als Regreßmittel für das Kind einen völlig neuen Leistungsbegriff voraussetzte[384], stößt er auch auf erhebliche Bedenken grundsätzlicher Art. Sie beruhen darauf, daß zwischen zwei sowohl ihrer Funktion als auch ihrer Ausgestaltung im einzelnen nach grundsätzlich verschiedenen Erscheinungsformen der Legalzession strikt zu unterscheiden ist: Zession zum Zweck des *Rückgriffs* und Zession zur *Befriedigung* (erfüllungshalber oder an Erfüllungs Statt)[385]. Legalzession zum Rückgriff liegt vor, wenn eine Forderung übergeht, deren Erfüllung die Leistung des effektiv Zahlenden überflüssig gemacht

---

379 *Soergel/Schmidt*, § 364, 4; *Esser*, Schuldrecht 1, § 26 VII.

380 Vgl. §§ 835 II ZPO, 118 I ZVG, 186 AVAG, 23 BKGG.

381 Vgl. §§ 71, 71 a BVG. Verwandt sind die Fälle des Übergangs einer Einziehungsermächtigung, § 1282 I 1, II BGB, § 361 RAbgO, §§ 829 I, 835 I 1, 836 I ZPO. Vgl. zu allem *Hübener*, S. 115 ff.; 129 ff.

382 Vgl. nur *Soergel/Schmidt*, § 364, 4.

383 § 59 VIII 3. Da *Gernhuber* mit der h. L. volle Entreicherung des Kindes durch Legalzession voraussetzt, wird der Gedanke lediglich am Verhältnis zwischen Schadensersatzansprüchen gegen das Kind und legalzediertem Unterhaltsanspruch entwickelt, doch läßt er sich nach der erforderlichen Änderung der Prämisse zwangslos auch auf das Verhältnis zur condictio indebiti übertragen. Ein ähnlicher Gedanke findet sich bei *Clemm*, S. 93 ff. für die Legalzession bei Haftpflichtversicherung; dagegen *Bruck/Möller/Sieg*, § 67 VVG, 56.

384 *Odersky*, § 641 g ZPO, II 4 c bedient sich dagegen der Analogie zu § 255.

385 Der Unterschied wurde von *Hübener*, S. 7 ff., S. 113 ff. nachgewiesen, der auch die strukturellen Abgrenzungsmerkmale ausgearbeitet hat.

hätte; das Bestehen eines Anspruchs gegen den Legalzedenten ist hier niemals causa für die Legalzession noch ist sie sonst in irgendeiner Weise abhängig von der Existenz eines eigenen Anspruchs gegen den Zedenten[386]. Bei dem davon grundsätzlich verschiedenen Rechtsübergang zur Befriedigung ist dagegen die Existenz einer Forderung des Zessionars gegen den Zedenten stets vorausgesetzt: da die Zession ausschließlich den Zweck hat, zur Erfüllung dieser Forderung zu führen, ist sie mit ihr verknüpft entweder (bei Abstraktion) über Bereicherungsrecht oder es ist die Existenz des Anspruchs kausal für den Rechtsübergang[387]. Nur bei Rechtsübergang zur Befriedigung kann aber eine der Subsidiarität ähnliche gestufte Zuordnung beider Forderungen gedacht werden, bei der Zession zum Rückgriff ist sie undenkbar, da sie ja unabhängig von der Existenz eines Anspruchs gegen den Zedenten überhaupt eintritt.

Gerade bei den familienrechtlichen Zessionsfällen des § 1607 II und des § 1615 b handelt es sich nun eindeutig um Zession zu Rückgriffszwecken, was sich z. B. daran zeigt, daß der Rechtsübergang erfolgt ohne Rücksicht darauf, ob der Leistende dem Empfänger zur Zahlung verpflichtet war (§ 1607 II) oder nicht (§ 1615 b) und damit gegen diesen als Zedenten die condictio indebiti haben kann oder nicht. Dafür spricht auch ein weiteres Indiz: die in beiden Zessionsvorschriften enthaltene Subrogationsklausel ist typisches Merkmal der Rückgriffs-Zession und tritt beim Forderungsübergang zur Befriedigung niemals auf[388].

Die bei Zession zur Befriedigung vorhandene Abhängigkeit vom Vorliegen des weiteren Anspruchs würde übrigens im Rahmen des § 1615 b zu durchaus unerwünschten und geradezu absurden Ergebnissen führen: die Legalzession wäre (mindestens über Kondiktionsrecht) begrenzt durch den Umfang der Bereicherung des Kindes bzw. durch die Höhe eines evtl. Schadensersatzanspruchs gegen das Kind!

Die Einordnung der Legalzession des § 1615 b in den Bereich des Rechtsübergangs zum Rückgriff verbietet somit zwingend die Annahme, eine der dem Scheinvater zustehenden Forderungen sei der anderen nur zur Erfüllung und damit gestuft zugeordnet; Verschiedenstufigkeit ergibt sich also auch nicht aus diesem Gesichtspunkt.

e) Ergebnis

Weitere auf eine Verschiedenstufigkeit der beiden Forderungen hinweisende Gesichtspunkte sind nicht denkbar. Die oben aufgeworfene

---

[386] *Hübener*, S. 114 ff.

[387] Vgl. *Hübener*, S. 115 ff., 129 ff. Kausal ist die Existenz des Anspruchs z. B. bei §§ 71, 71 a BVG und beim Übergang kraft Hoheitsakts gemäß §§ 835 II ZPO, 118 I ZVG, 186 AVG.

[388] *Hübener*, S. 106 ff., 137. Für den versicherungsrechtlichen Parallelfall vgl. § 67 I 2 VVG.

Frage nach dem Verhältnis des legalzedierten Anspruchs zum Kondiktionsanspruch läßt sich somit nur beantworten mit der Feststellung, daß auszugehen ist von Gesamtschuld, weil jeder Hinweis auf eine Verschiedenstufigkeit der beiden Forderungen fehlt.

Damit ist auch die eigens gestellte Frage nach der Entreicherung beantwortet: Bei Erfüllung des Kondiktionsanspruchs durch das Kind tritt *Rückzession* des legalzedierten Anspruchs an das Kind ein nach § 426 II, weil der Erzeuger im Innenverhältnis kraft seiner Unterhaltspflicht letztlich Verpflichteter ist (vgl. oben a). Somit ist die Legalzession nicht endgültig, sondern nur vorübergehend. Sie ist mithin als entreichernder Umstand nicht zu berücksichtigen.

V. Umfang des Anspruchs (2) — Entreicherung aus anderen Gründen

Mit der Feststellung, daß die Legalzession als solche für die Bereicherung des Kindes außer Betracht bleibt, ist selbstverständlich eine Entreicherung aus anderen Gründen nicht ausgeschlossen.

1. Forderungsverschlechterung

Insbesondere entzieht die Tatsache, daß die Legalzession nur als vorübergehend angesehen wird und deshalb nicht als entreichernd in Ansatz gebracht werden kann, die Unterhalts*forderung* nicht jeglicher Entreicherungsproblematik. Gerade weil die Legalzession für die Entreicherung keine Rolle spielen kann, sind vielmehr alle Umstände zu berücksichtigen, die sich auch ohne Zession entreichernd ausgewirkt hätten.

So ist Entreicherung stets anzunehmen, wenn ein dem Bereicherten zustehender Anspruch dadurch untergegangen ist oder verschlechtert wurde daß der Bereicherte im Vertrauen auf die Unwiderruflichkeit des rechtsgrundlosen Erwerbs das Recht nicht geltend machte[389], jede Verschlechterung der Bonität der Forderung ist also zu berücksichtigen. Infolgedessen sind entsprechend obigem Ausgangspunkt grundsätzlich zu berücksichtigen alle forderungsmindernden Ereignisse, also auch solche, die eintraten, während die Forderung dem Kondiktionsschuldner vorübergehend gar nicht zustand und dieser deshalb die Möglichkeit zu rechtzeitiger Realisierung (und so die Verschlechterung zu verhindern)

---

[389] RGRK/*Scheffler*, § 818, 51; aus der Rspr. vgl. nur ROHG 17, 1 (Versäumung der Frist für Wechselprotest); RGZ 44, 145 (Verjährung der Forderung gegen den wahren Schuldner); RG WarnRspr. 1920 Nr. 151 (Verstreichen von Ausschlußfristen). Vgl. auch *v. Caemmerer*, Festschr. Dölle, Bd. 1, S. 154 FN 56 sowie NJW 1963, 1402 f.

gar nicht hatte: ohne die Zahlung des Nichtschuldners wäre dem Kondiktionsschuldner die Aktivlegitimation verblieben[390].

Eine Berücksichtigung der Forderungsverschlechterung speziell im Rahmen des Scheinvaterrückgriffs ist jedoch auf Grund einer anderen Überlegung ausgeschlossen: Niemals können Umstände in Anrechnung kommen, die vor Zuordnung des Kindes zu seinem wirklichen Vater eintraten, da (§ 1600 a Satz 2) vor diesem Zeitpunkt eine Inanspruchnahme des Erzeugers auch ohne die Zahlung des Scheinvaters nicht denkbar gewesen wäre; für eine bis dahin eintretende Verschlechterung der Forderung war die Zahlung des Scheinvaters mithin gar nicht *kausal*[391].

Das Kind trägt damit allerdings das Risiko der Forderungsverschlechterung während eines Zeitraums, in dem es dieser Verschlechterung nicht entgegenwirken kann. Dies ist aber nicht Folge der Legalzession, wie *Dieckmann*[392] annimmt, sondern der Rechtsausübungssperre des § 1600 a Satz 2[393]; dieses Risiko trifft das Kind vielmehr unabhängig davon, ob es vom Scheinvater Unterhalt bezieht oder nicht. Man mag dem entgegenhalten, gerade wegen der Unterhaltsleistung durch den Scheinvater habe das Kind keine Veranlassung gehabt, die Zuordnung zum wahren Erzeuger überhaupt zu betreiben, insofern sei auch dieses Hindernis und eine deswegen evtl. eintretende Verschlechterung der Forderung in gewisser Weise durch die Zahlung des Scheinvaters verursacht. Doch trifft dies einmal in den Fällen nicht zu, in denen der Erzeuger ohnehin (weil er nicht bekannt war) nicht hätte festgestellt werden können, zum anderen ist zu berücksichtigen, daß ja andernfalls das Kind selbst die Möglichkeit hat, die Vaterschaft des Scheinvaters anzufechten (sofern Zuordnung überhaupt vorlag) und die Feststellung des richtigen Erzeugers zu betreiben (§ 1615 g), während dem Scheinvater dieser Weg verschlossen bleibt. Angesichts dessen erscheint es keineswegs als unbillig, dem Kind für diesen Zeitraum das Verschlechterungsrisiko aufzubürden: mittelbar wird dadurch ein Druck auf das Kind ausgeübt, die endgültige Zuordnung herbeizuführen als Korrelat zu der Möglichkeit, den Regreß des Scheinvaters gegen den Erzeuger durch Unterlassen der Zuordnung zu vereiteln.

Doch auch eine nach Zuordnung des Kindes zum Erzeuger eintretende Verschlechterung der rückständigen Forderungen gegen ihn kann sich in aller Regel nicht mehr als entreichernd auswirken, weil mit der Zuordnung zu einem anderen als dem Scheinvater stets Kenntnis von der Rechtsgrundlosigkeit des Erwerbs gegeben sein wird und eine weitere Entreicherung durch §§ 819 I, 818 IV gehindert ist[394].

---

390 And. *Dieckmann*, Jus 1969, 106 f., der bemängelt, die Legalzession als solche verlagere das Verschlechterungsrisiko auf das Kind.

391 Vgl. *Stolterfoht*, FamRZ 1971, 350.

392 JuS 1969, 106 f.

393 Deswegen kommt der Gesichtspunkt *nicht* zum Tragen im Parallelfall des § 67 VVG; das Verschlechterungsrisiko bleibt in diesen Fällen also beim Versicherer.

394 Vgl. zu § 819 unten 4.

Als Ergebnis ist somit festzuhalten: Nicht nur die Legalzession als solche, sondern auch jede Verschlechterung der Unterhaltsforderung gegen den Erzeuger wird auf den Umfang der Bereicherung des Kindes kaum je Einfluß gewinnen.

2. *Entreicherung durch Verbrauch*[395]

a) Sicher ist zunächst, daß das Kind die vom Scheinvater gezahlten Beträge in aller Regel verbraucht haben wird: das folgt aus dem Alimentationszweck der Zahlungen. Doch führt dies nicht zwangsläufig zur Entreicherung, da der Verbrauch dann nicht entreichernd wirkt, wenn der Kondiktionsschuldner durch den Verbrauch Aufwendungen erspart hat, die er ohne die rechtsgrundlose Leistung aus *eigenem Vermögen* hätte machen müssen — trotz des Verbrauchs bleibt er insoweit bereichert[396]. Steht dagegen fest, daß der Bereicherte die zum Verbrauch führenden Ausgaben ohne Erhalt des kondizierbaren Vermögenswertes aus eigenem Vermögen nicht gemacht hätte (bei sog. Luxusausgaben), so führt der Verbrauch nach allg. Ansicht zur Entreicherung, weil von Ersparnis eigener Aufwendungen dann nicht die Rede sein kann[397].

Nun handelt es sich bei der Verwendung der geleisteten Beträge zum Lebensunterhalt zwar sicher nicht um Luxusausgaben[398], doch reicht diese Erkenntnis angesichts der speziellen Situation des unterhaltsberechtigten Kindes noch nicht aus, um Entreicherung zu verneinen; vielmehr muß stets festgestellt werden, ob diese (wenn auch unumgänglichen) Aufwendungen auch vom Kind selbst hätten bestritten werden können und müssen: Während im Normalfall die Verwendung der kondizierbaren Leistung zum Lebensunterhalt die Ersparnis eigener Aufwendungen impliziert, ist dies beim unterhaltsberechtigten Kind nicht der Fall. Eigene Aufwendungen erspart hat es nämlich nur, wenn feststeht, daß es sonst seinen Lebensunterhalt selbst hätte bestreiten müssen[399]; ob dies der Fall ist, richtet sich wiederum wegen des besonderen Status des unterhaltsberechtigten Kindes nach dessen Vermögensverhältnissen zum Zeitpunkt der Leistung durch den Scheinvater. Die Vermögensverhältnisse des Kindes werden mithin entscheidend für die Frage der Entreicherung[400].

---

395 Vgl. dazu *Soergel/Mühl*, § 818, 27.

396 Allg. Ans., vgl. *Soergel/Mühl*, § 818, 27; *Fikentscher*, § 100 VI 2; BGHZ 14,7.

397 Vgl. statt aller *Enneccerus/Lehmann*, § 227 II 5; aus der Rspr. vgl. RGZ 83, 161; JW 1924, 50; zuletzt BGH FamRZ 1971, 248.

398 *Dieckmann*, JuS 1969, 106.

399 *Larenz*, Schuldrecht 2, § 70 II; *Enneccerus/Lehmann*, § 227 III.

400 *Dieckmann*, JuS 1969, 106 f. differenziert ähnlich nach den Vermögensverhältnissen des Kindes.

b) So liegt Ersparnis eigener Aufwendungen sicher nicht vor, wenn das Kind *keinerlei Vermögen* oder Arbeitseinkünfte hatte, was dem Regelfall entsprechen dürfte. Das Kind hätte dann die Aufwendungen für seinen Lebensunterhalt jedenfalls nicht selbst aufbringen können und müssen und kann somit niemals bereichert sein. Ob und von wem — letzten Endes von der Sozialhilfe — tatsächlich der Unterhalt bestritten worden wäre, kann für die Entreicherung ebensowenig eine Rolle spielen wie die Tatsache, daß die dann zur Verfügung stehenden Beträge möglicherweise geringer gewesen wären als die vom Scheinvater gezahlte Summe[401]: maßgeblich ist allein, daß das Kind diese konkreten Ausgaben nicht aus eigenem Vermögen gemacht hätte; höhere Aufwendungen sind insofern wie Luxusausgaben zu behandeln. Das Kind, das vermögenslos ist und ohne eigene Arbeitseinkünfte, ist daher stets in vollem Umfang entreichert.

Dabei ist zu beachten, daß der immer gegebene Unterhaltsanspruch gegen den wahren Erzeuger für die Frage der Ersparnis von Aufwendungen selbstverständlich nicht als Vermögensbestandteil gewertet werden kann, da er mangels Zuordnung des Erzeugers zum Kind wegen § 1600 a Satz 2 noch nicht realisierbar war.

c) Beim *vermögenden Kind* ist dagegen zu unterscheiden, ob es sein Vermögen auch zum Unterhalt hätte einsetzen müssen. Dazu wäre es zunächst dann verpflichtet gewesen, wenn die Vermögens*einkünfte* oder der Ertrag aus eigener Arbeit dazu ausgereicht hätten (vgl. § 1602): dann war es nicht bedürftig und es stand ihm überhaupt kein Unterhaltsanspruch zu, der zur Deckung des Lebensunterhalts hätte eingesetzt werden können. Das Kind hat dann sicher eigenen Vermögenseinsatz erspart und bleibt daher trotz Verbrauchs bereichert.

Zwar stand ihm auch dann gegen seinen Erzeuger ein Unterhaltsanspruch in Höhe des Regelunterhalts zu[402], doch kann es trotzdem nicht unter Hinweis auf diesen Anspruch einwenden, es hätte seinen Unterhalt wenigstens in dessen Höhe nicht selbst tragen müssen und sei insofern nicht bereichert: auch der Anspruch auf den Regelunterhalt wäre mangels Zuordnung nach § 1600 a Satz 2 nicht realisierbar gewesen und hätte an der Pflicht zu vollem Einsatz des eigenen Vermögens nichts zu ändern vermocht.

Bei ausreichenden eigenen Vermögens- oder Arbeitseinkünften kann demgemäß niemals ein Wegfall der Bereicherung durch Verbrauch eintreten[403].

---

[401] Das ist denkbar etwa bei finanziell schwächerer Position des eigentlich Verpflichteten oder etwa, weil tatsächlich nur die (meist erheblich niedrigeren) Sätze der Sozialhilfe zur Verfügung gestanden hätten.

[402] Vgl. dazu und zu abw. Meinungen bereits oben Teil 1 A I 1 b. Auch Zahlungen des Scheinvaters werden bei dieser Vermögenslage selbstverständlich meist nur in Höhe des Regelunterhalts erfolgen, wenn ihm die Vermögenssituation des Kindes bekannt ist.

[403] Bei ausreichenden eigenen Einkünften werden allerdings, wie bereits erwähnt, auch Zahlungen des Scheinvaters nur bei Irrtum über die Vermögensverhältnisse des Kindes oder als Regelunterhaltszahlungen erfolgen.

Anders ist die Situation aber, wenn das Kind bei Bestreiten seines Unterhalts aus eigenen Mitteln den *Vermögensstamm* hätte (mit) einsetzen müssen: In dieser Vermögenssituation entfallen zwar mangels Bedürftigkeit alle Unterhaltsforderungen gegen sonstige Verwandte, § 1602 I, nicht aber gegen die *Eltern,* § 1602 II. Nur soweit die Eltern zur Unterhaltsleistung außerstande sind, bleibt das Kind zum Einsatz eigenen Vermögens verpflichtet[404]. Eigene Aufwendungen erspart hat das Kind durch Verbrauch der vom Scheinvater gezahlten Summe nur, soweit ohne die rechtsgrundlose Zahlung eine Inanspruchnahme der Eltern erfolglos gewesen wäre. Bei der Berechnung der nach Verbrauch der Summe noch verbleibenden Bereicherung stellt mithin all das einen *Abzugsposten* dar, was das Kind von seinen Eltern erfolgreich hätte verlangen können, wenn die Leistung des Scheinvaters nicht erfolgt wäre; nur in Höhe der Differenz bestand eine Verpflichtung zum Einsatz eigenen Vermögens.

Bei der Berechnung dieses Betrages ist zunächst davon auszugehen, daß eine Inanspruchnahme des eigentlichen Schuldners (des Erzeugers) nicht mitberücksichtigt werden darf, weil jedes Vorgehen gegen ihn nach § 1600 a Satz 2 ausgeschlossen war. Doch haftete dann die *Mutter* entsprechend § 1607 (subsidiär) auf den an sich vom Erzeuger geschuldeten Unterhaltsteilbetrag[405]. Eine Bereicherung des Kindes ist daher insoweit entfallen, als es von ihr den Unterhalt mit Erfolg hätte verlangen können, dies aber im Vertrauen auf die Beständigkeit der Leistung des Scheinvaters unterlassen hat und nunmehr — wegen § 1613[406] — nicht mehr nachträglich fordern kann.

Die Feststellung der von der Mutter damals zu erlangenden Summe mag nicht einfach sein; dennoch stößt sie nicht auf dieselben Schwierigkeiten wie die nach der h. L. erforderliche Feststellung des Werts der legal-

---

404 Das gilt auch für das nichteheliche Kind, vgl. *Soergel/Lange,* § 1602, 9.

405 Vgl. *Soergel/Lange,* § 1606, 13. Daß die Eltern dem Kind als Teil-, nicht als Gesamtschuldner haften, ist wegen § 1606 II nunmehr unstreitig; vgl. *Soergel/Lange,* § 1606, 6 ff.; BGH MDR 1971, 922; kritisch *Beitzke,* § 24 I 4 a („Gesamtschuld unerläßlich").
Die erhöhte Einstandspflicht des § 1602 II trifft auch den (nur subsidiär) für den anderen haftenden Elternteil; dem scheint zwar RGZ 151, 101 (m. zust. Anm. *Volkmann,* JW 1936, 2398) zu widersprechen, wo die Verwendung des Stammkapitals vor Inanspruchnahme der subsidiär haftenden Mutter verlangt wurde, doch handelte es sich dabei um eine kapitalisierte Unterhaltsrente, bei der auch der *Vermögensstamm* zur Verwendung für den Unterhalt bestimmt ist.

406 Nur in diesem tatbestandlich sehr engen Bereich kann somit § 1613 irgendwelche Auswirkungen auf die Frage der Bereicherung haben, sonst werden die Normwirkungen immer überlagert von der Verbrauchsproblematik. Das wird übersehen von *Dieckmann,* JuS 1969, 106; *Stolterfoht,* FamRZ 1971, 350 f.; *Gernhuber,* § 45 VIII 6. Zur Frage der Entreicherung durch Nichtgeltendmachung von Ansprüchen wegen des empfangenen indebiti vgl. auch RGRK/*Scheffler,* § 818, 51 m. w. Nachw.

zedierten Forderung[407]: Es handelt sich um die Feststellung allein in der Vergangenheit liegender Vermögensverhältnisse einer (zudem stets bekannten) Person, wie sie für das Bereicherungsrecht nachgerade typisch ist. Doch ist sie frei von der Bewertung völlig unbekannter und damit unwägbarer Umstände.

Es ist daher zusammenfassend festzustellen, daß in aller Regel ein Kondiktionsanspruch gegen das Kind daran scheitern wird, daß es durch Verbrauch entreichert ist.

3. *Nachträglicher Verlust des gesamten Vermögens*

Schließlich ist nach allgemeiner Ansicht[408] jede Bereicherung stets weggefallen, wenn das *gesamte gegenwärtige Vermögen* des Empfängers nicht mehr zur Deckung der Bereicherungssumme ausreicht: Der materiell-rechtliche Anspruch wird im Kondiktionsrecht durch das haftbare Vermögen begrenzt, während bei allen anderen Ansprüchen die Berücksichtigung des Vermögensstandes erst in der Zwangsvollstreckung erfolgt. Abzustellen ist dabei auf die Vermögenssituation, wie sie sich zum Zeitpunkt der Herausgabe darstellt[409].

Deswegen kann insbesondere die legalzedierte Forderung nicht zum Vermögen des Kindes gerechnet werden, da sie sich nicht im haftbaren Vermögen des Kindes befindet.

Abzulehnen ist auch die Ansicht *Stolterfohts*[410], der zum haftbaren Vermögen des Kindes auch die (an sich § 1613 unterfallenden) Ansprüche gegen die übrigen Verwandten zählen will, da er die Wirkung des § 1613 auf das Verhältnis zwischen Kind und Unterhaltspflichtigem begrenzen will: abgesehen von den bereits oben[411] behandelten Bedenken gegen eine Relativierung der Norm überhaupt mutet die Vorstellung höchst eigenartig an, daß ein Gläubiger in Ansprüche vollstrecken können soll, die seinem Schuldner gar nicht zustehen. Diese Ansprüche gegen nachrangig Haftende sind daher als Vermögenswert nur anzusehen, wenn sie auch dem Kinde tatsächlich noch zustehen, weil der Verfall nach § 1613 aus irgendwelchen Gründen nicht eintrat (vgl. auch dazu oben Teil 1 A III 2 a).

4. *Rechtshängigkeit, Bösgläubigkeit*

Keine Entreicherung kann selbstverständlich eintreten nach Rechtshängigkeit des Bereicherungsanspruchs (§ 818 IV) oder wenn der Lei-

---

407 Vgl. oben III 2.

408 *Soergel/Mühl*, § 818, 22; *Enneccerus/Lehmann*, § 227 III; *Larenz*, Schuldrecht 2, § 70 II; BGH MDR 1957, 598 m. zust. Anm. *Pohle*.

409 *Soergel/Mühl*, § 818, 22.

410 FamRZ 1971, 351.

411 Teil 1 A III 2 a.

stungsempfänger *bösgläubig* war oder wurde (§ 819 I i. V. m. § 818 IV)[412]. Bösgläubigkeit liegt vor, wenn der Empfänger der Leistung beim Empfang den Mangel des rechtlichen Grundes kennt oder ihn später erfährt (§ 819 I), also dann, wenn bei der Zahlung bekannt ist, daß der Zahlende nicht der Erzeuger ist und somit eine Unterhaltspflicht nicht besteht.

Da es sich bei *Unterhaltszahlungen* i. d. R. um Zahlungen an das *minderjährige* Kind handelt[413], ist fraglich, auf wessen Kenntnis es im Rahmen des § 819 I ankommt, auf die des Kindes oder auf die des gesetzlichen Vertreters[414]. Die Frage wird aber nur relevant, wenn der Minderjährige ohne Mitwirkung des gesetzlichen Vertreters aufgetreten ist[415]. Unterhaltsansprüche werden indessen stets vom gesetzlichen Vertreter des Kindes geltend gemacht und durchgesetzt, entweder vom Pfleger (§ 1706 Ziff. 2) oder von der Mutter nach Übertragung der entsprechenden Befugnis (§ 1707). Maßgeblich ist somit beim minderjährigen Kind nach § 166 I ausschließlich die Kenntnis des gesetzlichen Vertreters.

Doch ist eine für § 819 relevante Kenntnis undenkbar, solange das Kind einem bestimmten Erzeuger nach § 1593 oder 1600 a zugeordnet ist, selbst wenn der Vertreter (bzw. das volljährige Kind) wußte, daß die Zuordnung unrichtig war: Solange die Rechtsordnung von jedem die Beachtung des (wenn auch unrichtigen) Status des Kindes verlangt, kann ein Wissen um die Fehlerhaftigkeit der Zuordnung niemals schaden[416]. Jede andere Beurteilung würde der Zuordnungsfunktion mit inter-omnes-Wirkung widersprechen: das Kind wäre angesichts der verschärften Haftung des § 819 gezwungen, das empfangene Geld nicht zum Unterhalt zu verwenden, ohne jedoch seinen wirklichen Erzeuger oder nachrangig Haftende stattdessen in Anspruch nehmen zu können, da diese sich wiederum auf die Zuordnung berufen würden.

---

412 Über das Verhältnis zwischen § 818 III und §§ 818 IV, 819 vgl. *Larenz*, Schuldrecht 2, § 70 II m. w. Nachw.

413 Selbstverständlich sind auch Zahlungen an das volljährige Kind denkbar.

414 Teilweise (*v. Tuhr* II, 1, S. 365; *Enneccerus/Nipperdey*, § 151 Anm. 7; *Soergel/Mühl*, § 819, 6) wird auf die Deliktsfähigkeit des Minderjährigen abgestellt, andere (RG JW 1917, 465; *Enneccerus/Lehmann*, § 227 V 1 b) wollen entspr. dem Schutzzweck der §§ 104 ff. allein auf die Kenntnis des gesetzlichen Vertreters abstellen. *Larenz*, Schuldrecht 2, § 70 IV differenziert zwischen Leistungs- und Eingriffskondiktion. BGH FamRZ 1971, 247 will jedenfalls dem deliktsfähigen Minderjährigen eigene Kenntnis stets dann zurechnen, wenn er sich das Erlangte durch vorsätzliche unerlaubte Handlung verschafft hat. Vgl. dazu auch *Canaris*, JZ 1971, 560.

415 Vgl. *Larenz*, Schuldrecht 2, § 70 IV; *Palandt/Thomas*, § 819, 2.

416 So *Dieckmann*, JuS 1969, 106 FN 65, der auch eine Analogie zu § 142 II ausschließt, weil die Anfechtung eines Status nicht mit der eines Rechtsgeschäfts verglichen werden könne.

Relevant i. S. des § 819 I kann daher das Wissen um die Vaterschaft eines anderen nur bei Zahlungen sein, die erfolgten, ohne daß der Scheinvater dem Kind zugeordnet war. Spätestens wenn das Kind seinem wirklichen Erzeuger zugeordnet ist, liegt Kenntnis vom Fehlen des rechtlichen Grundes vor, da das Kind bzw. der gesetzliche Vertreter stets am Zuordnungsverfahren beteiligt sind[417]. Nach Zuordnung des Kindes zu seinem richtigen Erzeuger kann somit eine weitere Entreicherung niemals eintreten; mit diesem Zeitpunkt wird die Kondiktionsforderung auf die dann noch bestehende Bereicherung fixiert[418].

Zusammenfassung

Zusammenfassend ist somit zur Frage des Umfangs der condictio indebiti festzustellen:

a) Zwar kann weder die Legalzession der Unterhaltsforderung gegen den Erzeuger als entreichernder Umstand in Ansatz gebracht werden noch eine etwaige „Verschlechterung“ dieser Forderung bis zum Zeitpunkt der Kondiktion.

b) Doch wird Entreicherung in aller Regel durch *Verbrauch* eingetreten sein, weil das Kind vermögenslos war und deswegen durch den Verbrauch keine eigenen Aufwendungen erspart haben kann.

c) Hatte das Kind Vermögen, so bleibt es bereichert, soweit die *Erträge* des Vermögens (bzw. die Einkünfte aus eigener Arbeit) den Unterhaltsbedarf decken konnten.

d) Hätte das Kind dagegen für die Bestreitung seines Unterhalts den Vermögens*stamm* verwenden müssen, so ist der Betrag, den es ohne die Zahlung des Scheinvaters von seiner *Mutter* hätte erlangen können, als Entreicherung in Abzug zu bringen, da insoweit Ersparnis eigener Aufwendungen nicht vorliegt.

e) Entreicherung tritt schließlich ein, sofern das gesamte gegenwärtige Vermögen des Kindes zum Zeitpunkt der Kondiktion nicht zur Deckung ausreicht.

f) Jede Entreicherung ist ausgeschlossen, wenn das Kind bösgläubig war oder nachträglich wurde, wobei i. d. R. auf das Wissen des gesetzlichen Vertreters abzustellen ist. Doch kann Bösgläubigkeit niemals vorliegen, solange das Kind dem Scheinvater zugeordnet ist, sie tritt

---

417 Vgl. §§ 1600 c - e, 1600 n, 1706 Ziff. 1, 1707.

418 Vgl. nur *Larenz*, Schuldrecht 2, § 70 IV; daraus erklärt sich auch die oben 1 getroffene Feststellung, daß eine nach Zuordnung des Kindes zum Erzeuger eintretende Verschlechterung der Forderung gegen den wirklichen Erzeuger nicht entreichernd wirken kann.

jedoch spätestens mit Zuordnung des Kindes zu seinem richtigen Erzeuger ein. Danach kann somit niemals eine (weitere) Entreicherung eintreten.

In praxi nähert sich die hier gefundene Lösung damit weitgehend der herrschenden Lehre: Ein Kondiktionsanspruch gegen das gutgläubige Kind wird in aller Regel nicht in Frage kommen, weil es entreichert sein wird[419]. Dennoch empfiehlt sich de lege ferenda nicht, den im Referentenentwurf ursprünglich vorgesehenen Ausschluß der Kondiktion im Umfang der Legalzession zu verwirklichen: praktisch relevant wird der Kondiktionsanspruch stets, wenn die verschärfte Haftung nach § 819 I die Entreicherung ausschließt — ein genereller Ausschluß jeden Vorgehens auch gegen den bösgläubigen Leistungsempfänger, der damit erfolgte[420], wäre sicher nicht vertretbar. Zudem ist nicht einzusehen, warum zugunsten des gutgläubigen und ausnahmsweise noch bereicherten Kindes das Risiko der Eintreibbarkeit der Unterhaltsforderung ausschließlich auf den zunächst zahlenden Scheinvater verlagert werden soll.

B. Schadensersatzansprüche gegen das Kind

I. Deliktische Ansprüche

1. In Frage kommt hier zunächst der bereits oben (Teil 1 B IV 4 a) angedeutete Schadensersatzanspruch gegen das Kind aus *§ 826* wegen böswilliger Verhinderung der Zuordnung zum wirklichen Erzeuger. Die Sittenwidrigkeit kann hier jedoch nur in einem Verhalten im Hinblick auf eine Vaterschaftsfeststellungsklage (§ 1600 n) liegen[421], für das dem minderjährigen Kind die Prozeßführungsbefugnis fehlt: Vertreten wird das Kind in diesem Verfahren stets durch den Pfleger (§ 1706 Nr. 1) oder seine Mutter (§ 1707), so daß für das minderjährige Kind im Hinblick auf dieses Verfahren ein zum Schadensersatz verpflichtendes Verhalten nie in Frage kommt[422]. Lediglich beim volljährigen Kind kann die

---

[419] Im Parallelfall des § 67 VVG wird allerdings regelmäßig keine Entreicherung durch Verbrauch eintreten, weil die Entreicherung des Kindes ausschließlich Folge der konkreten familienrechtlichen Situation ist. Insofern unterscheidet sich die hier vertretene Ansicht durchaus von der h. L., indem sie die Kondiktion im Gegensatz zu dieser zugesteht und somit allein eine interessengerechte Abwicklung der ungerechtfertigten Zahlung ermöglicht.

[420] Sofern nicht deliktische oder deliktsähnliche Ansprüche (vgl. dazu unten B) gegen das Kind vorliegen.

[421] Ein kollusives Zusammenwirken mit dem Erzeuger zum Nachteil des Scheinvaters im Anerkennungsverfahren ist ausgeschlossen, da der Erzeuger, der die Zuordnung verhindern will, niemals anerkennen wird.

[422] In diesen Fällen ist dann ein Vorgehen gegen den ges. Vertreter denkbar, vgl. dazu unten Teil 3 A.

Norm damit Anwendung finden. Der Inhalt des Anspruchs entspricht dann dem gegen den Erzeuger[423].

2. Denkbar ist weiter ein Anspruch gegen das Kind aus § 823 II i. V. m. § 263 StGB, wenn es in voller Kenntnis der fehlenden Vaterschaft des Scheinvaters (und ohne diesem zugeordnet zu sein)[424] dennoch weiter von ihm Unterhalt verlangt und erhält; da das minderjährige Kind jedoch in Unterhaltsfragen stets durch den gesetzlichen Vertreter handelt, ist auch dieser Anspruch nur gegen das volljährige Kind denkbar.

II. Nach einstweiliger Unterhaltsregelung

Einstweilige Unterhaltsregelungen sind denkbar nach § 1615 o, 945 ZPO und § 641 d ZPO. Ihre Aufhebung erzeugt Schadensersatzpflichten nach § 945 ZPO bzw. § 641 g ZPO, die im Folgenden näher untersucht werden sollen.

1. Die einstweilige Verfügung nach *§ 1615 o*

a) Einstweilige Unterhaltsregelungen nach § 1615 o Abs. 1 für die ersten drei Monate sind denkbar bereits *vor* Geburt des Kindes und ohne daß eine Zuordnung zum Vater erfolgt ist; es genügt, daß der in Anspruch Genommene nach § 1600 o als Vater vermutet wird: die Rechtsausübungssperre des § 1600 a wird insofern durchbrochen[425].

Die Norm entspricht weitgehend der entsprechenden Regelung des § 1716 a. F.; ihre Aufgabe ist es, die besondere Notlage des Kindes unmittelbar nach der Geburt zu beseitigen[426]. Doch war die praktische Bedeutung der einstweiligen Verfügung nach § 1716 a. F. angesichts der stets gegebenen Gewährleistung von Unterhalt durch die moderne Sozialgesetzgebung gering[427]; dementsprechend wird auch nach neuem Recht nur geringe Bedeutung der Norm erwartet[428]. Dennoch wurde sie bei der Neugestaltung des Nichtehelichenrechts übernommen, um einen lückenlosen Schutz von Mutter und Kind sicherzustellen[429].

Wird diese einstweilige Verfügung nachträglich wieder aufgehoben (was wegen Fehlens der „Garantiewirkung" positiver Zuordnung relativ leicht denkbar ist), so tritt die Rechtsfolge des § 945 ZPO ein, also Schadensersatzpflicht[430].

---

423 Vgl. oben Teil 1 B IV c.

424 Dann wäre — vgl. oben A V 4 — betrügerische Absicht von vornherein ausgeschlossen.

425 *Gernhuber*, § 59 VII 1.

426 *Staudinger/Göppinger*, § 1716, 1.

427 Vgl. *Staudinger/Göppinger*, § 1716, 2.

428 *Damrau*, FamRZ 1970, 285, 294 f.; zu praktischen Bedenken (Festlegung der Mutter für einen möglichen späteren Vaterschaftsprozeß) vgl. auch *Jansen/Knöpfel*, S. 231.

429 *Damrau*, S. 294 f.; *Jansen/Knöpfel*, S. 231; *Soergel/Lade*, § 1615 o, 1.

430 *Jansen/Knöpfel*, S. 190; *Soergel/Lade*, § 1615 o, 6.

b) *Antragsteller* ist im Gegensatz zur früheren Regelung stets das *Kind*, das wegen der sich daraus ergebenden Parteistellung im Anordnungsverfahren auch die Schadensersatzpflicht nach § 945 ZPO trifft. Das Kind wird, wenn der Antrag *nach* der Geburt gestellt wird[431], entweder durch die Mutter (sofern die Anordnung nach § 1707 I erfolgte), den Pfleger (§ 1706 Nr. 2) oder einen Vormund *vertreten*[432].

Wird der Antrag dagegen *vor* der Geburt gestellt (das wird angesichts der kurzen Zeitspanne der Normalfall sein), so tritt sicher ein gemäß § 1912 für die Leibesfrucht bestellter Pfleger als Vertreter der — insoweit beschränkt rechtsfähigen — Leibesfrucht auf[433]. Fraglich könnte allein sein, ob auch der vor der Geburt des Kindes von der *Kindesmutter* gestellte Antrag im Namen der Leibesfrucht oder im *eigenen Namen* gestellt ist (was zur Folge hätte, daß Antragstellerin die Mutter ist und daß infolgedessen auch sie die Schadensersatzpflicht nach § 945 ZPO träfe), m. a. W., ob der Mutter in § 1615 o Abs. 1 Satz 2 ein eigenes Antragsrecht verliehen wird oder ob sie wie der Pfleger nur als Vertreter des Kindes tätig werden kann.

Die Frage stellt sich, weil § 1716 a. F. den Antrag lediglich vor der Geburt des Kindes gestattete und dieser allein von der Kindesmutter gestellt werden konnte. Dementsprechend wurde allgemein[434] angenommen, die Mutter habe ein *eigenes* Antragsrecht und mache den Unterhaltsanspruch des Kindes in gesetzlicher *Prozeßstandschaft* geltend. Antragsteller war somit stets die Mutter[435], nur sie konnte demgemäß auch Schuldnerin des Schadensersatzanspruchs nach § 945 ZPO sein, niemals das Kind[436]. Wohl in Anlehnung an den bisherigen Rechtszustand wird zum Teil angenommen, auch der von der Mutter gestellte praenatale Antrag nach § 1615 o I 2 erfolgte in gesetzlicher Prozeßstandschaft durch die Mutter im eigenen Namen[437]. Doch wird im Gegensatz zur früheren Regelung durch § 1615 o in erster Linie dem *Kind* ein Antragsrecht eingeräumt. Dies und die Tatsache, daß auch sonst im Rahmen des § 1615 o stets gesetzliche Vertretung des Kindes bzw. nasciturus vorliegt, zwingt zu der Annahme, daß nach neuem Recht auch der praenatale Antrag der Mutter nach § 1615 o in gesetzlicher Vertretung des Kindes erfolgt und nicht kraft eigenen Rechts: die Befugnis der Mutter ist Ausfluß der späteren elterlichen Gewalt[438]; Handeln in Vorwirkung elterlicher

---

431 Das ist anders als nach § 1716 a. F. möglich, vgl. § 1615 o I 2. Dagegen noch *Brühl*, FamRZ 1967, 134.

432 *Odersky*, § 1615 o, III 2.

433 *Odersky*, § 1615 o, III 2; *Palandt/Lauterbach*, § 1912, 2; *Soergel/Lade*, § 1706, 5.

434 *Gernhuber, 1. A.*, § 60 II 2; *Dölle*, Bd. 2, § 108 III 1; *Staudinger/Göppinger*, § 1716, 4; *Palandt/Lauterbach, 28. A.*, § 1716, 1.

435 Vgl. *Rosenberg/Schwab*, S. 165 ff., 202 für die ähnliche Frage der Parteistellung bei Klage in gesetzlicher Prozeßstandschaft.

436 *Staudinger/Göppinger*, § 1716, 16.

437 *Gernhuber*, § 59 VII 2; *Soergel/Lade*, § 1615 o, 2.

438 Anders als nach früherem Recht steht der Mutter des nichtehelichen Kindes nunmehr die elterliche Gewalt zu (§ 1705). Daß die Fürsorge für den

Gewalt kann aber keinen anderen Rechtscharakter haben als das spätere Handeln kraft elterlicher Gewalt[439].

Auch der praenatale Antrag durch die Mutter wird damit in gesetzlicher Vertretung des Kindes gestellt[440]; Antragsteller bleibt also in jedem Fall das Kind mit der Folge, daß es auch die Schadensersatzpflicht nach § 945 ZPO trifft, sofern die Verfügung sich als unrichtig erweist und nachträglich aufgehoben wird.

2. Einstweilige Anordnung nach *§ 641 d ZPO*

Einstweilige Unterhaltsregelung ist möglich auch durch einstweilige Anordnung während eines Rechtsstreits auf Feststellung der Vaterschaft, § 641 d ZPO[441]. Wird die Klage abgewiesen oder zurückgenommen, so hat das Kind gemäß § 641 g ZPO Schadensersatz zu leisten.

Neu daran ist lediglich die gesetzliche Ausgestaltung: bereits früher war dem Kind die Möglichkeit gegeben worden, während des Unterhaltsprozesses den Beklagten durch *einstweilige Verfügung* analog §§ 940 ZPO, 1716 BGB zur Unterhaltszahlung bis zur Entscheidung in der Hauptsache verpflichten zu lassen[442]. Die ausdrückliche Regelung im Rahmen des neuen Nichtehelichenrechts wurde aber notwendig durch die Einführung des § 1600 a, der andernfalls einer einstweiligen Regelung vor rechtskräftiger Zuordnung entgegenstünde; wie § 1615 o erlaubt § 641 d ZPO somit eine Durchbrechung des § 1600 a[443].

3. Eine einstweilige Verfügung *analog § 940 ZPO* bleibt schließlich auch nach geltendem Recht möglich, wenn das Kind im Statusverfahren den Antrag nach § 641 d ZPO nicht gestellt hat (was allerdings selten sein wird, da in aller Regel Status- und Unterhaltsverfahren verbunden werden) oder wenn eine Vaterschaftsfeststellungsklage gar nicht er-

---

Unterhalt der Mutter nicht ohne weiteres zukommt (vgl. §§ 1706, 1707), ändert daran nichts, da die Übertragung der elterlichen Gewalt auch für diesen Bereich heute die Regel sein wird (vgl. *Gernhuber*, § 58 III 4: „Vorrang der Mutter"; zu den erleichterten Voraussetzungen vgl. auch *Knur*, FamRZ 1970, 272; zur Befugnis der Mutter zu praenataler Fürsorge allgemein vgl. auch *Gernhuber*, § 69 III 2).

439 Damit wird auch vermieden, daß von dem (mehr oder weniger zufälligen) Umstand, ob die Mutter vor oder nach der Geburt den Antrag gestellt hat, abhängt, ob sie selbst oder das Kind Schadensersatz gem. § 945 nach der Aufhebung schuldet. Inkonsequent insofern *Gernhuber*, § 59 VII 2, der immer das Kind haften lassen will; unklar *Soergel/Lade*, § 1615 o, 6.

440 So ausdrücklich *Odersky*, § 1615 o, III 2; inkonsequent *Soergel/Lade*, § 1615 o, 2 (zwar Handeln der Mutter als zukünftiger Inhaberin der elterlichen Gewalt, dennoch Auftreten im eigenen Namen).

441 Zur Frage, ob auch bei *negativer* Feststellungsklage die e. A. ergehen darf, vgl. *Gernhuber*, § 59 VII 3; *Odersky*, § 641 d ZPO, II 1; *Thomas/Putzo*, § 641 d, 1 b; *Bergerfurth*, FamRZ 1970, 362 (alle dagegen) sowie *Brühl*, FamRZ 1970, 226 (dafür).

442 Allg. Ans., vgl. nur *Staudinger/Göppinger*, § 1716, 19 ff. m. w. N. und zu den Voraussetzungen im einzelnen; vgl. auch *Gernhuber*, § 59 VII 3.

443 *Odersky*, vor § 641 d ZPO, 2; *Gernhuber*, § 59 VII; *Brühl*, FamRZ 1970, 226; *Damrau*, FamRZ 1970, 293.

hoben wurde, weil der Scheinvater die Vaterschaft anerkannt hatte: Das Kind kann dann nach rechtskräftiger Zuordnung und vor Abschluß des Unterhaltsverfahrens die einstweilige Verfügung nach § 940 ZPO beantragen[444]. Stellt sich dann nach Erlaß der einstweiligen Verfügung heraus, daß der Verpflichtete nicht der Erzeuger war (was Aufhebung der Zuordnung voraussetzt, § 1600 a Satz 1), so ist das Kind nach § 945 ZPO schadensersatzpflichtig[445].

4. a) Weniger gegen die Schadensersatzpflicht des Kindes nach der einstweiligen Verfügung des § 1615 o[446] als gegen die nach der einstweiligen Anordnung nach § 641 d ZPO wurden von Anfang an im Schrifttum Bedenken laut. Sie beruhten darauf, daß bei einstweiliger Unterhaltsregelung während des Unterhaltsverfahrens unter Umständen — wegen der möglicherweise langen Dauer des Hauptverfahrens — hohe Schadensersatzforderungen gegen das Kind auflaufen können. So wurde schon zum früheren Recht[447] vorgeschlagen, dem Kind lediglich den Antrag auf Sicherheitsleistung zu gestatten[448], um dann den hinterlegten Betrag je nach Ausgang des Verfahrens entweder an den Scheinvater oder an den, der stattdessen den Unterhalt bestritten hat (letzlich also an die Sozialhilfe) auszubezahlen[449].

Verschärft hat sich die Diskussion während der Vorarbeiten zur Neuordnung des Nichtehelichenrechts, nachdem bekannt wurde, daß hier eine Schadensersatzpflicht des Kindes ausdrücklich statuiert werden sollte.

So wurde bereits von *Lüderitz*[450] darauf hingewiesen, daß die Schadensersatzpflicht das Kind ganz besonders unbillig treffe: Zwar wird der Schadensersatzanspruch idR nach Rücknahme oder Abweisung der Vaterschaftsfeststellungsklage nicht vollstreckbar sein, da das Kind vermögenslos

---

444 So ausdrücklich *Brühl*, FamRZ 1970, 226; unrichtig insofern *Thomas/Putzo*, § 641 d, 1 b, der offenbar einstweilige Verfügungen angesichts der Möglichkeit des § 641 d ZPO generell ausschließen will. Vgl. aber *Baumbach/Lauterbach*, § 940 ZPO, 2, wonach die einstweilige Verfügung nach § 940 ZPO nur in den Fällen ausgeschlossen ist, in denen — was hier nicht der Fall ist — die Voraussetzungen des § 641 d ZPO vorliegen.

445 Vgl. statt aller *Staudinger/Göppinger*, § 1716, 30.

446 Wie dargelegt, war bei der einstweiligen Verfügung nach § 1716 a. F. ohnehin nur eine Haftung der *Mutter* denkbar. Zudem handelt es sich wegen des kurzen Regelungszeitraums von höchstens drei Monaten stets um begrenzte Schadenssummen.

447 Im Rahmen der auf die einstweilige Verfügung nach § 940 ZPO folgenden Ersatzpflicht des § 945 ZPO. Vgl. schon *Meyer*, UJ 1952, 135; *Gaul*, FamRZ 1958, 162; *Bosch*, FamRZ 1961, 457.

448 Vgl. *Dölle*, Bd. 2, § 108 IV 7; *Gaul*, FamRZ 1958, 162; LG Hannover, NdsRPfl 1953, 180; LG Stuttgart, NJW 1954, 37 f. Vgl. dazu auch OLG Köln, FamRZ 1971, 382 f.

449 So *Dölle*, Bd. 2, § 108 IV 7 (de lege ferenda).

450 FamRZ 1966, 613, 619.

ist[451] (was Voraussetzung für den Erlaß einer einstweiligen Anordnung ist!), es sei denn, daß das Kind — was unwahrscheinlich ist — zwischen Erlaß der einstweiligen Anordnung und Abschluß des Statusverfahrens Vermögen erworben hat[452]. Zudem verjährt der Anspruch als Anspruch aus unerlaubter Handlung gemäß § 852 in drei Jahren[453]; erwirbt aber der Scheinvater einen vollstreckbaren Titel gegen das Kind, sei es durch Urteil oder durch Anerkennung in vollstreckbarer Urkunde[454], so läuft die dreißigjährige Verjährungsfrist des § 218[455]. Dies führt zu der rechtspolitisch äußerst bedenklichen Folge, daß der Scheinvater — entsprechende Hartnäckigkeit vorausgesetzt — wegen der Forderung in den ersten Eigenverdienst des Kindes vollstrecken kann. Das Kind wird dann effektiv von der Ersatzpflicht getroffen zu einem Zeitpunkt, in dem ihm materieller Verzicht besonders schwer fällt; zum anderen führt dieses Vorgehen dem Kind die Unsicherheit seiner Abstammung in einer besonders kritischen Entwicklungsphase vor Augen[456]: Belastet wird es gerade, wenn es mit dem Aufbau einer eigenen Existenz beginnt — was besonders problematisch erscheint, wenn man berücksichtigt, daß das Kind selbst schließlich keine „Schuld" an der Belastung des Falschen hat, da es für die Unsicherheit über seinen Erzeuger nicht verantwortlich ist, aber leben muß[457].

Unter diesem Gesichtspunkt wurde daher vorgeschlagen, einen Regreß des Scheinvaters gegen das Kind ganz auszuschließen mit dem zusätzlichen Argument, der „Schein der Vaterschaft" sei ja nicht ohne sein Zutun entstanden[458], doch steht dem entgegen, daß der Rechtsschein der Vaterschaft auch völlig Unbeteiligte treffen kann, die mit der Mutter niemals oder jedenfalls nicht während der Empfängniszeit verkehrten[459].

Andere schlugen auf Grund der Ähnlichkeit des Verfahrens mit der einstweiligen Anordnung nach § 627 ZPO[460] vor, den Scheinvater wie dort auf einen *Erstattungsanspruch* zu verweisen[461].

---

451 So auch schon *Bosch*, FamRZ 1961, 457.

452 *Lüderitz*, FamRZ 1966, 613, 619.

453 *Odersky*, § 641 g ZPO, III 2; *Lüderitz*, S. 619; für den vergleichbaren Anspruch nach §§ 717 II, 945 ZPO vgl. *Baumbach/Lauterbach*, § 717 ZPO, C und § 945 ZPO, 4 A als Beispiel für die allg. Ans.

454 Dazu wird der ges. Vertreter des Kindes idR aus Kostenersparnisgründen genötigt sein, worauf *Lüderitz*, S. 613 ff. zu Recht hinweist.

455 § 218 II greift nicht ein: es handelt sich nicht um regelmäßig wiederkehrende erst künftig fällig werdende Leistungen.

456 Vgl. insbes. *Lüderitz*, S. 613 ff., aber auch *Huvale*, ZBlJugR 1968, 249; *Brüggemann*, FamRZ 1969, 120; *Reinheimer*, FamRZ 1969, 388.

457 *Huvale*, ZBlJugR 1968, 249.

458 *Lüderitz*, S. 620 im Anschluß an die bereits zitierte Äußerung *Boschs* (FamRZ 1961, 457, 463. Vgl. auch FamRZ 1967, 146), der eine Art Gefährdungshaftung der Konkumbenten einführen und damit den Rückgriff des Scheinvaters generell ausschließen will.

459 So überzeugend *Sinn*, NJW 1968, 526. In Richtung auf einen generellen Ausschluß aber neuerdings wieder *Lange*, NJW 1970, 297, 305.

460 Darüber, daß das Verfahren nach § 641 d ZPO mehr Ähnlichkeit mit der einstweiligen Anordnung nach § 627 ZPO als mit der einstweiligen Verfügung hat vgl. *Brüggemann*, FamRZ 1969, 125; *Brühl*, FamRZ 1970, 226; *Damrau*, FamRZ 1970, 293.

461 In dieser Richtung z. B. *Lüderitz*, FamRZ 1966, 613, der dies für systemgerechter hielte und auch *Bosch*, FamRZ 1970, 157. Daß nach einer einstweiligen Anordnung gemäß § 627 ZPO kein Schadensersatzanspruch nach § 945

Zum Teil[462] wurde empfohlen, dem Scheinvater statt dem Zugriff gegen das Kind in Anlehnung an entsprechende Regelungen in skandinavischen Ländern einen Ersatzanspruch in Höhe des Geleisteten gegen den Staat zu geben[463].

Schließlich hat es nicht an Stimmen gefehlt, die de lege ferenda die Einführung einer nur subsidiären Haftung des Kindes nach dem wahren Erzeuger anregten[464].

Nach geltendem Recht ist aber — da sich alle diese Vorschläge nicht durchzusetzen vermochten — die Existenz des Schadensersatzanspruchs gegen das Kind aus § 641 g ZPO nach Vollstreckung und nachträglicher Aufhebung der einstweiligen Anordnung nicht zu leugnen.

b) Im Hinblick darauf wurde immer wieder geraten, der gesetzliche Vertreter des Kindes solle, um der Gefahr zu hoher Schadensersatzforderungen entgegenzuwirken, möglichst nur *Sicherheitsleistung* anstatt Zahlung beantragen[465].

Dieser Rat ist aber problematisch, weil in der Regel dem Kinde mit einer bloßen Sicherheitsleistung nicht gedient sein wird, da es die Unterhaltszahlung zur Deckung seines laufenden Lebensbedarfs benötigt[466]; sind nämlich unterhaltspflichtige weitere Verwandte, in erster Linie die Mutter, in der Lage, den Unterhalt in der Zwischenzeit zu bestreiten, so fehlt schon die Notwendigkeit einer einstweiligen Anordnung nach § 641 d ZPO[467]. Zudem kann auch bei bloßer Sicherheitsleistung ein ersatzpflichtiger Schaden entstehen, wenn auch nur in seltenen Fällen und meist in erheblich geringerem Umfang als bei Zahlung[468].

ZPO, sondern lediglich ein Erstattungsanspruch möglich ist, darf als gesichert gelten, vgl. *Baumbach/Lauterbach*, § 627 ZPO, 8; *Rosenberg/Schwab*, § 168, II; OLG Darmstadt, NJW 1963, 197; OLG Freiburg, ZZP 1968, 315; a. A. OLG Kiel, HEZ 2, 71.

462 *Knöpfel*, FamRZ 1966, 408, 413.

463 Vgl. für das schwedische Recht *Fischler*, RabelsZ 1964, 124.

464 *Brüggemann*, FamRZ 1969, 120; *Reinheimer*, FamRZ 1969, 388; Darüber, daß sich de lege lata die Annahme einer auch nur faktischen Subsidiarität verbietet, weil der legalzedierte Unterhaltsanspruch dem Scheinvater erfüllungshalber zugewiesen ist (so *Gernhuber*, § 59 VII 8, VIII 3), vgl. schon oben A IV 7 d bb.

465 *Dieckmann*, JuS 1969, 161 FN 68; *Damrau*, FamRZ 1970, 294, insbes. FN 103; *Czerner*, ZBlJugR 1971, 1, 6.

466 *Brühl*, FamRZ 1970, 226, 230.

467 Dagegen entfällt das Rechtsschutzinteresse nicht, wenn sonst die Sozialhilfe in Anspruch genommen werden müßte, wegen des sich aus § 2 BSHG ergebenden Subsidiaritätsgrundsatzes. Vgl. *Odersky*, § 641 d ZPO, II 2 d; *Rosenberg/Schwab*, § 169 a, IV 2 a; vgl. auch OLG Köln, FamRZ 1971, 382 sowie die amtl. Begr. zu § 641 d ZPO in BT-Drucks. Nr. V/3719, S. 40. Teilw. a. Ans. *Reinheimer*, FamRZ 1969, 390, der auch dann das Rechtsschutzbedürfnis für den Antrag auf Sicherheitsleistung verneint, da sonst letztlich nicht das Kind, sondern die Zahlenden gesichert werden. *Damrau*, FamRZ 1970, 294 will dagegen stets die Notwendigkeit einer einstweiligen Anordnung bejahen, da sonst für die Sicherheitsleistung praktisch kein Anwendungsbereich bliebe.

468 Vgl. *Damrau*, FamRZ 1970, 285, 294 FN 106.

Wurde aber der Scheinvater zur Zahlung verpflichtet, so trifft das Kind die Ersatzpflicht für den vollen dem Scheinvater durch die zu Unrecht erfolgte Zahlung entstandenen Schaden.

III. Umfang des Anspruchs

1. Der Anspruch umfaßt zunächst die Rückerstattung der zu Unrecht an das Kind gezahlten Gelder; weiter aber hat das Kind allen zusätzlichen Schaden zu ersetzen, der dem in Anspruch Genommenen entstanden ist, z. B. entgangenen Gewinn (§ 252) oder Schaden wegen seelischer Gesundheitsgefährdung etc.[469].

2. Da gleichzeitig mit der Zahlung als schädigendem Ereignis der Anspruch des Kindes gegen den Erzeuger auf den Zahlenden übergegangen ist[470], erhebt sich die Frage nach der Auswirkung dieses Umstandes auf die Schadensersatzpflicht des Kindes.

In der Begründung zu § 641 g ZPO[471] findet sich der Hinweis, der nach § 641 g ZPO zu ersetzende Schaden *mindere* sich, soweit der Erzeuger auf Grund der Legalzession in Anspruch genommen werden könne; soweit der legalzedierte Unterhaltsanspruch realisierbar ist, müßte demnach der Schaden des Zahlenden entfallen sein. Faktisch führt auch diese Überlegung zur Subsidiarität des Anspruchs gegen das Kind, soweit der Schaden in der Zahlung von Unterhalt besteht. Dieser Gedanke wurde jedoch entschieden zurückgewiesen in erster Linie von *Brüggemann*[472] mit dem Hinweis, die Argumentation klinge „nach strafrechtlicher, dem Vermögensbegriff beim Betrug entnommener Betrachtungsweise"; im bürgerlichen Recht sei nicht schon das Bestehen und die Realisierbarkeit eines anderweitigen Ersatzanspruchs, sondern erst dessen effektive Realisierung geeignet, den vom Ersatzpflichtigen zu ersetzenden Schaden zu mindern.

Diese Ansicht bedarf jedoch besonders wegen des ersten Teils der Begründung differenzierter Betrachtung.

Es besteht nämlich durchaus die Möglichkeit, dem Geschädigten die Erlangung weiterer Ansprüche als schadensmindernd im Rahmen der *Vorteilsausgleichung* anzurechnen, nämlich dann, wenn auf Grund des

---

469 Vgl. dazu im einzelnen *Odersky*, § 641 g ZPO, II 4 d, m. w. N.

470 Weil bei Zahlung auf Grund einstweiliger Unterhaltsregelung stets Zahlung „als Vater" i. S. v. § 1615 b II vorliegt und damit die Legalzession eintritt, vgl. oben Teil 1 A I 2 a.

471 RefE S. 136.

472 FamRZ 1969, 120 (125); im Ergebnis gleich, aber ohne nähere Begründung schon *Knöpfel*, FamRZ 1966, 278; *Jansen/Knöpfel*, S. 190; *Soergel/Lade*, § 1615 o, 3; *Odersky*, § 641 g ZPO, II 4 c; *Baumbach/Lauterbach*, § 641 g ZPO; *Thomas/Putzo*, § 641 g ZPO; *Rosenberg/Schwab*, § 169 a IV 2; *Dieckmann*, JuS 1969, 161.

schadensstiftenden Ereignisses ein weiterer Anspruch gegen Dritte erlangt wurde und — was Voraussetzung für eine Anrechnung als Vorteil ist — dadurch eine Vermögensmehrung eingetreten ist[473]. Es läßt sich nicht leugnen, daß ein zwar realisierbarer, aber noch nicht realisierter Anspruch gegen einen Dritten einen Vermögenswert für den Gläubiger darstellt. Denkbar ist die Anrechnung eines solchen Anspruchs etwa in dem von *Esser*[474] erwähnten Beispiel, daß ein Jockei entgegen der Weisung des Eigentümers ein Rennpferd überanstrengt, wodurch zwar Sieg und Anspruch auf den Preis errungen werden, das Pferd aber eingeht. Oder etwa dann[475], wenn infolge der zum Schadensersatz verpflichtenden Erfüllungshandlung der Gläubiger auch Verwendungsersatzansprüche hinsichtlich der gelieferten Sachen gegen Dritte erwirbt: in beiden Fällen ist durch den Erwerb des Anspruchs gegen Dritte eine anrechnungspflichtige Vermögensmehrung beim Geschädigten eingetreten und der Schaden allein durch den Erwerb des Anspruchs auch vor seiner Realisierung gemindert[476]; die Anrechnung als Vorteil ist jedoch nur dann möglich, wenn sich der erworbene Anspruch wie in den eben genannten Beispielsfällen auf ein *anderes Interesse* richtet als der Schadensersatzanspruch, da durch die dann eintretende Kumulation beider Ansprüche in der Tat eine Vermögensmehrung beim Gläubiger eintritt. Im vorliegenden Fall richtet sich jedoch der Schadensersatzanspruch auf dasselbe Interesse wie der legalzedierte Anspruch (Rückerstattung bzw. Rückgriff wegen zu Unrecht bezahlten Unterhalts), beide Ansprüche stehen daher im Verhältnis der *Schuldnermehrheit*[477]. Eine Kumulation der Forderungen ist aber, wie bereits nachgewiesen wurde, in allen Fällen der Schuldnermehrheit ausgeschlossen, gleichgültig, ob nun ein Fall der Gesamtschuld, des Zessionsregresses oder eine sonstige Form gegenseitiger Zuordnung der Forderungen (Akzessorietät, Subsidiarität) vorliegt. Der Gläubiger kann somit hier nie mehr als seinen Schaden ersetzt bekommen. Ein Vorteil durch den Erhalt des weiteren Anspruchs liegt bei Schuldnermehrheit ausschließlich in der Verbesserung der *Realisierungschance* für das durch die mehreren Ansprüche in gleicher Weise gedeckte Interesse. Die bloße Verbesserung der Realisierungschance aber kann niemals einen anrechenbaren Vorteil darstellen, da eine über den eigentlichen Schaden hinausgehende „Bereicherung" des Geschädigten undenkbar ist[478].

---

[473] Vgl. *Soergel/Schmidt*, §§ 249 - 253, 62.

[474] Schuldrecht 1, § 48 III 1 im Anschluß an *Heck*, § 15.

[475] Vgl. BGH MDR 1955, 279.

[476] Vgl. *Esser*, Schuldrecht 1 § 48 III 1; anders allerdings BGH MDR 1955, 279, wo — wohl um der Schwierigkeit der Bewertung der Realisierungschance auszuweichen — angenommen wurde, erst nach *Bezahlung* könne ein Vorteil angerechnet werden. Zur Vorteilsanrechnung bei Ansprüchen gegen den Sozialversicherungsträger vgl. neuerdings BGH NJW 1971, 936.

[477] Vgl. dazu schon oben A IV 7 b. Zur hier vorliegenden Form der Schuldnermehrheit vgl. unten IV.

[478] Im Ergebnis gleich, allerdings ohne dies aus dem Vorliegen einer Schuldnermehrheit zu folgern *Larenz*, Schuldrecht 1, 7. *A.*, § 14 III c (Anrechnung wäre „formal" und „absurd"); *Schmidt*, AcP 163, 531 (nach einem „allgemeinen Gedanken" könne sich niemand darauf berufen, daß noch ein anderer Verpflichteter vorhanden sei); *Thiele*, AcP 167, 223 ff. und JuS 1968, 154 (Ansprüche gegen Dritte sollen zwar die Leistungspflicht „mindern", doch nur in der Form, daß ein Teil zunächst „vorlage"- oder „vorschußpflichtig" wird mit der Möglichkeit anschließenden Rückgriffs).

(Diese Überlegung stellt im übrigen auch die Brauchbarkeit des Gedankens der Vorteilsanrechnung für die Frage der Wirkung der *Zahlung* einer Forderung bei Schuldnermehrheit [wie sie etwa von *Selb* vorgeschlagen wurde] zumindest in Frage[479, 480], wenn er auch immer wieder herangezogen wird[481] — im Bereich der Schuldnermehrheit ist für Gedanken über Vorteilsanrechnung kein Raum.)

Eine Minderung des Schadens des Scheinvaters durch Erwerb der Unterhaltsforderung gegen den Erzeuger im Wege der Legalzession ist somit ausgeschlossen.

IV. Das Verhältnis zu anderen Ansprüchen

1. Da dem nach einstweiliger Unterhaltsregelung Zahlenden stets neben dem Schadensersatzanspruch auch der legalzedierte Unterhaltsanspruch gegen den wirklichen Erzeuger zusteht[482], ist das Verhältnis des Schadensersatzanspruchs zum legalzedierten Rückgriffsanspruch näher zu untersuchen.

Die Behandlung hat dabei nach den oben A IV 7 entwickelten Grundsätzen zu erfolgen.

a) Sicher ist zunächst, daß ein Fall der *Schuldnermehrheit* vorliegt: wie bereits dargelegt, sind legalzedierter Unterhaltsanspruch und der Schadensersatzanspruch zur Befriedigung desselben Leistungsinteresses des Gläubigers bestimmt, nämlich Rückerstattung bzw. Ersatz von zu Unrecht gezahlten Unterhaltsleistungen[483], beide Ansprüche sollen demnach nicht kumulativ erfüllt werden, soweit sie sich decken.

b) Bei der Frage nach der Gleich- oder Verschiedenstufigkeit der Forderungen als (alleinigem)[484] Kriterium für die *Form* der Schuldnermehrheit kann zunächst festgestellt werden, daß sich eine Verschiedenstufigkeit beider Forderungen weder aus einem *Akzessorietätsverhältnis*[485] noch etwa wegen *Subsidiarität* einer der Forderungen ergibt: die Vorschläge, die Haftung des Kindes nur subsidiär eintreten zu lassen[486], sind nicht Gesetz geworden. Ebensowenig vermag hier wie im Verhältnis zum Bereicherungsanspruch der von *Gernhuber*[487] ent-

---

[479, 480] Ablehnend insbes. *Thiele*, AcP 167, 212 ff.; *Frotz*, JZ 1964, 669; *Schmidt*, AcP 163, 531; *Esser*, Schuldrecht 1, § 48 I 3.

[481] So etwa *Fikentscher*, § 55 V 3; BGH NJW 1971, 936.

[482] Vgl. oben III 2.

[483] Die Problematik entspricht voll der, die oben A V 7 b beim Verhältnis Kondiktionsanspruch — legalzedierter Anspruch dargestellt wurde. Vgl. auch schon oben III 2.

[484] Vgl. oben A IV 7 c ee.

[485] Für das jeder Anhaltspunkt fehlt.

[486] Vgl. oben II 4 a.

[487] § 59 VIII 3.

wickelte Gedanke einer lediglich erfüllungshalber erfolgenden Zuweisung der legalzedierten Forderung an den Zahlenden die Annahme einer Verschiedenstufigkeit der Forderungen zu rechtfertigen, da es sich um Legalzession zu Rückgriffszwecken handelt[488].

Gleiches gilt auch für die Frage, ob eine Zuweisung zum *Zessionsregreß* vorliegt, insbesondere verbietet sich eine Zuweisung zum Zessionsregreß in Analogie zu den Bestimmungen über die Legalzession[489], da jeder Anhaltspunkt dafür fehlt, daß das Kind nur eine „Vorlageleistung" erbringen soll. Problematisch könnte allein sein, ob sich nicht eine Analogie zu § 255 anbietet, denn immerhin handelt es sich hier um einen Schadensersatzanspruch, womit ein wesentliches Bedenken gegen die analoge Anwendung der Norm (das sich beim Verhältnis zum Kondiktionsanspruch auftat)[490] nicht mehr entgegensteht. Doch scheitert die Analogie auch hier an fehlender Gegenstandsbezogenheit der geschuldeten Ersatzleistung: für Regreßansprüche wegen Vermögensaufwendungen kann § 255 nie — auch nicht analog — herangezogen werden[491]. Da weitere Kriterien, die auf eine Zuweisung zum Zessionsregreß[492] und damit auf Verschiedenstufigkeit der Forderungen schließen lassen, nicht ersichtlich sind, ist entsprechend dem oben[493] entwickelten Grundsatz negativer Abgrenzung der Frage der Stufung *Gleichstufigkeit* und damit ein *Gesamtschuldverhältnis* zwischen legalzedierter Unterhaltsforderung und der gegen das Kind gerichteten Schadensersatzforderung anzunehmen.

2. Damit steht fest, daß sowohl Schadensersatzansprüche als auch Kondiktionsansprüche gegen das Kind wegen Unterhaltsleistungen mit der legalzedierten Forderung gegen den Erzeuger gesamtschuldnerisch verknüpft sind. Die interessante Frage, welche Form der Schuldnermehrheit vorliegt, wenn Schadensersatz- und Kondiktionsanspruch gegen das Kind konkurrierend nebeneinanderstehen[494], ist folglich nach der hier vertretenen Lösung unproblematisch, weil beide Ansprüche — isoliert betrachtet — mit der legalzedierten Forderung eine Gesamtschuld bilden; auch bei Anspruchskonkurrenz kann selbstverständlich dann nichts anderes gelten[495].

---

488 Das oben A IV 7 d bb Gesagte gilt selbstverständlich in vollem Umfang auch hier.

489 Vgl. nur oben A IV 7 d aa.

490 Vgl. nur *Larenz*, Schuldrecht 1, § 32 II; BGHZ 52, 39 (45).

491 Vgl. dazu oben A IV 7 d aa.

492 Etwa nach § 281 oder § 242.

493 A IV 7 c ee.

494 Das wird stets der Fall sein, sofern das Kind noch bereichert ist.

495 Die Charakterisierung der „Anspruchskonkurrenz" ist neuerdings umstritten: Während die ältere Lehre und die Rspr. mehrere völlig selbständige Ansprüche annehmen (*Dietz*, S. 125 ff.; *Enneccerus/Nipperdey*, § 228 III 1; *Soergel/Augustin*, § 194, 7; RGZ 118, 114; BGHZ 9, 301; 18, 98; 32, 16; zuletzt *Arens*, AcP 170, 392 ff.), geht eine vordringende neuere Lehre davon aus, es handele sich um einen einheitlichen Anspruch mit verschiedener Begrün-

Problematisch wird die Situation dagegen, wenn man in Abweichung von der hier vertretenen Lösung etwa für den Schadensersatzanspruch — isoliert gesehen — Zessionsregreß in analoger Anwendung des § 255 annimmt, für den Kondiktionsanspruch hingegen — ebenfalls isoliert gesehen — Gesamtschuld annehmen würde. Sicher ist nun, daß bei konkurrierendem Zusammentreffen beider Ansprüche eine einheitliche Beziehung zu Drittansprüchen vorliegen muß[496]. Fraglich ist allein, welche von den konkurrierenden Ansprüchen indizierte Form der Schuldnermehrheit sich gegen die andere durchsetzen würde, eine Frage, die im Bereich der sog. *einwirkenden Anspruchskonkurrenz*[497] anzusiedeln ist, allerdings nicht in der üblichen Form inhaltlicher Einwirkung, wie etwa bei Haftungsbegrenzung[498] oder Verjährung[499], sondern in der Form einwirkender Anspruchskonkurrenz, die das Verhältnis zu dritten Ansprüchen bestimmt. Eine derartige Form einwirkender Anspruchskonkurrenz ist durchaus denkbar; so wurde z. B. bei der Frage der Aufrechenbarkeit — die ebenfalls das Verhältnis zu dritten Ansprüchen betrifft (allerdings mit anderer Richtung) — stets Einwirkung für möglich gehalten[500]. Die Frage der Praevalenz müßte dann entsprechend den oben A IV 7 c ee gefundenen Grundsätzen beantwortet werden: wenn dem Zessionsregreß gegenüber der Gesamtschuld Praevalenz verliehen wurde, muß er sich auch im Verhältnis zu einem konkurrierenden Anspruch durchsetzen; steht mithin einer der konkurrierenden Ansprüche nicht im Gesamtschuldverhältnis zu dem Drittanspruch, so ist Gesamtschuld ausgeschlossen[501, 502]. Doch entsteht das hier gestreifte Problem nur, wenn man die Zuweisung zum Zessionsregreß ausschließlich abhängen läßt von der rechtlichen Charakterisierung eines Anspruchs, ohne — wie dies hier geschehen ist — seine Funktion und seinen Zweck zu berücksichtigen[503].

---

dung (nicht Anspruchskonkurrenz, sondern „Anspruchsnormenkonkurrenz"; so insbes. *Larenz*, Allg. Teil, § 20; Schuldrecht 2, § 75 VI; *Esser*, Schuldrecht 2, § 112 V 3; *Fikentscher*, § 102 V 1 a; insbes. *Georgiades* m. w. Nachw.). Die Frage bedarf jedoch an dieser Stelle keiner Klärung.

[496] Diese Frage des Zusammentreffens von Anspruchskonkurrenz und Schuldnermehrheit wurde bisher m. W. weder in der Rspr. noch in der Lit. behandelt.

Für die Lehre von der Anspruchsnormenkonkurrenz ergibt sich die Einheitlichkeit schon ex definitione: es liegt nur ein einziger Anspruch vor.

[497] Vgl. dazu *Oertmann*, vor §§ 823 ff., 5; *Georgiades*, S. 86 ff.; abl. *Dietz*, S. 150 ff., der jede Einwirkung leugnet.

[498] *Enneccerus/Lehmann*, § 232; *Larenz*, Schuldrecht 2, § 69 VI; RGRK/*Haager*, vor § 823, 7; *Georgiades*, S. 87 m. w. N.; RGZ 66, 363 in st. Rspr. bis 107, 41; BGHZ 17, 214 (217); BAG AP Nr. 16 zu § 611 BGB.

[499] *Staudinger/Coing*, § 194, 20; st. Rspr. und Lehre, vgl. die Nachweise bei *Georgiades*, S. 88.

[500] *Enneccerus/Lehmann*, § 73 II 2; RGRK/*Löscher*, § 393, 2; *Soergel/Schmidt*, § 393, 2; *Georgiades*, S. 89 f. m. w. N.; RGZ 167, 259.

[501] Genau umgekehrt müßte dagegen entscheiden, wer — wie z. B. *Soergel/Schmidt*, § 255, 4 — die Gesamtschuld als Spezialregelung zu § 255 ansieht.

[502] Die Problematik verschiebt sich etwas für die Anhänger der Lehre von der Anspruchsnormenkonkurrenz, weil es sich bei ihr nicht um eine „Einwirkung", sondern um die Frage der Ausgestaltung des (einheitlichen) Anspruchs handelt, doch ist die Problematik abgesehen davon identisch und läßt sich nicht anders oder einfacher lösen als mit der herkömmlichen Lehre; vgl. dazu *Arens*, AcP 170, 401 ff.

[503] In dieser Richtung *Larenz*, Schuldrecht 2, § 32 II und BGHZ 52, 39 (45), wo die Anwendung des § 255 mit dem bloßen Hinweis darauf abgelehnt wurde, daß es sich nicht um Schadensersatzansprüche handele.

Daß es bei der hier gefundenen Lösung gar nicht erst auftaucht, bestätigt nur ihre Richtigkeit.

Zusammenfassung

Die Möglichkeiten des Scheinvaters, gegen das Kind wegen der gezahlten Unterhaltsbeträge vorzugehen, sind damit erschöpft. Festzuhalten bleibt, daß *Bereicherungsansprüche* gegen das Kind zwar denkbar sind (und insbesondere durch die Legalzession des Unterhaltsanspruchs gegen den Erzeuger nicht beeinträchtigt werden), daß aber in aller Regel trotzdem Entreicherung eingetreten sein wird und daß ferner Bösgläubigkeit des Kindes selten ist, weil sie jedenfalls so lange nicht denkbar ist, wie das Kind dem Scheinvater vorläufig zugeordnet ist. Praktische Bedeutung wird daher dem Kondiktionsregreß nur in Ausnahmesituationen zukommen.

Ein Vorgehen des Scheinvaters gegen das Kind nach *Schadensersatzrecht* ist denkbar und wird auch häufiger sein als Kondiktionsregreß, doch (von den seltenen Ausnahmen deliktischen Regresses abgesehen) begrenzt auf Zahlungen unter dem Zwang einstweiliger Unterhaltsregelung und damit nur für einen beschränkten Zeitraum.

Betrachtet man nunmehr die sich bisher dem Zahlenden bietenden Regreßmöglichkeiten, so ergibt sich folgendes Bild: Immer bietet sich an der Rückgriff beim wirklichen Erzeuger, sei es auf Grund der Legalzession, sei es nach Geschäftsführungs- oder Bereicherungsrecht oder in Ausnahmefällen nach Deliktsrecht. Belastet ist dieser Weg jedoch stets durch die Begrenzung auf die tatsächliche Unterhaltspflicht des Erzeugers[504] und die damit bei unterschiedlicher Vermögenssituation von Scheinvater und Erzeuger drohende Möglichkeit einer „Regreßlücke". Belastet ist er weiter durch die häufig vorliegende Rückgriffssperre des § 1600 a Satz 2, auf deren Beseitigung er keinen Einfluß hat[505].

Beide Begrenzungen hindern zwar nicht bei Inanspruchnahme des Kindes: sie setzt lediglich voraus, daß die Zuordnung zum Scheinvater aufgehoben ist (worauf dieser Einfluß nehmen kann) und umfassen stets die gesamten bezahlten Beträge. Doch stellt die Existenz eines *Anspruchs* gegen das Kind eben einen Ausnahmefall dar.

Diese an sich unbefriedigende Situation des Zahlenden zwingt dazu, die Regreßmöglichkeiten des Scheinvaters gegenüber *Dritten* zu unter-

---

504 Abgesehen vom deliktischen Regreß des scheinehelichen Vaters wegen Eheverletzung.

505 Abgesehen von der Möglichkeit des Schadensersatzes nach § 826 in seltenen Ausnahmefällen.

suchen, insbesondere gegen den gesetzlichen Vertreter des Kindes und gegen die Personen, die ohne die Zahlung des Scheinvaters in Anspruch genommen worden wären, gegen nachrangig haftende Unterhaltsschuldner also und letztlich gegen die Sozialhilfe.

Dritter Teil

Ansprüche gegen Dritte

A. Ansprüche gegen den gesetzlichen Vertreter des Kindes

Schadensersatzansprüche gegen den gesetzlichen Vertreter des Kindes (je nach Sachlage die Mutter, ein Pfleger oder ein Vormund) kommen dann in Betracht, wenn dieser in Ausübung der gesetzlichen Vertretung einen Deliktstatbestand erfüllt.

1. Ein Schadensersatzanspruch nach § 823 II BGB i. V. m. § 263 StGB liegt zunächst vor, wenn der gesetzliche Vertreter in voller Kenntnis, daß der in Anspruch genommene nicht der Erzeuger ist und ohne daß eine Zuordnung nach § 1593 oder § 1600 a vorlag, dem Scheinvater gegenüber wahrheitswidrig dessen Vaterschaft behauptet und diesen dadurch zur Zahlung von Unterhalt an das Kind bewegt: es liegt dann Betrug zugunsten eines anderen (des Kindes) vor[506]. Voraussetzung ist allerdings, daß der Zahlende an seine Vaterschaft glaubt, da sonst eine für die Zahlung ursächliche Täuschung nicht vorliegt[507].

Gegenstand des Anspruchs ist die Rückzahlung der gesamten gezahlten Beträge sowie Ersatz sonstigen dadurch entstandenen Schadens.

2. Schadensersatzansprüche sind ferner in Ausnahmefällen denkbar nach *§ 826 BGB*

a) Eine Schadensersatzpflicht nach § 826 tritt einmal ein, wenn der gesetzliche Vertreter im *Bewußtsein der Unrichtigkeit* und mit der *Absicht,* den in Anspruch genommenen durch dann erfolgende Unterhaltsleistungen *zu schädigen,* die gerichtliche Vaterschaftsfeststellung betreibt (Klage nach § 1600 n in gesetzlicher Vertretung des Kindes) und somit bewußt ein unrichtiges Feststellungsurteil *erschleicht* mit der Folge, daß dann (jedenfalls zunächst) eine Unterhaltspflicht eintritt.

Der Schadensersatzanspruch richtet sich auch auf Rückzahlung der gesamten auf Grund der unrichtigen Zuordnung gezahlten Beträge

---

506 Vgl. dazu schon oben Teil 2 B I 2.

507 Damit steht fest, daß der Zahlende dann stets „als Vater" zahlt und somit die Unterhaltsforderung gegen den Erzeuger durch Legalzession erwirbt.

(sowie auf den Ersatz sonstiger durch die Zahlung entstandener Schäden). Beide Ansprüche bieten mithin die Möglichkeit, auch Mehrleistungen des Scheinvaters zu liquidieren.

b) Schadensersatz nach § 826 BGB schuldet der gesetzliche Vertreter ferner, wenn er (im Zusammenwirken mit dem Erzeuger) in sittenwidriger Weise die Zuordnung zum wahren Vater verhindert und damit den Rückgriff gegen diesen vereitelt[508]. Inhalt des Anspruchs ist hier wie beim entsprechenden Anspruch gegen den Erzeuger die Zahlung des Betrages, der bei richtiger Zuordnung im Rückgriff gegen diesen hätte verlangt werden können[509]. Die inzidente Geltendmachung der Vaterschaft entgegen § 1600 a Satz 2 ist hier ebenso gestattet wie beim Vorgehen gegen den Erzeuger unter entsprechenden Voraussetzungen[510].

Erzeuger und gesetzlicher Vertreter haften dann gesamtschuldnerisch nach § 840 BGB.

B. Ansprüche gegen nachrangig Haftende

I. Geschäftsführung ohne Auftrag

1. Wie bereits oben[511] dargelegt wurde, kann der Zahlende nicht nur als Geschäftsführer für den Erzeuger, sondern auch (und zugleich) für die jeweils nachrangig haftenden Unterhaltspflichtigen tätig werden, da die Person des Geschäftsherrn nicht bekannt zu sein braucht; wenn der Erzeuger nicht schuldet mangels Leistungsfähigkeit oder wenn er sonst nicht belangt werden kann, aktualisiert sich die vorher nur subsidiäre Leistungspflicht nachrangig Haftender, in erster Linie also der Mutter (vgl. § 1606 III), sollte diese auch nicht in Anspruch genommen werden können, die der nachfolgenden Pflichtigen in der Reihenfolge ihres Haftungsrangs (§ 1607): Geschäftsherr ist derjenige, der jeweils (aktuell) unterhaltspflichtig gewesen wäre ohne die Zahlung durch den Nicht-Verpflichteten. Wie für den Erzeuger, kann aber auch zugunsten nachrangig Haftender die Führung eines fremden Geschäfts nur vorliegen, wenn eine Zuordnung des Zahlenden zum Kind nicht gegeben ist (und auch nicht einstweilige Unterhaltsregelung), weil sonst bereits ein objektiv eigenes Geschäft vorliegt; zusätzlich muß der Zahlende wissen, daß er nicht pflichtig ist: die Zahlung muß erfolgen ohne (auch nur ver-

---

508 Zu den Voraussetzungen des Anspruchs gilt mutatis mutandis das oben Teil 1 B IV 4 a Gesagte.

509 Vgl. Teil 1 B IV 4 c.

510 Vgl. Teil 1 B IV 4 b.

511 Teil 1 B II 2.

meintliche) eigene Verpflichtung in vollem Bewußtsein, anstelle eines anderen Unterhalt zu leisten[512].

2. *Interessengemäß* ist die Zahlung nur, sofern dadurch eine Unterhaltspflicht des nachrangig Haftenden erfüllt wird, also nur dann, wenn der Erzeuger (oder der sonst vorrangig Haftende) vermögenslos (1607 I) ist oder nicht erreichbar bzw. nach § 1600 a nicht belangt werden kann (§ 1607 II).

Nicht interessengemäß ist die Zahlung dagegen für alle nachrangig Haftenden, die auch ohne die Zahlung des Nichtverpflichteten nicht in Anspruch genommen worden wären. Das ist sicher der Fall für alle *väterlichen Verwandten* des Kindes für den Zeitraum vor positiver Zuordnung zum Erzeuger, da sie wegen § 1600 a Satz 2 zum Zeitpunkt der Zahlung nicht in Anspruch genommen werden konnten und der gegen sie gerichtete Anspruch nach § 1613 (der für diese Ansprüche im Gegensatz zu dem gegen den Erzeuger gerichteten gilt) nachträglich nicht mehr geltend gemacht werden kann. Sie wurden dann zwar von eigener Verpflichtung befreit, doch war die gegen sie gerichtete Forderung nie realisierbar[513]. Die nach dem Erzeuger haftenden väterlichen Verwandten werden dadurch faktisch von der Unterhaltspflicht freigestellt für den Zeitraum vor Zuordnung des Kindes zum Erzeuger. Belastet werden allein die mütterlichen Verwandten, die nach § 1607 II für deren Anteil haften müssen. Doch wirkt sich diese Benachteiligung in aller Regel nicht aus, weil die Kindesmutter für den Anteil des Erzeugers in Anspruch genommen wird, für den sie ohnehin vor den nach dem Erzeuger haftenden väterlichen Verwandten haftet (§ 1602 II). Das setzt sich fort im Regreß nach Geschäftsführungsrecht.

Das Interesse des Verpflichteten an der Zahlung fällt auch nicht etwa in (mittelbarer)[514] Auswirkung des *§ 1613* weg; zwar könnte man in Anlehnung an einen von *Berg*[515] bei der Frage der Tilgung von kurz vor der Verjährung stehenden Ansprüchen angeschnittenem Gedanken sagen, die Tilgung von Ansprüchen, die demnächst[516] verfallen, könne niemals dem Interesse des Geschäftsherrn entsprechen. Dieser Gedanke ist aber nur in den Fällen tragfähig, in denen feststeht, daß der Schuldner ohne die Zahlung des Dritten an den Gläubiger von diesem nicht in Anspruch genommen worden wäre; nur dann hat der Dritte den Schuldner von

---

512 Vgl. Teil 1 B II 1 a - c. Es ist somit Fremdgeschäftsführung auch hier nicht möglich bei Zahlungen, die die Legalzession des § 1615 b bewirken; Probleme der Schuldnermehrheit können also insofern nicht auftauchen.

513 Darüber, daß 1600 a Satz 2 nicht das Entstehen des Anspruchs (und damit dessen „Aktualisierung") hindert, sondern lediglich dessen Geltendmachung, vgl. bereits oben Teil 1 A II 2.

514 Darüber, daß unmittelbare Übertragung des § 1613 auf den Aufwendungsersatzanspruch aus Geschäftsführung ohne Auftrag nicht möglich ist, vgl. bereits oben Teil 1 B II 3 b mit ausf. Nachw.

515 MDR 1968, 720.

516 Der Verfall nach § 1613 tritt ein mit der Fälligkeit der nächsten Unterhaltsrate; da die Raten jeweils am 1. eines Monats fällig werden (§ 1612 III), verfällt bereits mit diesem Termin die vorhergehende Rate, vgl. *Erman/Wagner*, § 1607, 2.

einer ihn effektiv nicht drückenden Schuld befreit und somit nicht für dessen Interessen gehandelt. Diese Situation liegt jedoch bei der Zahlung von Unterhalt nicht vor, da hier mit Sicherheit nachrangig Haftende hätten einspringen müssen: dafür sorgt allein die Existenz des unterhaltsbedürftigen Kindes.

Eine Befreiung ist selbstverständlich denkbar nur in Höhe der tatsächlichen Verpflichtung, nur insoweit entspricht mithin die Zahlung dessen Interesse[517]. Dies führt dazu, daß u. U. Geschäftsführung für mehrere (teilschuldnerisch haftende, § 1606 III) Unterhaltspflichtige vorliegen kann. Sie sind dann auch hinsichtlich der Aufwendungsersatzansprüche Teilschuldner. *Mehrleistungen* können jedoch auch hier niemals liquidiert werden.

3. Ein etwa entgegenstehender Wille des Unterhaltspflichtigen ist nach § 679 unbeachtlich[518].

4. *§ 1600 a Satz 2* hindert die Rechtsausübung gegenüber den mütterlichen Verwandten nicht, da ihre Haftung unabhängig ist von der Zuordnung des Kindes zu einem bestimmten Erzeuger; die Geltendmachung setzt mithin nicht voraus, daß die Vaterschaft eines bestimmten Mannes behauptet wird. Auch diese Form des Regresses bietet somit eine Möglichkeit, Regreß zu nehmen, ohne daß der wahre Erzeuger festgestellt wurde oder anerkannt hat. *Mittelbar* mag dadurch (besonders, wenn der in Anspruch zu Nehmende, wie in der Regel, die Mutter ist) ein Druck ausgeübt werden, auf die Feststellung des wirklichen Erzeugers hinzuwirken, was der Mutter zumal dann möglich ist, wenn sie (§ 1707) befugt ist, in gesetzlicher Vertretung des Kindes die Vaterschaftsfeststellungsklage zu erheben.

Aber auch hinsichtlich der Ansprüche gegen die väterlichen Verwandten kann § 1600 a Satz 2 nicht zur Anwendung kommen, da deren Inanspruchnahme ohnehin (vgl. oben 2) nur denkbar ist für Zahlungen *nach* positiver Zuordnung zum richtigen Erzeuger.

5. Die *Verjährungsfrist* beträgt gemäß § 197 vier Jahre[519]. Die Verjährung beginnt jedoch stets mit der *Entstehung* des Ersatzanspruchs, also bereits mit der Zahlung des Unterhaltsbetrages, da ja (vgl. oben 4) die Geltendmachung nicht durch § 1600 a gehemmt sein kann.

II. Rückgriffskondiktion

1. Rückgriffskondiktion gegen nachrangig Haftende setzt voraus, daß sie durch die Zahlung des Nichterzeugers von einer sie treffenden

---

517 Vgl. oben Teil 1 B II 1 e.

518 Vgl. oben Teil 1 B II 1 f.

519 Vgl. oben Teil 1 B II 3 f.

Unterhaltspflicht gegenüber dem Kind befreit wurden; sonst ist eine Bereicherung niemals denkbar. Voraussetzung ist also hier wie beim Geschäftsführungsregreß[520], daß sich die vorher nur subsidiäre Verpflichtung aktualisiert hat, weil von einem vorrangig Haftenden (insbesondere vom Erzeuger) der Unterhalt nicht zu erlangen war (§ 1607 I, II)[521].

a) Ausgeschlossen ist hier wie beim Kondiktionsrückgriff gegen den Erzeuger eine Rückgriffskondiktion in allen Fällen, in denen die Leistung von vornherein als Leistung eines Dritten erbracht wurde, da dann stets die Voraussetzungen der Geschäftsführung ohne Auftrag vorlagen, die ein Vorgehen nach Bereicherungsrecht ausschließt[522]. Das bedeutet Ausschluß des Kondiktionsrückgriffs auch gegen nachrangig Haftende bei Zahlungen, die ohne Zwang in dem Bewußtsein erbracht wurden, anstelle eines anderen zu leisten.

b) Auch hier beschränkt sich somit die Rückgriffskondiktion auf die Fälle, in denen der Leistende „als Vater" gezahlt hat, sei es in irrtümlicher Annahme eigener Erzeugerschaft, sei es auf Grund vorläufiger Zuordnung oder nach einstweiliger Unterhaltsregelung.

Wie bereits dargelegt[523], ist in diesen Fällen eine Befreiung von eigener Verbindlichkeit und damit Bereicherung des Verpflichteten denkbar, wenn man dem Zahlenden die Möglichkeit gibt, die Tilgungsbestimmung seiner (ursprünglich auf eigene Leistung gerichteten) Zahlung nachträglich zugunsten des eigentlich Verpflichteten nach § 267 zu ändern. Die nachträgliche Änderung der Leistungsrichtung durch gestaltenden Akt muß wie zugunsten des Erzeugers auch zugunsten nachrangig Haftender (in erster Linie der Mutter) möglich sein, sofern sich deren Unterhaltspflicht nach § 1607 Abs. 1 oder Abs. 2 aktualisiert hatte.

Dabei ist es unschädlich, wenn zunächst die Änderung der Tilgungsbestimmung zugunsten der Mutter erfolgt und sich danach erst herausstellt, daß diese wegen fehlender Leistungsfähigkeit gar nicht haftete (§ 1603), sondern an ihrer Stelle ein noch entfernterer Verwandter (z. B. ihre Eltern): die Tilgungsbestimmung zugunsten der Mutter ist dann mangels Verpflichtung ebenfalls fehlgeschlagen; der durch die irrtümliche Eigenleistung entstandene Schwebezustand bleibt damit voll erhalten. Der Zahlende kann demgemäß ohne weiteres die Tilgungsbestimmung nochmals zugunsten des nach der Mutter haftenden weiteren Verpflichtenden ändern. Dies hilft selbst-

---

520 Vgl. oben I 1.

521 Vor Zuordnung des Kindes zum Erzeuger ist dies immer der Fall, da dieser damals noch nicht belangt werden konnte und somit analog § 1607 II die Mutter volle Verpflichtung traf.

522 Vgl. oben Teil 1 B III 1 a.

523 Vgl. oben Teil 1 B III 1 b.

verständlich nicht, wenn die Mutter zwar damals haftete, aber zwischenzeitlich ihr Vermögen verloren hat: dann war die Tilgungsbestimmung wirksam und der Anspruch gegen die Mutter ist getilgt; eine nochmalige Änderung ist dann nicht denkbar.

Dasselbe gilt, wenn zunächst Tilgung der Forderung gegen den wirklichen Erzeuger erklärt wurde und dann übergegangen werden soll zur Tilgung des Anspruchs gegen nachrangig Haftende: Bestand mangels Leistungsfähigkeit überhaupt kein Anspruch gegen den Erzeuger[524], so ist insoweit die Tilgungsbestimmung fehlgeschlagen und kann noch abgeändert werden. War dagegen ein Anspruch in vollem Umfang gegeben und war er nur wegen § 1600 a Satz 2 oder aus anderen Gründen noch nicht durchsetzbar oder ist er es jetzt nicht mehr, weil der Erzeuger zwischenzeitlich sein Vermögen verloren hat, so ist er dennoch mit der auf ihn gerichteten Tilgungsbestimmung rückwirkend getilgt und eine weitere Änderung zugunsten nachrangig Haftender nicht mehr möglich.

Ist die Tilgungsbestimmung in dieser Weise auf einen vorrangig Haftenden „fixiert", so ist ein Kondiktionsrückgriff gegen den Nachrangigen auch nicht unter Hinweis darauf möglich, daß mit der auf die Schuld des vorrangig Haftenden gerichteten Zahlung zugleich auch der Nachrangige befreit wurde[525]: Die Frage, ob ein Regreß möglich ist, richtet sich nach der getilgten Schuld. Zahlt ein vorrangig Verpflichteter, so ist ein Rückgriff auf den Zweitverpflichteten niemals (auch nicht nach Bereicherungsrecht) möglich. Tilgt somit ein Dritter die Schuld des Erstverpflichteten, so ist ihm auch der Rückgriff auf den Zweitverpflichteten versagt.

c) Die nachträgliche Bestimmung der Zahlung zur Leistung zugunsten eines nachrangig Verpflichteten führt jedoch (wie auch die Bestimmung zur Leistung des Erzeugers, vgl. oben Teil 1 B II 1 b a. E.) insofern zu einer Benachteiligung des Zahlenden, als die Legalzession des gegen den Erzeuger gerichteten Unterhaltsanspruchs an ihn rückwirkend entfällt[526] ebenso wie die gegen das Kind gerichteten evtl. gegebenen Kondiktions- und Schadensersatzansprüche — eine Tatsache, die wie auch bei der Tilgungsbestimmung zugunsten des Erzeugers zu genauer Abwägung der Vor- und Nachteile solchen Vorgehens zwingt.

2. Ein in diesem Zusammenhang zu berücksichtigender Umstand ist in erster Linie die Frage der *Entreicherung* (§ 818 III).

---

[524] Was idR selbst bei Vermögenslosigkeit des Erzeugers nur in Höhe des den Regelunterhalt übersteigenden Betrages der Fall sein wird.

[525] Haften vor- und nachrangig Verpflichteter in diesen Fällen (also bei Verpflichtung des Vorrangigen, die aber nicht durchsetzbar ist, was die Schuld des Nächstverpflichteten aktualisiert) nebeneinander, so haften sie schuldnermehrheitlich, und zwar, wie sich aus der dann nach § 1607 II bzw. 1615 b I 1 1. Alt. angeordneten Legalzession ergibt, nicht gesamtschuldnerisch; die Zahlung des Erstverpflichteten bringt damit die Schuld des Zweitverpflichteten zum Erlöschen, die des Zweitverpflichteten führt dagegen zur Legalzession.

[526] Der Anspruch geht dann vielmehr — ebenfalls rückwirkend — auf den über, zugunsten dessen die Tilgungsbestimmung erfolgte, § 1615 b I 1 1. Alt.

Entreicherung der durch die Zahlung des Scheinvaters Entlasteten tritt insbesondere ein wegen der Vorschrift des § 1613, die für die hier getilgten Ansprüche im Gegensatz zu dem gegen den Erzeuger uneingeschränkt gilt: Soweit eine Inanspruchnahme des Pflichtigen durch den Gläubiger (das Kind) wegen § 1613 nicht mehr möglich wäre, scheitert auch ein Kondiktionsrückgriff gegen ihn; er ist nicht mehr bereichert, weil ihn die Befriedigung durch den Drittzahler von einer Schuld entlastet hat, die ihn heute nicht mehr drücken würde, weil er ihrer Geltendmachung den Einwand der des Erlöschens nach § 1613 entgegenhalten könnte[527]. Die Bereicherung ist somit stets ausgeschlossen, soweit eine Inanspruchnahme der Verpflichteten an § 1613 scheitern würde und denkbar nur, sofern einer der Ausnahmefälle vorliegt, in denen die Wirkung des § 1613 nicht eingreift[528].

Rechtshängigkeit und *Verzug* kann bei der hier vorliegenden Fallgestaltung nie gegeben sein: angesichts der Zahlung durch den Scheinvater fehlte dem Kind jede Veranlassung, von nachrangig Verpflichteten Zahlung zu verlangen. Infolge der bereits in anderem Zusammenhang durchgeführten Restriktion der Norm greift jedoch § 1613 auch dann nicht ein, wenn die Verpflichteten ihre Verpflichtung kannten[529]. Kenntnis eigener Verpflichtung liegt stets vor, wenn die Unterhaltspflichtigen *wußten*, daß der in Anspruch genommene nicht der Erzeuger ist und daß infolgedessen sie eigentlich zahlungspflichtig waren.

Doch ist diese Kenntnis irrelevant, solange das Kind dem Zahlenden nach § 1593 oder § 1600 a (vorläufig) zugeordnet ist: solange mit inter-omnes-Wirkung eine — wenn auch fehlerhafte — Zuordnung statuiert ist, kann Kenntnis der Unrichtigkeit (und der daraus folgenden eigenen Verpflichtung) niemals schaden[530]. Ebensowenig kann etwa die Kenntnis der väterlichen Verwandten von den wahren Abstammungsverhältnissen (und damit von eigener Verpflichtung, sofern die Mutter als vorrangig Haftende nicht in Anspruch genommen werden könnte) jemals relevant sein vor Zuordnung des Kindes zum wahren Erzeuger, da sonst entgegen § 1600 a Satz 2 bereits vor Zuordnung auf die Vaterschaft des Erzeugers abgestellt würde.

---

527 So insbes. *v. Caemmerer*, Festschrift Dölle, Bd. 1, S. 153 f. und NJW 1963, 1402 f. Die Problematik wurde bereits oben Teil 1 B III 3 b angedeutet, vgl. dort auch weitere Nachweise.

528 Zur Frage der Entreicherung aus anderen Gründen vgl. schon oben Teil 1 A V 4, wo auch die Frage der Bösgläubigkeit bei Kondiktionsrückgriff behandelt wurde.

529 Vgl. oben Teil 1 A II 2 a. Weitergehend *Stolterfoht*, FamRZ 1971, 350, der im Verhältnis zu *Dritten* die Wirkung des § 1613 stets ausschließen will.

530 Vgl. dazu bereits oben Teil 2 A V 4.

Faktisch bedeutet dies eine weit über die oben 1 b bereits genannte Einschränkung hinausgehende Begrenzung des Kondiktionsrückgriffs gegen nachrangig Verpflichtete: er ist undenkbar für Zahlungen, während deren die Vaterschaft des Zahlenden nach §§ 1593 und § 1600 a gesetzlich unterstellt wurde. Auch Zahlungen nach Aufhebung der Zuordnung fallen nicht in den Kondiktionsrückgriff, weil der Zahlende dann stets bewußt als Dritter leistete und somit als Geschäftsführer (vgl. oben I). Umfaßt sind somit nur Leistungen, die unter dem Zwang einstweiliger Unterhaltsregelung oder in der irrtümlichen Annahme eigener Verpflichtung ohne Zuordnung erfolgten. Doch auch für Zahlungen in diesem Zeitraum können väterliche Verwandte erst für Zahlungen nach positiver Zuordnung des Kindes zum Erzeuger in Anspruch genommen werden (die allerdings nur selten vorkommen werden und nur dann, wenn der Zahlende ausnahmsweise nichts davon erfahren hat, unter den Kondiktionsregreß fallen, weil andernfalls Zahlung als Geschäftsführer vorliegt)[531].

Wie beim Geschäftsführungsregreß (vgl. oben I 2) sind daher die väterlichen Verwandten auch beim Kondiktionsrückgriff weitgehend von Regreßforderungen freigestellt zu Lasten der mütterlichen Verwandten.

3. § 1600 a Satz 2 (Fehlen der Zuordnung des Kindes zum richtigen Erzeuger) hindert den Rückgriff nach Bereicherungsrecht ebensowenig wie den nach Geschäftsführung ohne Auftrag[532]: die Bereicherung nachrangig Haftender ist nicht abhängig von der Feststellung eines bestimmten Erzeugers, die Inanspruchnahme väterlicher Verwandter ist mangels Bereicherung ohnehin ausgeschlossen für Zahlungen vor Zuordnung. Geschäftsführungs- und Bereicherungsregreß gegen die nachrangig haftenden Verwandten laufen damit weitgehend parallel (abgesehen davon, daß sie als Regreß nur für verschiedene Zeiträume in Frage kommen).

Wie beim Geschäftsführungsrückgriff kann durch die bereits vor Zuordnung des Kindes zum Erzeuger mögliche Inanspruchnahme nachrangig Haftender (insbesondere der Mutter) auf diese mittelbar Druck ausgeübt werden, die Zuordnung des Kindes zum richtigen Erzeuger zu betreiben.

4. Gleichlauf mit dem Geschäftsführungsrückgriff erfolgt auch hinsichtlich der *Verjährung:* Die Verjährungsfrist beträgt nach § 197 vier Jahre; sie beginnt mit dem Eintritt der Bereicherung, also mit der Zahlung.

Zusammenfassung

Zusammenfassend ist zum Rückgriff gegen nachrangig Haftende festzuhalten: Ausgeschlossen ist jeder Regreß gegen diese Personen für alle Zahlungen, die erfolgten, während der Scheinvater dem Kind nach §§ 1593 oder 1600 a zugeordnet war. Bei Zahlungen, die erfolgten, ohne

---

[531] Vgl. oben Teil 1 A III 2 a.

[532] Vgl. oben I 4.

daß Zuordnung vorlag, kann der Zahlende den jeweils nachrangig Haftenden in Anspruch nehmen nach *Geschäftsführungsrecht,* wenn er seine Zahlungen erbrachte in Kenntnis davon, daß er nicht der Erzeuger ist und ohne daß er zur Zahlung durch einstweilige Unterhaltsregelung gezwungen war. Hielt er sich hingegen für den Erzeuger oder war er durch einstweilige Unterhaltsregelung verpflichtet, so kann er nachträglich die zunächst auf Erfüllung eigener Verpflichtung gerichtete Tilgungsbestimmung seiner Leistung ändern zugunsten des jeweils nachrangig haftenden Unterhaltspflichtigen und diesen dann nach *Kondiktionsrecht* in Anspruch nehmen; hier wie bei der entsprechenden Rückgriffsalternative gegen den Erzeuger schließen also Geschäftsführungs- und Kondiktionsrückgriff nahtlos aneinander an.

Ausgeschlossen ist bei beiden Rückgriffswegen gleicherweise in aller Regel eine Inanspruchnahme der väterlichen Verwandten; diese können nur für die (selten denkbaren) Zahlungen nach positiver Zuordnung des Kindes zum Vater haften.

Die Möglichkeit der Inanspruchnahme nachrangig Pflichtiger hat der Zahlende wahlweise neben der des Vorgehens gegen den Erzeuger bzw. an dessen Stelle (wenn der Erzeuger überhaupt nicht haftete). Vorteilhaft ist insbesondere, daß diese Regreßmöglichkeit nicht durch die Rechtsausübungssperre des § 1600 a Satz 2 gehemmt werden kann. Mittelbar wird dadurch (insbesondere auf die Mutter, gegen die in erster Linie vorgegangen werden kann) ein gewisser Druck ausgeübt, auf Zuordnung des Kindes zum richtigen Erzeuger hinzuwirken.

Begrenzt ist selbstverständlich auch hier der Rückgriff auf den Umfang der tatsächlichen Verpflichtung des in Anspruch Genommenen; Mehrleistungen sind mithin niemals umfaßt.

C. Ansprüche gegen den Sozialhilfeträger

I. Sozialhilfeträger als „letztrangig Verpflichteter" und Struktur des Anspruchs auf Sozialhilfe

Ein Rückgriff gegen nachrangig Haftende ist, wie dargelegt, nur denkbar, soweit diese in Anspruch genommen worden wären, wenn der Scheinvater nicht für den Unterhalt aufgekommen wäre. Es verbleibt die Frage, ob in den (wenigen) übrigen Fällen, wenn ein Anspruch gegen einen nachrangig Unterhaltspflichtigen nicht vorhanden (sei es, weil ein nachrangig Haftender überhaupt nicht existierte, sei es, weil mangels Leistungsfähigkeit gegen ihn kein Anspruch bestand) oder zwar gegeben, aber nicht durchsetzbar war (wie z. B. gegen die väterlichen Verwandten vor Zuordnung des Kindes zum Erzeuger), eine

Inanspruchnahme des Sozialhilfeträgers als „letztrangig Verpflichtetem" denkbar ist; die Sozialhilfe wäre in diesen Fällen ohne die Zahlung des Scheinvaters zur Unterhaltsleistung herangezogen worden, sie ist mithin durch die Leistung des Nicht-Verpflichteten — untechnisch gesprochen — „bereichert". Der Versuch, bei der Sozialhilfe Regreß zu nehmen, liegt dann nahe.

Da Rückgriff durch einen Leistenden gegen weitere Personen stets im Hinblick auf deren eigene Verpflichtung und damit im Hinblick auf die durch die Zahlung des Regreßnehmers eintretende Entlastung des Rückgriffsschuldners erfolgt, bedarf es zunächst in groben Zügen der Darstellung der Voraussetzungen, unter denen eine Leistungspflicht der Sozialhilfe überhaupt erst denkbar ist.

Im Gegensatz zu den familienrechtlichen Unterhaltsansprüchen ist der Anspruch auf Empfang von Sozialhilfe (§ 4 BSHG) geprägt durch zwei wesentliche und die Anspruchsstruktur bestimmende Eigenarten:

1. Zu nennen ist zunächst das Prinzip der *Nachrangigkeit* der Sozialhilfe (§ 2 BSHG), die dem Leistungsrecht der öffentlichen Fürsorge seit jeher eigen ist: die Sozialhilfe soll als Hilfe der Allgemeinheit für den einzelnen erst zuletzt zum Zuge kommen[533]. Folge des Prinzips ist, daß Hilfeleistung anderer stets die Entstehung des Anspruchs auf Sozialhilfe hindert. Anders als im Familienrecht, wo ja die Bedürftigkeit und damit der Unterhaltsanspruch bei freiwilligen Leistungen Dritter nicht entfällt[534], wird jedoch im Bereich der Sozialhilfe allein auf die *tatsächliche Bedürftigkeit* abgestellt; Bedürftigkeit im Sinne des BSGH wird demgemäß gehindert durch jegliche Zahlung Dritter unabhängig davon, ob sie auf gesetzlicher, vertraglicher oder sittlicher Grundlage beruht oder ob sie ohne eine solche Grundlage erfolgte, unabhängig auch davon, ob sie freiwillig oder unfreiwillig, zur Erfüllung vermeintlicher eigener Pflicht erfolgt oder in vollem Bewußtsein fehlender eigener Verpflichtung: die Hilfsbedürftigkeit ist damit beseitigt und jeglicher Anspruch auf Sozialhilfe ausgeschlossen[535]. Grund für dieses Abstellen allein auf die faktischen Verhältnisse ist, daß den mit der Gewährung der Sozialhilfe betreuten Behörden unmöglich die Überprüfung der rechtlichen Qualifikation von Leistungen Dritter zur Aufgabe gemacht werden kann[536].

2. Ein weiterer Gesichtspunkt, der den Anspruch auf Sozialhilfe wesentlich von den familienrechtlichen Unterhaltsansprüchen unter-

---

[533] Vgl. *Gottschick/Giese*, § 2 BSHG, 1.

[534] *Soergel/Lange*, § 1602, 3.

[535] Allg. Ans., vgl. nur *Gottschick/Giese*, § 2 BSGH, 3; OVG Hamburg, FEVS 17, 124 (132 f.).

[536] OVG Hamburg, FEVS 17, 124.

scheidet, ist der in § 5 BSHG zum Ausdruck kommende Grundsatz, daß eine Leistungspflicht des Sozialhilfeträgers erst nach dessen *Kenntnis* von der Bedürftigkeit einsetzt: bevor dem Sozialhilfeträger die Hilfsbedürftigkeit bekannt ist, besteht kein Anspruch; *rückwirkende Hilfe wird grundsätzlich nicht gewährt*[537, 538]. Unterstützung für einen zurückliegenden Zeitraum ist jedoch dann zu gewähren, wenn die Sozialhilfe in Kenntnis ihrer Verpflichtung nicht leistet für den Zeitraum seit Erlangung der Kenntnis[539].

II. Die spezialgesetzliche Regelung des § 121 BSHG für Ersatz von Drittleistungen

Diese stark einschränkende Ausgestaltung der Anspruchsvoraussetzungen führte zur Einführung eines Aufwendungsersatzanspruchs für Drittleistungen in bestimmten Ausnahmefällen. So kann derjenige, der einem anderen Hilfe gewährt in einem Zeitraum, währenddessen der Sozialhilfeträger keine Kenntnis von der Hilfsbedürftigkeit hat (und für den infolgedessen auch kein Anspruch nach § 4 BSHG entstand, vgl. oben I 2), unter Umständen Aufwendungsersatz vom Sozialhilfeträger verlangen[540]. Doch ist der Anspruch von recht engen Voraussetzungen abhängig:

1. Gefordert wird zunächst, daß es sich um einen *Eilfall* handelt, daß also sofortige Hilfe geboten ist und nicht abgewartet werden kann, bis die Notlage dem Träger der Sozialhilfe bekannt wird[541].

Bei Unterhaltszahlungen durch einen Nichtverpflichteten ist zwar denkbar, daß ein Eilfall vorliegt, doch wird dies selten der Fall sein: gedacht ist in erster Linie an plötzlich eintretende Notsituationen, die umgehend Hilfe erfordern, wie z. B. Verletzungen durch Verkehrsunfall, sonstige Notwendigkeit sofortigen ärztlichen Eingreifens, Schwächeanfall eines alten Menschen auf der Straße usw.[542].

---

537 *Gottschick/Giese*, § 5 BSHG, 4; *Knopp/Fichtner*, § 5 BSHG, 6. Der Grundsatz, daß rückwirkend kein Unterhalt verlangt werden kann, hat also hier eine andere rechtliche Ausgestaltung erfahren als im Bereich des Verwandtenunterhalts durch § 1613: dort verfällt ein Anspruch, wenn er nicht rechtzeitig geltend gemacht wurde und der Pflichtige keine Kenntnis von ihm hatte, während hier Unkenntnis bereits seine Entstehung hindert.

538 Vom Ausschluß rückwirkender Unterstützung stellt § 6 II BSHG nur eine scheinbare Ausnahme dar: die nach der Norm mögliche nachträgliche Hilfeleistung erfolgt stets im Hinblick auf die Zukunft.

539 *Gottschick/Giese*, § 5 BSHG, 4 b; auch insofern ist die Situation also vergleichbar mit der beim Verwandtenunterhalt, wo ja § 1613 nicht zur Anwendung kommt, sofern die Verpflichtung bekannt war, vgl. oben Teil 1 A III 2 a.

540 Es handelt sich um einen öffentlich-rechtlichen Anspruch, der im Verwaltungsrechtsweg geltend zu machen ist, vgl. *Gottschick/Giese*, § 121 BSHG, 6.

541 Vgl. nur *Gottschick/Giese*, § 121 BSHG, 3 a.

542 *Gottschick/Giese*, § 121 BSHG, 3 a.

2. Diese Beschränkung des Anspruchs auf Hilfeleistungen in Eilfällen hat zur Folge, daß der Anspruch nie die Erstattung solcher Aufwendungen umfaßt, die auf Grund (wenn auch nur irrtümlicher Annahme) eigener Verpflichtung gemacht wurden[543]. Dementsprechend sind — projiziert auf die Situation beim Scheinvaterregreß — ausgenommen alle Zahlungen, die der Leistende „als Vater" erbracht hat, sei es in irrtümlicher Annahme eigener Vaterschaft, auf Grund unrichtiger Zuordnung zum Kind oder nach einstweiliger Unterhaltsregelung[544].

Schon vom Ansatz her ist mithin dieser Rückgriffsweg beschränkt auf Zahlungen, die in bewußter Drittleistung erfolgten und die im Rahmen des Rückgriffs gegen den Erzeuger und nachrangig haftende Unterhaltspflichtige unter dem Gesichtspunkt der Geschäftsführung ohne Auftrag behandelt wurden.

3. Die gewährte Hilfe muß (ihrer Art nach) mit derjenigen übereinstimmen, die der Träger der Sozialhilfe bei rechtzeitiger Kenntnis erbracht hätte[545], dagegen kann der *Umfang* der zu erstattenden Aufwendungen durchaus von der Höhe der Kosten abweichen, die dem Sozialhilfeträger selbst bei rechtzeitigem Eingreifen entstanden wären: zu ersetzen ist „in gebotenem Umfang"; was aber geboten war, unterliegt der Ermessensentscheidung des Sozialhilfeträgers[546].

4. Der Erstattungsanspruch ist schließlich abhängig davon, daß der Leistende innerhalb *angemessener Frist* seinen Erstattungsantrag stellt.

Damit wird der Zeitraum, für den Aufwendungsersatz verlangt werden kann, ganz erheblich eingeschränkt: stets wird zu verlangen sein, daß der Zahlende seinen Erstattungsantrag so schnell stellt, wie dies von ihm unter Berücksichtigung seiner sonstigen Interessen verlangt werden kann, in aller Regel also sofort nach der Leistung[547]. Sobald aber der Antrag gestellt ist, kann für weitere Zahlungen nicht mehr unter dem Gesichtspunkt des § 121 BSHG Ersatz verlangt werden, da dann Kenntnis des Sozialhilfeträgers von der Hilfsbedürftigkeit des Zahlungsempfängers vorliegt und somit dessen Anspruch auf Sozialhilfe zum Entstehen gelangt (§ 5 BSHG): die in § 121 vorausgesetzte Situation ist dann nicht mehr gegeben.

5. Gerade diese Begrenzung des Anspruchs auf Ersatz der Kosten für Aufwendungen innerhalb eines sehr begrenzten Zeitraums, aber auch die Feststellung, daß ein „Eilfall" i. S. der Norm bei Zahlung von Unterhalt durch den Scheinvater nur in den seltensten Fällen angenommen wer-

---

543 *Gottschick/Giese*, § 121 BSHG, 3 a; vgl. auch BVerwG FEVS 16, 444; VG München, ZfF 1968, 121; OVG Hamburg, FEVS 17, 124 (131).

544 Vgl. auch die Ausnahme in § 121 BSHG für Leistungen, die auf Grund rechtlicher oder sittlicher Pflicht erfolgten.

545 *Gottschick/Giese*, § 121 BSHG, 3 b.

546 *Gottschick/Giese*, § 121 BSHG, 4; das entspricht der bei der unmittelbaren Gewährung an Bedürftige vorzunehmenden Ermessensentscheidung nach § 4 II BSHG.

547 *Gottschick/Giese*, § 121 BSHG, 3 d.

den kann, führt zu der Erkenntnis, daß § 121 BSHG für den Regreß des Scheinvaters wegen Unterhaltsleistungen in aller Regel kein geeignetes Regreßinstrument ist: schon von den Voraussetzungen der Norm her ist ein Anspruch nur in seltenen Ausnahmefällen denkbar.

III. Ansprüche aus Geschäftsführung ohne Auftrag

1. Wie beim Rückgriff gegen nachrangig Verpflichtete kommt auch gegenüber der Sozialhilfe das Geschäftsführungsrecht als Rückgriffsmodus nur für Zahlungen in Betracht, die als Führung eines fremden Geschäfts anzusehen waren, Zahlungen also, die der Leistende nicht „als Vater" erbrachte, die vielmehr in Kenntnis fehlender eigener Verpflichtung und ohne Zahlungszwang durch Zuordnung zum Kind oder einstweilige Unterhaltsregelung erfolgten[548]: nur dann kann die Zahlung als Geschäftsführung zugunsten der Sozialhilfe angesehen werden, wobei auch hier nicht erforderlich ist, daß der Zahlende die Absicht hat, gerade im Interesse der Sozialhilfe tätig zu werden; es genügt hier wie dort die Absicht, anstelle dessen tätig zu werden, der ohne die Zahlung in Anspruch genommen worden wäre — ist dieser die Sozialhilfe, so liegt Geschäftsführung zu ihren Gunsten vor.

2. Fraglich bleibt jedoch, ob ein Rückgriff gegen die Sozialhilfe nach Geschäftsführungsrecht nicht durch § 121 BSHG als *lex specialis* gehindert ist. Zwar kann man nicht davon ausgehen, daß § 121 BSHG Erstattungsansprüche nach anderen Gesetzen grundsätzlich ausschließt[549], doch ist dadurch über die Möglichkeit von Regreßansprüchen nach allgemeinen Gesetzen noch nichts gesagt: zum Teil[550] wird vertreten, § 121 BSHG regele alle Erstattungsansprüche Dritter gegen die Sozialhilfe abschließend insoweit, als dadurch Erstattungsansprüche nach allgemeinen Gesetzen wie nach Geschäftsführungs- und Bereicherungsrecht grundsätzlich ausgeschlossen werden; nur sondergesetzliche anderweitige Ausgleichregelungen sollen daneben zulässig sein. Meist wird aber ohne weiteres davon ausgegangen, daß § 121 BSHG dem Geschäftsführungs- und Bereicherungsrückgriff nicht entgegensteht[551]. Das Verhältnis zwischen § 121 BSHG und anderen Rückgriffswegen läßt sich

---

548 Vgl. oben B I 1.

549 *Gottschick/Giese,* § 121 BSHG, 8 unter Berufung auf die amtliche Begründung zum BSHG; *Oestreicher,* § 121 BSHG, 3; OVG Hamburg, FEVS 17, 124 (131).

550 Vgl. nur BayVGHE 21, 24; auch das OVG Hamburg, FEVS 17, 124 scheint dieser Auffassung zuzuneigen.

551 So z. B. BVerwG FEVS 16, 444; HessVGH FEVS 16, 207; vgl. auch OVG Hamburg, FEVS 17, 124, das seine diese Ansprüche ablehnende Haltung letztlich damit begründet, daß deren Voraussetzungen nicht vorliegen.

jedoch m. E. nur unter Berücksichtigung des *Regelungsbereichs* des § 121 BSHG sowie des *Zwecks* der Norm klären[552]. Angesichts des sehr engen Anwendungsbereichs des § 121 BSHG (umfaßt werden, wie dargelegt, nur freiwillige Zahlungen Dritter, die erbracht wurden, bevor eine Verpflichtung der Sozialhilfe selbst überhaupt existierte) kann nicht davon ausgegangen werden, daß die Norm grundsätzlich jeden anderen Regreßmodus ausschließt; doch wird man innerhalb des von der Norm umfaßten Zeitraums § 121 BSHG als Sonderregelung mit Vorrang vor den allgemeinen Vorschriften ansehen müssen, die den Rückgriff nur unter relativ engen Voraussetzungen zuläßt[553]. Dies ergibt sich auch aus der Beschränkung des Rückgriffs auf Eilfälle und aus der Begrenzung des Zeitraums durch das Erfordernis sofortiger Geltendmachung: bezweckt wird dadurch, daß einmal nicht die Sozialhilfe rückwirkend mit einer zu großen Summen aufgelaufenen Rückgriffsforderung konfrontiert wird, zum anderen soll durch den Zwang zu schneller Geltendmachung der Sozialhilfe möglichst schnell die Möglichkeit gegeben werden, die erforderliche Hilfe in eigener Regie und Verantwortung zu gewähren. Wäre daneben noch Rückgriff nach Geschäftsführungsrecht denkbar, so könnte entgegen dem Normzweck auch ohne rechtzeitige Anmeldung der Ansprüche über einen langen Zeitraum Rückgriff nach Geschäftsführungsrecht genommen werden, die Norm wäre mithin obsolet[554]

Festzustellen bleibt somit, daß § 121 BSHG für *freiwillige* Zahlungen Dritter, die erfolgten, bevor ein Anspruch des Hilfsbedürftigen gegen die Sozialhilfe überhaupt entstanden war, als Sonderregelung den einzig möglichen Regreßweg darstellt; Rückgriff nach allgemeinen Normen ist insoweit ausgeschlossen.

3. Daraus folgt, daß Rückgriff auf die Sozialhilfe über Geschäftsführungsrecht nur in dem verbleibenden Restbereich denkbar ist und damit (da für den Geschäftsführungsregreß ohnehin nur freiwillige Zahlungen in Betracht kommen)[555] für Zahlungen während eines Zeitraums, in dem an sich bereits ein Anspruch auf Sozialhilfe bestand, für

---

[552] Vgl. dazu *Larenz*, Methodenlehre, S. 206 ff.

[553] Daß § 121 BSHG je nach Lage des Einzelfalles allgemeine Vorschriften verdrängen kann, wird auch von *Gottschick/Giese* (§ 121 BSHG, 8) gesehen.

[554] Die Anwendung der Vorschriften über die Geschäftsführung ohne Auftrag wäre dann auch nicht zu umgehen mit dem Hinweis darauf, die Zahlung entspreche nicht dem Interesse des Sozialhilfeträgers, weil zum Zeitpunkt der Zahlung (mangels Kenntnis) noch gar kein Anspruch der Hilfsbedürftigen vorliegen könne, der durch die Zahlung getilgt werden könnte (vgl. oben I 1): Nicht nur die Tilgung bestehender Ansprüche kann im Interesse des Geschäftsherrn liegen, sondern auch ein Verhalten, das deren Entstehung verhindert.

[555] Vgl. oben B I 1.

Zahlungen folglich, die nur geleistet wurden, weil der Sozialhilfeträger (in voller Kenntnis der Hilfsbedürftigkeit) nicht geleistet hat, also *säumig* war[556]. Diese Voraussetzungen werden jedoch nur in Ausnahmefällen gegeben sein; als allgemeiner Regreßmechanismus gegen die Sozialhilfe über die Grenzen des § 121 BSHG hinaus ist mithin das Recht der Geschäftsführung ohne Auftrag nicht tauglich.

IV. Ansprüche aus Rückgriffskondiktion

1. Während somit § 121 BSHG und das Recht der Geschäftsführung ohne Auftrag in den Fällen bewußter und freiwilliger Drittleistungen an das Kind (wenn auch sehr eng umgrenzte) Rückgriffsmöglichkeiten auf den Sozialhilfeträger eröffnen, bietet sich — wie auch beim Rückgriff gegen den Erzeuger und nachrangig haftende Unterhaltspflichtige — der Kondiktionsrückgriff an für die verbleibenden Fälle, dann also, wenn der Zahlende im Hinblick auf *eigene Verpflichtung* (und damit „als Vater") leistete, weil der sich entweder irrtümlich für den Erzeuger hielt oder in den Zuordnungsfällen bzw. nach einstweiliger Unterhaltsregelung. Hier wie dort ist ein Kondiktionsrückgriff denkbar, wenn man dem Leistenden die Möglichkeit gibt, die zunächst fehlgeschlagene Tilgungsbestimmung nachträglich zu ändern[557] und zwar auch zugunsten der (letztlich haftenden) Sozialhilfe. Da es sich bei den hier in Frage stehenden Zahlungen nicht um freiwillige Drittleistungen handelt, kann dieser Rückgriffsweg auch nicht durch die Sonderregelung des § 121 BSHG ausgeschlossen sein, da dessen Regelungsbereich Zahlungen, die im Hinblick auf eigene Verpflichtung erfolgten, nicht umfaßt (vgl. oben III 2).

2. Die Rückgriffskondiktion gegen den Sozialhilfeträger scheitert jedoch aus einem anderen Grund: die Wirksamkeit nachträglicher Änderung der Tilgungsbestimmung setzt voraus, daß für den Zeitraum, auf den sich die Zahlungen bezogen, ein Anspruch des Kindes aus § 4 BSHG auf Sozialhilfeleistung bestand; bestand ein solcher Anspruch nicht, so ist eine etwaige geänderte Tilgungsbestimmung erneut fehlgeschlagen, Befreiung von einer Verbindlichkeit und damit Bereicherung des Sozialhilfeträgers ist dann undenkbar. Daß dann, wenn Zahlungen durch einen Dritten erfolgten (und seien sie auch rechtsgrundlos), wegen des Grundsatzes der Nachrangigkeit der Sozialhilfe (§ 2 BSHG) die Bedürftigkeit und damit jeglicher Anspruch entfällt, wurde bereits oben (I 1) dargelegt. Die Leistung des Scheinvaters kann mithin niemals

---

556 Selbstverständlich kann in diesen Fällen auch die Drittzahlung nicht die Bedürftigkeit des Zahlungsempfängers beseitigen, vgl. *Gottschick/Giese*, § 2 BSHG 3; vgl. auch VGH Mannheim, BadWürttVBl. 1972, 14.

557 Vgl. oben B II 1 b, c.

die Tilgung eines gegen die Sozialhilfe gerichteten Anspruchs bewirken: Die Annahme der Erfüllung eines Anspruchs durch eine Leistung, deretwegen eben dieser Anspruch gar nicht zur Entstehung gelangt, wäre eine Absurdität. Die rein faktische, nicht rechtliche Definition der Bedürftigkeit im Sozialhilferecht verhindert somit jegliche Inanspruchnahme des Sozialhilfeträgers im Wege der Rückgriffskondiktion.

Daran ändert sich für den Bereich des Scheinvaterrückgriffs auch nichts, wenn man im Anschluß an einen vom OVG Hamburg[558] geäußerten Gedanken eine Ausnahme vom Grundsatz der Berücksichtigung auch rechtsgrundloser Leistungen Dritter im Rahmen der Bedürftigkeit dann macht, wenn dem Sozialhilfeträger der Mangel des rechtlichen Grundes bekannt war oder bekannt sein mußte; diese Überlegung ist zwar insofern richtig, als dann der Grund für die Entlastung der Sozialhilfe durch auch rechtsgrundlose Leistungen Dritter (nämlich die Unzumutbarkeit, die rechtliche Qualifikation von Drittleistungen zu überprüfen) entfällt, doch führt sie beim Regreß des Scheinvaters zu keinen anderen Ergebnissen: einmal könnte wie auch bei der entsprechenden Frage des § 1613 beim Rückgriff gegen nachrangig Haftende (vgl. oben B II 2) selbst das sichere Wissen, daß ein anderer der Erzeuger ist, niemals schaden, so lange der Leistende dem Kind zugeordnet ist (§ 1600 a bzw. § 1593), zum anderen ist es auch kaum jemals denkbar, daß der Sozialhilfeträger überhaupt davon erfahren kann, daß ein Nichtverpflichteter leistet: so lange jemand als Vater in Anspruch genommen wird und Unterhalt leistet, hat die Sozialhilfebehörde keinerlei Anlaß, sich um das Kind und dessen Abstammungsverhältnisse auch nur zu kümmern, da ein „Sozialfall" gar nicht vorliegt (insofern ist die Situation anders als bei den Verwandten des Kindes).

Das Prinzip der Nachrangigkeit der Sozialhilfe führt somit in viel weiterem Umfang als beim Rückgriff gegen nachrangig haftende Verwandte zu einer Entlastung des (letztlich haftenden) Sozialhilfeträgers auf Kosten dessen, der zunächst irrtümlich in Anspruch genommen wurde.

Zusammenfassung

Zusammenfassend läßt sich zu den Ansprüchen gegen den Träger der Sozialhilfe festhalten: Zwar gibt es theoretisch Möglichkeiten, bei der Sozialhilfe auch für Unterhaltsleistungen Regreß zu nehmen, doch sind diese Möglichkeiten nicht auf den Regreß des Scheinvaters zugeschnitten, insbesondere schließt das sozialhilferechtliche Prinzip der Nachrangigkeit jeden Regreß dann aus, wenn der Zahlende irrtümlich oder auf Grund unterstellter Unterhaltspflicht leistete, während sich bei den Fällen bewußter Drittleistung (in denen der Zahlende weniger schutzbedürftig erscheint) gewisse, wenn auch sehr eng begrenzte und im Einzelfall höchst selten vorliegende Rückgriffsmöglichkeiten anbieten. Praktisch bleibt damit der Sozialhilfeträger dem Regreß des Schein-

---

[558] FEVS 17, 124 (133).

vaters entzogen. Der Staat wird somit durch die zu Unrecht erbrachten Leistungen entlastet auch und gerade dann, wenn feststeht, daß er ohne diese Leistungen hätte einspringen müssen. Den Nachteil hat allein der Zahlende zu tragen, den in aller Regel keine Verantwortung trifft für die fehlerhafte Inanspruchnahme (es sei denn, man sähe in Heirat oder Beischlaf bereits einen zurechnungsbegründenden Akt). Eine Abänderung dieses Ergebnisses setzte jedoch eine grundlegende Umgestaltung der Strukturen des Sozialhilferechts voraus; das wäre im Hinblick darauf nicht zu rechtfertigen, daß fast immer ein von der Sozialhilfe haftender Unterhaltspflichtiger existiert (insbesondere die Kindesmutter) und daher die beschriebene Entlastung des Staates nur in krassen Ausnahmesituationen eintreten kann. Eine an die herkömmlichen Prinzipien des Sozialhilferechts rührende Änderung rechtfertigen sie jedoch keinesfalls: periphere Unebenheiten lassen sich auch im Bereich noch so bewährter Prinzipien niemals vermeiden.

Schlußbemerkung

1. Die Rückgriffswege, die dem Scheinvater wegen zu Unrecht an das Kind gezahlter Unterhaltsleistungen zur Verfügung stehen, sind mit den vorstehenden Ausführungen abschließend gekennzeichnet. Es hat sich gezeigt, daß auch nach der Neufassung des Unterhaltsrechts der Regreß des Scheinvaters eine Vielzahl von Problemen birgt, die sich geradezu mosaikartig an- und ineinanderfügen — eine jede Untersuchung von Regreßfragen charakterisierende Eigenart, die aber verstärkt auftritt beim familienrechtlichen Regreß, wo sich in das Wechselspiel der Normen neben schuldrechtlichen in erheblichem Umfang auch spezifisch familienrechtliche Regelungen einfügen. Bemerkenswert ist dabei, daß gerade die familienrechtlichen Normen, die nicht in erster Linie den Rückgriff im Auge haben, sondern die Konzeption des gegen den oder die eigentlichen Schuldner gerichteten Unterhaltsanspruchs bestimmen (wie z. B. § 1600 a, §§ 1601 ff, § 1613), sich beim Rückgriff am meisten belastend bemerkbar machen; Normen, die sich innerhalb ihres unmittelbaren Regelungsbereichs durchweg als Ausdruck einer in sich geschlossenen und plausiblen Konzeption darstellen, enthüllen sich beim Regreß, wo sie nur mittelbare und gleichsam reflexive Wirkung zeigen, als die eigentlichen Problemträger: je differenzierter ein Rechtsverhältnis ausgestaltet ist, desto problematischer wird die Situation für den, der auf den Rückgriff bei einem der Beteiligten angewiesen ist; dort vorliegende strukturelle Eigenarten finden im Rahmen der Regreßmechanismen jeder Art ihre Fortsetzung.

Dennoch steht dem Zahlenden ein breitgefächertes Angebot an Regreßwegen zur Verfügung: Einmal, weil sich ihm (je nach der Situation, aus der die Zahlung erfolgte) verschiedene Regreßmodi anbieten vom Zessionsregreß über Geschäftsführung ohne Auftrag und Bereicherung bis zu deliktischen oder quasideliktischen Ansprüchen; dazuhin kommen als mögliche Anspruchsgegner nicht nur (wie im Normalfall der Zahlung einer Nichtschuld im Schuldrecht) der eigentliche Schuldner und der Leistungsempfänger (Erzeuger und Kind) in Frage, sondern — auch dies als Folge spezifisch familienrechtlicher Regelung — zusätzlich nachrangig haftende Unterhaltspflichtige und in Ausnahmefällen gar die Sozialhilfe.

2. Doch wäre der Schluß von der Breite des theoretischen Angebots auf eine Garantie stets befriedigenden Rückgriffs verfehlt. Denn die Vielfalt möglicher Regreßgegner (Erzeuger, Kind, nachrangig Haftende,

Sozialhilfe) offenbarte sich, was Umfang und Sicherheit des Rückgriffs betrifft, als Reihe von kontinuierlich abnehmender Intensität: „sicherster“ Rückgriffsschuldner ist und bleibt nach wie vor der *Erzeuger*, der in erster Linie in Anspruch genommen werden wird. Eine Inanspruchnahme des *Kindes* bleibt zwar stets denkbar, doch wird sie nur in Ausnahmefällen zum Erfolg führen. Die die Verpflichtung *sonstiger Verwandter* kennzeichnende Nachrangigkeit der Haftung setzt sich fort in entsprechender Subsidiarität bei der Rückgriffshaftung, wobei die väterlichen Verwandten nahezu immer völlig freigestellt werden. Ein Vorgehen gegen die *Sozialhilfe* schließlich ist nur in seltenen und für die behandelte Rückgriffsproblematik atypischen Ausnahmesituationen erfolgversprechend; wie die väterlichen Verwandten scheidet sie mithin als Rückgriffsschuldner praktisch aus.

Durchbrochen wird diese Stufung möglicher Schuldner lediglich bei den deliktischen und quasideliktischen Regreßwegen, deren Vorliegen aber stets durch ganz bestimmte konkrete Situationen bedingt ist, die jedenfalls nicht den Regelfall darstellen werden.

3. Folge ist, daß (wenn auch rechtlich keine Subsidiarität in der Reihe der möglichen Anspruchsgegner vorliegt) *in praxi* stets zunächst der Rückgriff beim Erzeuger versucht werden wird, da ein Vorgehen gegen ihn am aussichtsreichsten und mit dem geringsten rechtlichen Risiko belastet erscheint. Erst wenn dies keinen Erfolg verspricht, wird ein Rückgriff gegen die übrigen Schuldner in Frage kommen; die rechtliche Ausgestaltung der einzelnen Rückgriffsmodi führt demnach *faktisch* zu subsidiärer Haftung der übrigen möglichen Anspruchsgegner — ein Ergebnis, das der Tatsache gerecht wird, daß der Erzeuger ja letztlich vor allen anderen dem Kind den vom Scheinvater gezahlten Unterhalt schuldete und daß deswegen der in Anspruch Genommene stets seinerseits beim Erzeuger Rückgriff suchen wird: der unpraktische und unökonomische „Umweg“ über die weiteren Rückgriffsschuldner wird so vermieden, wenn eine unmittelbare Belastung des letztlich Haftenden ohne große Probleme zu erreichen ist.

Daraus folgt auch, daß nicht die Unvollständigkeit und Begrenztheit der einzelnen Regreßwege in isolierender Betrachtung (die sich in den bisherigen Ausführungen deutlich gezeigt hat) das Bild der Rückgriffssituation für den Scheinvater prägen kann, sondern nur eine aus der Kombination der einzelnen Möglichkeiten sich ergebende Gesamtschau: Entscheidendes Kriterium für die Bewertung der Situation muß sein, ob und in welchem Maße die dem Vorgehen gegen den Erzeuger immanenten (wenn auch strukturbedingten) Schwächen durch Einsatz der eben beschriebenen „subsidiären“ Rückgriffswege ausgeglichen werden können.

4. Unter diesem Aspekt erwiesen sich im Rahmen des Vorgehens gegen den Erzeuger als problematisch im Wesentlichen zwei Gesichtspunkte: einmal die Tatsache, daß dem Scheinvater über das bei jedem Regreß vorhandene Risiko der Auffindbarkeit und Zahlungsfähigkeit des Rückgriffsschuldners hinaus das *Regreßhindernis* des § 1600 a Satz 2 entgegenstehen kann, auf dessen Beseitigung er nicht selbst hinwirken kann, da er die Zuordnung zum richtigen Erzeuger nicht in Gang zu setzen vermag, zum anderen die Gefahr einer *Regreßlücke* in den Fällen, in denen die vom Scheinvater der vermeintlichen oder unterstellten Unterhaltspflicht zufolge gezahlten Beträge die tatsächliche Verpflichtung des Erzeugers übersteigen.

a) Was die Regreßbehinderung durch § 1600 a betrifft, erscheint bei einer Gesamtbetrachtung die Problematik weitgehend als ausgeglichen: Soweit die Zuordnung nicht ohnehin durch die Interessen des Kindes erfordert und herbeigeführt wird, bietet immerhin die Gefahr, andernfalls selbst in Anspruch genommen zu werden, hinreichende Gewähr dafür, daß Kind oder Mutter (als gesetzliche Vertreterin) schließlich doch die Zuordnung zum Erzeuger initiieren; sollte trotzdem die Zuordnung nicht erfolgen, etwa weil sie tatsächlich den Interessen des Kindes zuwiderlaufen würde, so bleibt immer noch (wenn auch nur in begrenztem Umfang) die Möglichkeit, beim Kind oder nachrangig Haftenden Regreß zu suchen. Unterbleibt jedoch die Zuordnung aus arglistiger Motivation, so vermag der Schadensersatzanspruch aus § 826 gegen Erzeuger, Kind oder gesetzlichen Vertreter einen Ausgleich zu bieten — der verbleibende Restbereich, in dem weder der Erzeuger noch ein sonstiger Beteiligter in Anspruch genommen werden kann, wird damit auf einen kaum jemals relevanten Rest dezimiert, der — wenn dadurch auch der Zahlende unbillig getroffen werden mag — als Folge der Gesamtstruktur des neuen Nichtehelichenrechts hingenommen werden kann.

b) Weitaus problematischer stellt sich dagegen auch nach Berücksichtigung sämtlicher Rückgriffsmöglichkeiten die Frage der Regreßlücke dar, die entsteht, wenn die Leistungsfähigkeit und damit die Unterhaltspflicht des Erzeugers niedriger ist als die des Zahlenden: Weder die Pauschalierung durch den Regelunterhalt noch andere Regreßwege gegen den Erzeuger gewähren dem Scheinvater dann Deckung in voller Höhe; er bleibt vielmehr beschränkt auf die der wahren Verpflichtung des Erzeugers entsprechende Rückgriffssumme. Genau dasselbe gilt für die Inanspruchnahme weiterer Unterhaltspflichtiger — die Begrenzung des Anspruchs auf den Umfang eigener Verpflichtung des in Anspruch Genommenen ist geradezu Wesensmerkmal jedes Rückgriffs. Das für den Fall der Zuvielzahlung in sonstigen Fällen der Zahlung einer Drittschuld sich stets anbietende Vorgehen gegen den Leistungsempfänger (das Kind) ist wegen der speziell familienrechtlichen Situation in aller Regel zum Scheitern verurteilt, da Entreicherung eingetreten sein wird. Die Möglichkeit, auf dem Deliktswege die gesamten Beträge zu liquidieren, ist auf seltene Ausnahmesituationen beschränkt und auch die quasideliktischen Ansprüche gegen das Kind nach einstweiliger Unterhaltsregelung stehen im Regelfall nicht zur Verfügung; eine generelle Milderung der für den Scheinvater doch recht mißlichen Situation können diese Ansprüche daher nicht bewirken.

5. Das verdeutlicht nochmals, daß die Neuregelung des Scheinvaterrückgriffs durch die Legalzession des § 1615 b zwar die Stellung des Leistenden erheblich verbessert und gesichert hat im Vergleich zum bisherigen Rechtszustand. Die Neukonzipierung des Unterhaltsrechts führte jedoch zu einer Situation, die die Zahlung notwendigerweise mit dem Risiko eines nur lückenhaften Rückgriffs belastet, einem Risiko, das auch durch Übergang zu anderen Regreßmechanismen nicht oder nur sehr unzulänglich ausgeglichen werden kann. Die neue Rechtslage birgt damit Situationen, die schon vom Anspruchsumfang her und ohne Rücksicht auf sonst den Rückgriff hemmende Umstände wie Zahlungsfähigkeit des Schuldners usw. vollen Regreß des Leistenden häufig vereiteln werden. Dieses Ergebnis mag bedenkenlos hinnehmen, wer den Ausschluß jeglichen Rückgriffs für den Scheinvater als denkbare Lösung des Regreßproblems überhaupt ansieht und der damit praktisch für eine „Gefährdungshaftung" der Konkumbenten als interessengerechte Lösung eintritt; befremdlich muß es dagegen allen erscheinen, die dieser Überlegung keine Überzeugungskraft beimessen — eine Auffassung, die im Rahmen der vorliegenden Arbeit mehrfach vertreten wurde: So lange das Gesetz davon ausgeht, daß Unterhalt nur der wirkliche Erzeuger schuldet, muß jede endgültige Belastung des Scheinvaters (wenn auch nur mit einem Teilbetrag) als willkürlich und unbillig erscheinen, zumal dann, wenn sie sich als fast zwangsläufige Folge der gesetzlichen Grundkonzeption darstellt.

6. Eine Korrektur könnte nur durch den *Gesetzgeber* erfolgen. De lege ferenda wäre aber zu berücksichtigen, daß im Rahmen der das neue Nichtehelichenrecht tragenden Konzeption ein Ausgleich schwerlich denkbar ist: Eine gesetzliche Regelung, die das Entstehen jeglicher Regreßlücke verhindert, würde Aufgabe der differenzierten Unterhaltsregelung für das nichteheliche Kind (die ursächlich für die Regreßlücke ist) verlangen und damit die eben erst wenigstens unterhaltsrechtlich durchgeführte Gleichstellung mit ehelichen Kindern wieder beseitigen. Eine generelle Belastung etwa des Erzeugers oder nachrangig Haftender auch im Umfang der Mehrleistungen verlagerte da-

gegen das Problem nur: willkürlich belastet wären dann diese. Eine Haftung des Kindes schließlich ohne Berücksichtigung der Entreicherung hieße im Ergebnis die im Bereich einstweiliger Unterhaltsregelungen schon äußerst problematische Schadensersatzpflicht des Kindes auf alle Fälle auszudehnen und damit die dort bestehende Fragwürdigkeit noch zu steigern.

Der Gesetzgeber hat mithin eine Rechtslage geschaffen, in der Regreßlücken bereits vorgezeichnet sind — Lücken, die sich auch durch gesetzgeberischen Akt nicht innerhalb der Rückgriffsbeteiligten in befriedigender Weise schließen lassen. In dieser Situation, die jede Zahlung eines Dritten notwendigerweise mit dem Risiko nur teilweiser Regreßmöglichkeit belastet, erscheint ein interessengemäßer Ausgleich nur denkbar durch die Zubilligung eines *Ersatzanspruchs gegen den Staat*, wie er (vgl. oben S. 107) für die vergleichbare Situation im schwedischen Recht — wo dem Leistenden nach unrichtiger einstweiliger Unterhaltsregelung jedes Vorgehen gegen das Kind ausdrücklich versagt ist — bereits gesetzlich fixiert wurde: Hier wie dort mag der Staat, der jemandem eine auch nur vorläufige Leistungspflicht auferlegt, ihm aber für den Fall, daß sich nachträglich die Unrichtigkeit herausstellt, (wenigstens teilweise) den Rückgriff abschneidet, für angemessenen Ausgleich sorgen.

Die Behandlung eines derartigen Anspruchs würde jedoch den Rahmen der vorliegenden Untersuchung sprengen, da die Gesamtproblematik nicht mehr im Bereich des Rückgriffs im weitesten Sinne anzusiedeln ist, sondern bei den sogenannten *öffentlich-rechtlichen Ersatzansprüchen*, wo zudem ein auch nur ähnlich strukturierter Ersatzanspruch im deutschen Recht bislang unbekannt ist.

7. Angesichts der im übrigen ja durchaus vorhandenen und durch Gesetz ausdrücklich eingeräumten Regreßmöglichkeiten des Scheinvaters müßte ein solcher Anspruch jedoch — sollten gesetzgeberische Überlegungen angestellt werden — beschränkt werden auf die Fälle, in denen tatsächlich die eben beschriebene konzeptionsbedingte Regreßlücke vorliegt; ausgeschlossen müßte er demnach sein, wenn dem Leistenden irgendein Anspruch wegen der erbrachten Leistungen aus welchem Rechtsgrund auch immer gegen einen sonstigen Beteiligten zusteht, da sonst von einer Regreßlücke nicht die Rede sein kann. Unerheblich müßte dabei sein, ob der Anspruch gegen den sonstigen Beteiligten realisierbar ist oder nicht, da es nicht darum geht, daß der Staat dem Leistenden das Durchsetzbarkeitsrisiko beim Regreß abnehmen soll (das er auch sonst stets selbst zu tragen hat), sondern lediglich um die Schließung der *Anspruchslücke;* die „Subsidiarität" wäre demnach gegenüber § 839 I 2 als vergleichbarer Norm zu verschärfen.

Zu begrenzen wäre schließlich der Anspruch auf die Situationen, in denen die Leistung auf Grund staatlichen Zwangs erfolgte, also auf die Fälle der Zuordnung des Kindes zum Leistenden nach § 1600 a oder § 1593 (wegen der quasideliktischen Schadensersatzansprüche gegen das Kind wären sie dagegen auszuschließen bei einstweiliger Unterhaltsregelung als Folge der oben empfohlenen Subsidiarität), während irrtümliche Leistungen ohne Zuordnung oder gar freiwillige Drittleistungen niemals zu einer Haftung des Staates führen dürfen: Für eine nicht vom Staat erzwungene Leistung kann er auch nicht haftbar gemacht werden.

Eine diese Überlegungen berücksichtigende gesetzliche Regelung wäre sicher geeignet, das sich heute bietende Bild der Regreßsituation des Scheinvaters in befriedigender Weise abzurunden. Ob für sie ein Bedürfnis besteht, kann nur daran gemessen werden, wie häufig und in welchem Umfang die Regreßlücke in praxi überhaupt relevant wird. Das wiederum ist eine Frage, die sich nur nach einer gewissen Zeit der Gesetzesanwendung beantworten läßt; letztlich wird sich somit in der Praxis erweisen, ob die bisherige Regelung ausreichend ist oder der Ergänzung bedarf.

Literaturverzeichnis

Arens: Zur Anspruchskonkurrenz bei mehreren Haftungsgründen, AcP 170, 392.

Baumbach/Lauterbach: Zivilprozeßordnung, 30. A. 1970.

Baur/Wolf: Bereicherungsansprüche bei irrtümlicher Leistung auf fremde Schuld — Das Wegnahmerecht des Nichtbesitzers, JuS 1966, 393.

Beitzke: Familienrecht, 15. A. 1970.

Berg: Verjährung des Anspruchs aus Geschäftsführung ohne Auftrag bei Tilgung einer bereits verjährten Forderung, MDR 1968, 717.

Bergerfurth: Die einstweilige Anordnung im Vaterschaftsprozeß, FamRZ 1970, 362.

Blomeyer, Arwed: Allgemeines Schuldrecht, 4. A. 1969.

Boehmer: Ersatzansprüche des „gesetzlichen" Vertreters wegen Unterhaltsleistungen an das nachträglich für unehelich erklärte Kind?, NJW 1955, 210.

— Zum Verhältnis zwischen § 1593 und § 826 BGB, JZ 1962, 731.

— Fragen der Ehelichkeitsanfechtung, FamRZ 1960, 213.

Börnsen: Strukturen der Gesamtschuld, Diss. Kiel 1969.

Bosch: Probleme einer Reform des Unehelichenrechts, FamRZ 1961, 457.

— Anm. zu BGH FamRZ 1967, 144, FamRZ 1967, 146.

— Das neue Recht des nichtehelichen Kindes in Deutschland, FamRZ 1970, 157.

Bruck/Möller (Bearb.): Kommentar zum Versicherungsvertragsgesetz, 8. A. 1970.

Brüggemann: Die Vaterschaftsfeststellung im Referentenentwurf 1966 zum Unehelichengesetz, FamRZ 1966, 530.

— Rückabwicklungsansprüche aus Unterhaltsleistung durch und für den Nichterzeuger, ZBlJugR 1967, 108.

— Die verfahrensrechtliche Neuordnung des Nichtehelichenrechts, FamRZ 1969, 120.

Brühl: Unterhaltsrecht, 2. A. 1963.

— Die einstweilige Anordnung im Vaterschaftsprozeß, FamRZ 1970, 226.

Bursch: Geltendmachung des Regelunterhalts trotz offenbar mangelnder Bedürfnisse des nichtehelichen Kindes mit eigenen Erwerbseinkünften vor vollendetem 18. Lebensjahr?, ZBlJugR 1971, 88.

v. Caemmerer: Bereicherung und unerlaubte Handlung, Festschrift f. Ernst Rabel, Bd. 1, 1954, 333.

— Anm. zu BGH JR 1959, 461, JR 1959, 462.

v. Caemmerer: Bereicherungsansprüche und Drittbeziehungen, JZ 1962, 385.
— Irrtümliche Zahlung fremder Schulden, Festschrift f. Hans Dölle, Bd. 1, 1963, 135.
— Anm. zu BGH NJW 1963, 579, NJW 1963, 1402.
Canaris: Anm. zu BGH JZ 1971, 557, JZ 1971, 560.
Clemm: Der Rückgriff des subsidiär haftenden Kraftfahrzeug-Haftpflichtversicherers, Diss. Berlin 1968.
Coing: Anm. zu OLG Düsseldorf, NJW 1952, 1336, NJW 1952, 1336.
Czerner: Zum materiellen und verfahrensrechtlichen Unterhaltsanspruch des nichtehelichen Kindes, ZBlJugR 1971, 1.
Danckelmann: Anm. zu OLG Stuttgart, NJW 1955, 1593, NJW 1955, 1593.
Damrau: Überblick über die Verfahren in Rechtssachen nichtehelicher Kinder, FamRZ 1970, 285.
Dieckmann: Scheinvater-Vater-Kind, Jus 1969, 101, 156.
Dietz: Anspruchskonkurrenz bei Vertragsverletzung und Delikt, 1934.
Dilcher: Zu Begriff und Funktion der Gesamtschuld, JZ 1967, 110.
— Zum Gesamtschuldausgleich in Schadensersatzfällen, JZ 1973, 199.
Dölle: Familienrecht, Bd. 1 u. 2, 1964/1965.
Eisele: Correalität und Solidarität, AcP 77, 374.
Enneccerus/Nipperdey: Allgemeiner Teil des Bürgerlichen Rechts, 15. A. 1959/60.
Enneccerus/Lehmann: Recht der Schuldverhältnisse, 15. A. 1958.
Enneccerus/Kipp/Wolff: Das Familienrecht, 7. A. 1931.
Erman (Bearb.): Handkommentar zum Bürgerlichen Gesetzbuch, 4. A. 1967.
Esser: Schuldrecht, Allgemeiner Teil (I) 4. A. 1970.
— Schuldrecht, Besonderer Teil (II), 3. A. 1969.
Fikentscher: Das Schuldrecht, 3. A. 1971.
Firsching: Gesetz über die rechtliche Stellung der nichtehelichen Kinder vom 19. 8. 1969, RPfl. 1970, 8, 41.
Fischler: Die schwedische Gesetzgebung auf dem Gebiete des Privatrechts 1951 - 1962, RabelsZ 1964, 113.
Flume: Der Wegfall der Bereicherung in der Entwicklung vom römischen zum geltenden Recht, Festschrift f. Niedermeyer, 1953, 103.
— Anm. zu BGH JZ 1962, 280, JZ 1962, 281.
Franz: Anm. zu OLG Düsseldorf, NJW 1966, 355, NJW 1966, 785.
Frotz: Dogmatische Fortschritte im Verständnis der Regreßmethoden bei Schuldnermehrheit?, JZ 1964, 665.
— Regreßverlust durch Gläubigerhandeln, VersR 1965, 212.
Furler: Unterhaltsanspruch des geschiedenen Ehegatten, 1941.
Gaul: Die Grundlagen des Wiederaufnahmerechts, 1956.

Gaul: Einstweilige Unterhaltsregelung zugunsten des unehelichen Kindes während der Aussetzung des Unterhaltsprozesses analog §§ 940 ZPO, 1716 BGB?, FamRZ 1958, 157.

— Der Zwiespalt zwischen Unterhalts- und Abstammungsurteil als rechtstheoretisches, rechtspraktisches und legislatorisches Problem, FamRZ 1959, 334, 431.

Gernhuber: Familienrecht, 1. A. 1964, 2. A. 1971.

— Formnichtigkeit und Treu und Glauben, Festschrift f. Schmidt/Rimpler 1957, 151.

Georgiades: Die Anspruchskonkurrenz im Zivilrecht und Zivilprozeßrecht, 1968.

v. Godin: Ehegesetz, 2. A. 1950.

Göppinger: Die Reform des Rechts der nichtehelichen Kinder (zum Gesetz vom 19. 8. 1969, BGBl. I, 1243), JR 1969, 401.

Gottschick/Giese: Das Bundessozialhilfegesetz, 4. A. 1970.

Hagen: Fort- oder Fehlentwicklung des Schadensbegriffs? BGH (GSZ), NJW 1968, 1823, JuS 1969, 61.

Hamburger: Treu und Glauben im Verkehr, 1930.

Heck: Grundriß des Schuldrechts, 1929.

Hegmann: Die Beschränkung der Ersatzansprüche Dritter durch § 1613 BGB, FamRZ 1973, 435.

Henrich: Familienrecht, 1970.

Hillenkamp: Zur Lehre von der unechten Gesamtschuld: Diss. Hamburg 1966.

F. v. Hippel: Formalismus und Rechtsdogmatik, 1935.

Hoffmann/Stephan: Ehegesetz, 2. A. 1968.

Hübener: Der gesetzliche Forderungsübergang im System der Rechtsordnung, Diss. Hamburg 1968.

Huvale: Einige Wünsche zur Reform des Unterhaltsrechts für uneheliche Kinder, ZBlJugR 1968, 245.

Jansen/Knöpfel: Das neue Unehelichengesetz, 1967.

Jauernig: Regreß des „Zahlvaters“ gegen den wirklichen unehelichen Vater?, FamRZ 1967, 527.

Knöpfel: Der Referentenentwurf eines Gesetzes über die rechtliche Stellung der unehelichen Kinder, FamRZ 1966, 273.

Knopp/Fichtner: Kommentar zum Bundessozialhilfegesetz, 2. A. 1971.

Knur: Familienrechtliche und erbrechtliche Probleme des Gesetzes über die rechtliche Stellung der nichtehelichen Kinder, FamRZ 1970, 269.

Köhler: Handbuch des Unterhaltsrechts, 1963.

Korintenberg: Echte und unechte Gesamtschuld, SächsArch. 1931, 1 ff.

Kropholler: Die Stellung des Unterhaltszweitschuldners, FamRZ 1965, 413.

Kühne: Anm. zu BGHZ 52, 39, JZ 1969, 565.

Lange: Das neue Nichtehelichenrecht, NJW 1970, 297.

Langenfeld: Der Rückgriff bei Unterhaltsleistungen im französischen Recht im Vergleich zum deutschen Recht, Diss. Freiburg 1969.

Larenz: Lehrbuch des Schuldrechts,
1. Band. Allgemeiner Teil, 10. A. 1970.
2. Band. Besonderer Teil, 10. A. 1972.

— Methodenlehre, 2. A. 1969.

Laufs: Mehrere Geschäftsherren bei der negotiorum gestio., NJW 1967, 2294.

Lauterbach: Anm. zum BGH JZ 1950, 99, JZ 1956, 100.

Leonhard: Allgemeines Schuldrecht Bd. 1, 1929.

Leuze: Die Ersatzansprüche der Versorgungsverwaltung gegen „wiederaufgetauchte Verschollene", FamRZ 1963, 157.

Lorenz: Das „Wahlrecht" des Putativschuldners bei irrtümlicher Zahlung fremder Schulden, Festschr. z. 50jähr. Bestehen d. Instituts f. ausl. u. int. Privat- u. Wirtschaftsrecht d. Univ. Heidelberg 1967, 267.

— Das Problem der Aufrechterhaltung formnichtiger Schuldverträge, AcP 156, 381.

— Rechtsfolgen formnichtiger Schuldverträge, JuS 1966, 429.

— Bereicherungsrechtliche Drittbeziehungen, JuS 1968, 441.

— Bereicherungsausgleich in Drittbeziehungen, AcP 168, 286.

Lüderitz: Zur Reform des Verfahrens in Kindschaftssachen, FamRZ 1966, 613.

Maier, Georg H.: Irrtümliche Zahlung fremder Schulden, AcP 152, 97.

Marshall v. Bieberstein: Reflexschäden und Regreßrechte, 1967.

v. Mayr: Der Bereicherungsanspruch des deutschen Bürgerlichen Rechts, 1903.

Medicus: Bürgerliches Recht, 4. A. 1971.

— Anm. zu OLG Nürnberg, JZ 1967, 61 und AG Düsseldorf, JZ 1967, 62, JZ 1967, 63.

— Anm. zu BGH FamRZ 1971, 247, FamRZ 1971, 250.

— Die Akzessorietät im Zivilrecht, JuS 1971, 497.

Mertens: Der Begriff des Vermögensschadens im Bürgerlichen Recht, 1967.

Mugdan: Die gesamten Materialien zum Bürgerlichen Gesetzbuch für das deutsche Reich, Bd. IV, Familienrecht, 1899.

Müller: Regelunterhalt und Kindeseinkommen, ZBlJugR 1971, 139.

Odersky: Nichtehelichengesetz, 2. A. 1971.

Oertmann: Die Zahlung fremder Schulden, AcP 82, 367.

— Recht der Schuldverhältnisse, Zweites Buch, 1. Abt., 5. A. 1928.

Oestreicher: Bundessozialhilfegesetz, 1962.

Palandt (Bearb.): Bürgerliches Gesetzbuch, 32. A. 1973.

Planck (Bearb.): Kommentar zum BGB, 3. - 5. A. 1905 - 1938.

Pohle: Anm. zu BGH MDR 1957, 598, MDR 1957, 599

Prölss/Martin: Versicherungsvertragsgesetz, 18. A. 1970.

Rabel: Ausbau oder Verwischung des Systems, RheinZ 10, 89.

Raisch: Zur Begriffsbestimmung der Gesamtschuld, JZ 1965, 703.

Raiser, Rolf: Die Kulanzleistung des Versicherers, VersR 1967, 312.

Reeb: Der Ausgleich bei Doppelbefriedigung des bestohlenen Eigentümers durch Dieb und Abnehmer des Diebes (BGHZ 52, 39), JuS 1970, 214.

Reich: Anm. zu BGH NJW 1963, 579, NJW 1963, 949.

Reinheimer: Die einstweilige Verfügung im Alimentenprozeß, FamRZ 1969, 388.

Reinicke, G. u. D.: Anm. zu BGH NJW 1954, 1801, NJW 1955, 217.

Reinicke: Verjährung von Rückgriffsforderungen, VersR 1967, 1.

RGRK (Bearb.): Kommentar, hrsg. von Reichsgerichtsräten und Bundesrichtern, 11. A. 1959 ff.

Richter: Nichtehelichengesetz und materielles Unterhaltsrecht, FamRZ 1970, 280.

Rietschel: Anm. zu BGHZ 47, 370, LM Nr. 21 zu § 683 BGB.

Rosenberg/Schwab: Zivilprozeßrecht, 10. A. 1969.

Schlechtriem: Ersatz der vom Scheinvater erbrachten Unterhaltszahlungen, NJW 1966, 1795.

Schlosser: Gestaltungsklagen und Gestaltungsklagerechte, 1966.

Schmidt, Rud.: Unechte Solidarität, JherJb 72, 46.

— Bespr. v. „Schadensbegriff und Regreßmethoden" (Selb), AcP 163, 530.

Schnitzerling: Das Recht des nichtehelichen Kindes ab 1. 7. 1970, 1970.

Schönke/Baur: Zwangsvollstreckungs-, Konkurs- und Vergleichsrecht, 8. A. 1969.

Schulz: Rückgriff und Weitergriff, 1907.

Selb: Der Regreß des Versicherungs- und Versorgungsträgers über § 683 und § 812 BGB, NJW 1963, 2056.

— Schadensbegriff und Regreßmethoden, 1963.

Soergel/Siebert: Kommentar z. BGB, 10. A. 1967 ff.

Sinn: Zum Rückgriff des Zahlvaters gegen den wirklichen Erzeuger, NJW 1968, 526.

— Zum Rückgriff bei ungewollter Zahlung von Schulden (§ 267 BGB), NJW 1968, 1857.

Stammler: Die Lehre vom richtigen Rechte, 2. A. 1926.

Staudinger: Kommentar z. BGB, 11. A. 1954 ff.

Stein/Jonas: Kommentar zur Zivilprozeßordnung, 19. A. 1967 ff.

Stepp: Zur Frage des Übergangs des Pfändungsprivilegs nach § 850 Abs. IV ZPO. §§ 4 Nr. 3, 4 a Lohnbeschlagnahmegesetz, LZ 1914, 1183.

Stolterfoth: Der Scheinvater-Regreß — „Institutionelle Unverträglichkeit" von cessio legis und condictio indebiti im Rahmen des neuen § 1615 b BGB?, FamRZ 1971, 341.

Thiele: Gedanken zur Vorteilsausgleichung, AcP 167, 193.

— Gesamtschuld und Gesamtschuldnerausgleich, Jus 1968, 149.

Thomä: Tilgung fremder Schuld durch irrtümliche Eigenleistung?, JZ 1962, 623.

Thomas/Putzo: Zivilprozeßordnung, 6. A. 1972.

Tiedtke: Die Bedeutung des § 1593 bei der Geltendmachung von Schadensersatzansprüchen, FamRZ 1970, 232.

v. Tuhr: Allgemeiner Teil des Deutschen Bürgerlichen Rechts, Bd. II, 1. Hälfte, 1914, (Nachdr. 1957).

— Der 82. Band der Entscheidungen des Reichsgerichts in Zivilsachen, DJZ 14, 334.

Volkmann: Anm. zu RG JW 1936, 2398, JW 1936, 2398.

Wahle: Anm. zu einer Entscheidung des (Österr.) Ob. Gerichtshofes in VersR 1966, 789, VersR 1966, 790.

Wieacker: Zur rechtstheoretischen Präzisierung des § 242 BGB, 1956.

— Hoferbenbestimmung durch schlüssiges oder sozialtypisches Verhalten?, FamRZ 1957, 287.

Zarbock: Zur Neuordnung des Unehelichenrechts, ZBlJugR 1966, 291.

Zeiss: Leistungsverhältnis und Insolvenzrisiko bei irrtümlicher Zahlung fremder Schulden, AcP 165, 332.

— Regreß des „Zahlvaters" gegen den wirklichen unehelichen Vater (II), FamRZ 1967, 532.

Zoll: Zur ratio des § 255 BGB, Diss. Hamburg 1955 (ungedr.).

Zweigert: Zur Reform des Unehelichenrechts, JuS 1967, 241.

FSC
www.fsc.org
MIX
Papier | Fördert gute Waldnutzung
FSC® C083411

Kolibri 360 GmbH
Ferdinand-Jühlke-Straße 7
99095 Erfurt, Deutschland
produktsicherheit@kolibri360.de

Druck:
CPI Druckdienstleistungen GmbH
im Auftrag der
Kolibri 360 GmbH
Ferdinand-Jühlke-Str. 7
99095 Erfurt